谨以此书献给我国未来的工程艺术大师

ABSTRACT: After five years of research—reading and translating 82 volumes of Terzaghi's diaries, interviewing acquaintances, and perusing 15,000 letters, numerous essays, publications, and reports—Dr. Goodman has developed this biography of Karl Terzaghi, the father of soil mechanics. Foreword by Ralph Peck.

LIBRARY OF CONGRESS CATALOGING-IN-PUBLICATION DATA
Goodman, Richard E.
Karl Terzaghi: the engineer as artist / Richard E. Goodman.
p. cm.
Includes bibliographical references and index.
ISBN 0-7844-0364-3
1. Terzaghi, Karl, 1883-1963. 2. Civil engineers—biography. 3. Engineering geology—History. I. Title.
TA140. T36G66 1998
624′.092—dc21
[b] 98-31764
CIP

Library of Congress Catalog Card No.: 98-31764
ISBN 0-7844-0364-3
Manufactured in the United States of America

工程艺术大师：卡尔·太沙基

[美]理查德·E. 古德曼 著
朱合华 史培新 译
杨林德 译校

同济大学出版社
TONGJI UNIVERSITY PRESS

内 容 提 要

在经过五年的研究——阅读和翻译了82卷太沙基的日记，采访了太沙基的熟人，并仔细阅读了15 000封信件，大量文章、出版物以及报告之后——古德曼博士创作了这部关于"土力学之父"卡尔·太沙基的传记。拉尔夫·佩克为这本传记撰写了序言。

图书在版编目(CIP)数据

工程艺术大师：卡尔·太沙基 / (美)理查德·E.古德曼(Richard E.Goodman)著；朱合华，史培新译. --上海：同济大学出版社，2020.5

书名原文：Karl Terzaghi：The Engineer As Artist

ISBN 978-7-5608-8589-6

Ⅰ.①工… Ⅱ.①理… ②朱… ③史… Ⅲ.①卡尔·太沙基—传记 Ⅳ.①K837.126.16

中国版本图书馆CIP数据核字(2019)第261964号

工程艺术大师：卡尔·太沙基

[美]理查德·E.古德曼 **著** 朱合华 史培新 译 杨林德 译校

责任编辑 吕 炜 宋 立 **责任校对** 徐春莲 **封面设计** 唐思雯

出版发行 同济大学出版社 www.tongjipress.com.cn

(地址：上海市四平路1239号 邮编：200092 电话：021-65985622)

经　　销 全国各地新华书店

排　　版 南京月叶图文制作有限公司

印　　刷 浙江广育爱多印务有限公司

开　　本 889mm×1194mm 1/32

印　　张 13

字　　数 349 000

版　　次 2020年5月第1版 2020年12月第2次印刷

书　　号 ISBN 978-7-5608-8589-6

定　　价 78.00元

本书若有印装质量问题，请向本社发行部调换

……我逐渐意识到，即使有些事情看似毫无希望，
“大师”维格兰总能找到解决的方法。
仅仅是他的创造力便能将不可能变为可能，
更何况他的要求如此严格，并且精益求精。

——摘自铁艺工匠米科尔森对伟大的挪威雕塑家
古斯塔夫·维格兰（1869—1943）的评论

致拉尔夫·B.佩克

一位勇敢、坚强和诚实的人,他在土木工程领域的言传身教将继续引领人们前进。

序　言

作为此书的读者，你会发现我是如此荣幸，能在卡尔·太沙基生命的最后30年里与他并肩工作。除了读大学之前父亲对我的影响之外，可以肯定地说，没有人能像太沙基一样，对我的职业生涯产生如此深远的影响。同时，我也觉得自己越来越了解太沙基了。他是团队的领导，对下属要求严苛，期望很高；他提的要求多，但都是耐心的，且每每都能给出建设性的批评意见。每次与他合作，他都把工作做得像一场在岩土工程领域的发现探索之旅。随着工作的推进，他的兴致也愈加高昂。他常常让我觉得自己为这个行业的发展确实做出了一些贡献。一天的工作结束后，他会在晚餐时间和我们一起讨论土力学某个方面的进展及其贡献者，还会提出一些开放性问题来探讨，指出我们工作的盲点，畅谈未来的发展进程。他亲自与团队中每个认真工作的人沟通，或是面对面，或是写信。他还鼓励我独立思考，指引我积极发现工作的乐趣和同事的优点。那些夜晚思想的火花四溅，也正是通过这些夜晚的思考，我才真正觉得自己不仅对自己的职业有了更清晰的认识，还对身边同事有了更深入的了解。就《工程应用中的土力学》一书而言，我和太沙基进行过很长时间的探讨，因为我（或者是他）经常对讨论结果不甚满意。但是，我仍然觉得我们面对的是同一个问题，最终也会找到一个令双方都满意的解决办法。我们都会被对方激怒，但卡尔从未真正生过我的气。与卡尔的这段友谊让我成长了很多，他常让我感到自己远比实际情况来得重要，让我觉得自己是个关键的参与者。

我也慢慢开始了解他。他经常谈起自己早年的经历，我知道，对于他的前半生——超过半个世纪，我一无所知，只能通过他偶尔的提及和一些关于他的轶事了解一二。我知道，他曾深深地陷入哲思之中，曾在大学时代挑战过权威，他遇到露丝之前的生活跌宕起伏；后来，也正是与露丝的结合，他的个人生活和科研工作才得到了圆满。关于这方面的事，我只零零碎碎地知道一些。我非常好奇，究竟是什么造就了卡尔这么卓越的人，但我也只是想想罢了。

后来，这本书问世了。我觉得没有人，甚至连亚瑟·卡萨格兰德和露丝也比不上理查德(迪克)·古德曼对卡尔的了解。古德曼通过采访，研究卡尔的报告和信件，特别是查阅了卡尔迄今未曾被翻译和曝光的日记，使他笔下的卡尔比任何人了解的都要来得真实。读完此书，读者会发现，太沙基对土木工程领域乃至全人类所作出的贡献都是独一无二的。读者也会为他的人格魅力、处世方法和伟大成就所折服。实际上，我曾以为自己很了解他，但读完此书之后，却发现自己情不自禁地再次为他所倾倒。

如果有读者怀疑本书是否客观反映太沙基的生活，我只能说，就我所了解的那 30 年来看，本书的描述绝对是真实可靠的。而且，我对卡尔的早年生活也有一些了解。此外太沙基那些被公开的文章和回忆录也证实，本书所言非虚。我可以负责任地说，古德曼笔下的太沙基正是我所认识的太沙基，他忠实地还原了太沙基的精神风貌。读完此书，我愈加了解太沙基，也愈加为他的人格魅力所折服了。

拉尔夫·B.佩克

1998 年 6 月 15 日

译者序

《道德经》中如是描述得道者：谨慎，如履薄冰；敬畏，如临四敌；恭敬，如做宾客；精进，如瀑泄洪；纯朴，如斯璞玉；广大，如怀空谷；包容，如川纳污。卡尔·太沙基，土力学之父，就是《道德经》中的善为道者，微妙玄通。至今，我们仍在践行和拓展卡尔的认知与艺术。

谨慎，卡尔没有充分准备，从不妄下评语。在评价一位工程界多年好友关于超高混凝土重力拱坝的岩石地质勘探推荐方案时，他花费了4个月时间，不仅审阅了方案原稿，还查阅了相关文献，撰写了长达28页的评论稿，并给予了不高的评价，以至于老友万分震惊和苦恼。

敬畏，卡尔敬畏自然，提出了“观察法”。在调查萨苏姆阿大坝事故时，卡尔将理论比喻为拐杖，实践比作双腿，写道：“虽然使用拐杖，减少了绊脚的风险，但走路还是要用腿才行。”在晚年时，他更是总结道：“我们获取成就的过程是自然而然地按照既定模式发芽、生长、成熟……在这个世界里，我们能理解的非常少，我们生活的模式和生存的价值，要远远超出我们所理解的范围。”

恭敬，卡尔认为工程是一项贵族的运动。米森大坝，或者太沙基大坝，是卡尔负责的最后的一个工程咨询项目，也是最有挑战的项目，他曾写道：“我的时间所剩无几，只盼着米森大坝能尽快竣工，因为，在我

'入土'之前，我还有许多其他重要的工作要做。"遗憾的是，他去世之后，米森大坝的文稿才得以发表在《岩土工程》上。

精进，卡尔对土力学的基础"吹毛求疵"。他在评述卡萨格兰德和公路局矛盾时指出："一个严谨的科学家……几乎从不把任何结论当成定论，他的存在总是会打破愉悦的工作氛围……若不听从他那没完没了的批评意见，研究工作就不可能稳步向前推进……这种类型的科学家起到的就是定位飞轮的作用，防止那些自诩经验丰富的人偏离研究主题，陷入凭空臆测的泥沼。"

纯朴，卡尔创立土力学纯粹而简单。但他从未以岩土工程师的身份签署过任何报告，他自始至终都是以"咨询工程师"的姿态，悉心探寻工程中的宏观问题，出于实际需求，推动着土力学的发展和革新。

广大，卡尔广泛涉及土力学、岩石力学、工程地质、机械、经济等领域，他融会贯通，他山之石，可以攻玉。包容，卡尔承认瑕疵的存在，在土力学受到质疑时，包容费朗格的诋毁及其门徒的谣言，进一步系统化土力学实践原理，终著而论道，授业解惑。

学习中，我们从《土力学》教材中第一次知道了卡尔·太沙基这个名字，知道了有效应力原理、一维固结理论、流网理论、地基承载力理论、土压力理论等，进而又阅读了太沙基的诸多论文和著作，深感土力学的科学严谨和太沙基的创造性；工作中，我们进一步体会了太沙基"科学和艺术"的论断，对其提出的"观察法"敬而广之，借助新时期信息化的技术手段，拓展了对岩土体的观察和认知，形成了数字化岩土工程。然而，这一切都是关于卡尔科学贡献的认识和拓展。闲暇之时，常感慨：卡尔是怎样一种人呢？他的生活状态是怎样的呢？他是如何实现如此突破性的成就的呢？这一切都在理查德·E.古德曼所著的《工程艺术大师：卡尔·太沙基》(*Karl Terzagh*：*The Engineer as Artist*)一书中得到了解答，也就产生了开篇时借用《道德经》对卡尔的论述。

本书原著介绍了太沙基先生的生平事迹，真实可靠地反映了太沙基的生活，既是一部记录作品，也是一部文学作品。原著分时期记录了卡尔·太沙基的生平，涉及了他的日记、信件、手稿、出版的论文书籍，还有一些便条、草图、工作手册、备忘录、剪报等。从这些内容，我们不仅可以生动、真实地理解卡尔创立土力学的初衷和设想，还可以体会到卡尔谨慎、敬畏、恭敬、精进、纯朴、广大和包容的品格。在翻译此书的过程当中，我们更是惊叹于卡尔顽强的毅力，无论人生在怎样的境地，遭受怎样的质疑都能够执着于自己的研究，工作专注且逻辑缜密。“要想在世上有所成就，首先就要做到，即使总得不到别人的认可，你自己也要保持激情，不能懈怠。”这也督促我们坚持完成了本书的译著工作。

卡尔曾说：“就像在商业竞争中，有人因为贪欲而丢掉性命；在学术界，如果一个人渴望成名的欲望过于强烈，他就会心里不平衡，进而违背科学，阻碍知识的进步。”我国正处于世界工程建设的中心，有着丰富、广阔的工程沃土，理应是孕育新时期岩土工程科学艺术大师的最佳圣地。因此，借译著《工程艺术大师：卡尔·太沙基》一书，介绍卡尔成长、蜕变、成熟的人生历程，激励我国土木工程从业人员成长，为社会主义新时期建设添砖加瓦，也希望我国诞生出卡尔·太沙基这样的工程艺术大师。

5 年前，与其说是出于一时的冲动，更应该说是出于对土力学大师卡尔·太沙基先生的敬仰和对原著者理查德·E.古德曼先生（国际著名的岩石力学专家）的熟知，我们组织翻译了这本传记。苏州大学赵华菁女士对书稿提出了修改意见；同济大学杨林德先生不顾 80 岁高龄，对本书的译稿做了细致的校核；同济大学出版社杨宁霞、吕炜、宋立女士和同济大学乔亚飞博士在编辑过程中给予了极大的支持和帮助。没有他（她）们卓有成效的工作，本书无法如此快速地与读者见面。

鉴于译者水平及认识的局限性，书中如有不妥之处，望批评指正。

朱合华

2019年7月11日

前　言

卡尔·太沙基教授曾对哈佛大学土木工程专业的学生说:“工程学好比一项贵族运动……但是在运动中也会不可避免地偶尔发生一些挫折和错误,希望你们有发现和承认自己错误的勇气……如果在可靠的证据面前,你都不能直面自己的错误,那么你离一个成功的运动员远矣。此时的你仍是一个脾气乖戾、满腹牢骚的人。”

太沙基在土木工程领域取得了很多开创性的成就,如果把土木工程比作一场游戏,那么太沙基绝对有权制定游戏规则。人们称他为土力学之父,但他从未以土体工程师的身份签署过任何报告。从地质勘探到工程施工、竣工阶段的监测工作,他自始至终都是以“咨询工程师”的姿态,悉心探寻工程中的宏观问题。出于实际需求,他创立了土力学,正如艾萨克·牛顿为了更好地开展物理学研究而创立微积分一样。在如何确保修建在软土地基上的大坝、高楼和其他各种结构的安全性上,太沙基当属先驱人物。要做到这点,不仅要掌握土力学的科学理论,还要拥有对土工工程的艺术直觉。

在太沙基之前的几个世纪里,已经出现了各式各样的建筑结构,建筑材料有岩石、混凝土、钢铁和木材,不一而足,令人叹服。大多数时候,建筑师和工程师都能够设计出安全稳固的理想建筑结构。但是所有这些建筑物都是建立在地基上的，基础的安全性往往较少得到保证。在工程师没有弄清地基材料的性状之前，许多工作都是靠猜猜想想完成，工程师们的经验也并非普遍适用，因此出现了许多失误。

与其他建筑物材料大不相同，软土地基的情况更为复杂。构成大坝或楼宇地基的砂土或黏土，是在自然演化过程中慢慢沉积而成的，这一过程，没有人能从旁观察记录。所以说，人们对土体，除了最表层，可以说是一无所知，因此，很难判定土体的成分、土层的分布或走向、土体的稠度等。

更糟糕的是，虽然在工程刚开始时土体的强度能满足工程需要，但是随着工程的开展，就再没有人能保证土体的强度能够继续满足要求。因为仅仅是土体孔隙中水的作用，就可以把许多土体从稳定的固态变成不稳定的流态。土体主要靠土颗粒间的黏结作用来保持其结构的稳定，这种土颗粒间的黏结力实际非常小。当土颗粒的孔隙中承受水压力时，孔隙水压力就能把土颗粒一个个撑开，使其漂浮起来。因此，仅仅是对土体加载，比如在地面上快速堆载，就能将其从固态转化成近乎液态，有时会造成灾难性后果。太沙基在实践中找出了产生此现象的机理，并据此提出了工程应对方案以确保建筑结构在任何土体条件下的安全性。后来，土体工程成为了一门普遍认可的科学技术，这也就是现在广为人知的岩土工程。

这门学科在太沙基的掌控和带领下不断发展进步。他是位不折不扣的思想家，工作专注，逻辑缜密，喜爱和崇尚大自然，善于表达自己的所见所闻。同时，他又是地质学家，喜爱登山，善于观察和聆听。此外，他还是一位作家，言语极具表现力，也非常健谈，能使用三种语言。担任工程顾问时，太沙基几乎遍访世界各地。无论走到哪里，他都是其所在场合或小组的精神支柱和领袖。他将自己的经历以数以万页的信件、日记、随笔、报告、备忘录、讲义、书籍和文章的形式记录下来。这些文件历经三次战争,依然保存完好。太沙基成功的诀窍是,能够随时随地学习,能够向每个人学习。他告诫哈佛的年轻学生们:“很少有人是既愚蠢又不诚实的,从任何人身上都可以学到点什么。”

目　录

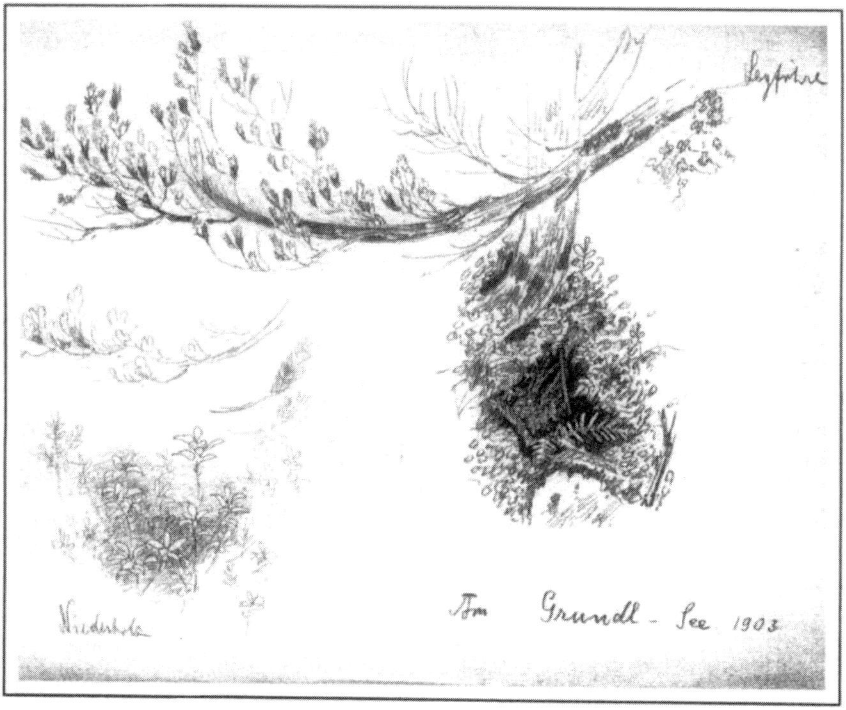

格兰德湖的冷杉和开花的灌木丛

第 1 章

1883—1906：天才的童年

卡尔·太沙基出生于大奥地利帝国。十九世纪中叶，奥地利帝国从克拉科夫延伸到了威尼斯，从特兰西瓦尼亚延伸到了达尔马提亚海岸。他的祖父彼得·安东尼奥·太沙基，于 1805 年[1]出生于伦巴第州[2]的洛迪，是皇家军队里的职业军官。1854 年，彼得·太沙基获得少校军衔，他已经连续服兵役 31 年，获得了许多英勇勋章。为此，弗朗茨·约瑟夫一世授予他埃德勒·冯·彭腾诺娃的头衔。从此，彼得·太沙基成为贵族成员，他以后世世代代的子孙，包括 1839 年出生的儿子安东，都会永久享有这项荣誉[3]。

安东和妻子阿玛莉亚·埃伯勒结婚后一年，也就是 1883 年 10 月 2 日，他们的第一个孩子卡尔·太沙基降生了。5 年前，安东·冯·太沙基中校[4]在意大利和普鲁士服完兵役后被分派到布拉格去指挥 1 个步兵营。虽然我们常常把布拉格与捷克共和国联系在一起，但在那时它实际属于哈布斯堡帝国，由奥地利皇帝、波希米亚和匈牙利国王——弗朗茨·约瑟夫统治。其实，布拉格是奥地利第二大的日耳曼艺术和文化中心，是莫扎特最伟大歌剧的首演地。

阿玛莉亚比安东小 14 岁，在卡尔出生后不到一年半，她又再次怀孕生了艾拉。他们住在桑格斯一套很宽敞的老房子里，卡尔和艾拉在花园中有个自由玩耍的好去处，在那里，他们可以越过瓦片屋顶看见一个高高的山坡，山坡上树木繁茂，只矗立着一个教堂和一座塔，在一片自然景观中显得尤为格格不入。通往图恩的宫殿花园有一条隧道般的大道，那里有个园丁成了“我特别的朋友，他带我穿过隧道进入他的葡萄园，我至今都印象深刻”。[5]卡尔年幼时，好奇心就十分强烈，曾因为他过度沉迷于他的玩具房，家人只得把它拆除。[6]

太沙基一家只在布拉格生活了很短的一段时间。安东一退休，他们就搬到奥地利施蒂里亚州的主城格拉茨定居下来。1890 年除夕（德国和奥地利称为圣西尔维斯特前夕），安东去世了，当时卡尔才年满 7 岁。

卡尔的名字来源于阿玛莉亚的父亲卡尔·埃伯勒。埃伯勒毕业于维也纳技术大学机械工程系，是个非常成功和富有的人。安东和阿玛莉亚并没有意识到外祖父对小卡尔的成长会那么重要。安东过世后，67 岁的埃伯勒成了太沙基家族的管事人。卡尔·太沙基后来形容外祖父是“一个经验丰富、富有活力的旧学派工程师……他个性鲜明、正直阳刚，对我影响深远，直到我长大成人”。[7]年近 70 岁时，埃伯勒被任命为一个国际银行财团的董事长，为奥地利烟草行业效力，并且成功组织起罗马尼亚的烟草制造业，尽管这期间非常不顺利。

他们在格拉茨的新家位于镇上的一个新建小区里，是一座三层小楼，非常宽敞漂亮，距离歌剧院、市中心和公园仅几步之遥。最重要的是，他们家对面的拐角处就是格拉茨大学土木工程系。工学院的大楼和太沙基家的小楼一并成为那片空地上的地标，周围几乎没有其他建筑物。

小卡尔的家族世代从军，因此家人理所当然地认为卡尔以后也会成为职业军官。1893 年，在小卡尔 10 岁的时候，他便在爷爷的祝福中被送往位于古恩斯(现为匈牙利的克塞格)附近的军事学校[8]。参加帝国皇家海军是卡尔早期的梦想。卡尔对军事学校里的一切都感到很满意，无论是那里“阳刚”的氛围，管制严格的学习生活，还是斯巴达式的宿舍环境。卡尔能感觉到那里的军官们都很喜欢他，还帮助他适应学校的生活。

然而，在古恩斯的第二年，卡尔便发现他并不适合从军。起初他只是把这个想法藏在心里，但有一次，他和朋友密谋通过隧道壁上的一个检修孔逃跑时被值班的军官逮了个正着。[9]此后，卡尔开始研究地理学，因为这才是他的兴趣所在，尤其是极地探险，更让他倍感激动。在他拜访了本校的北极探险家朱利叶斯・冯・帕耶之后，他对极地探险的热情更加高涨，立志成为一个极地探险者。卡尔常和一个名叫汉斯・卡巴彻的男孩儿待在一起，汉斯是个活泼且很有天赋的孩子，两人对地理都很感兴趣，因此他们的友谊也日渐深厚。“我们会一起订购世界各地的书籍和目录册，在一块儿画地图和钻研各类技术问题，比如水下施工、飞行器等。”[10]

时间一天天过去，卡尔的朋友一直对技术兴趣浓厚，但卡尔却转而沉迷于理论研究，尤其是天文学理论。他还试着发明一种模拟太阳系的物理装置。尽管卡尔此前并没有接触过三角学，但他却在仅仅半年的时间内算出了日起日落现象背后的天文规律。

14 岁的时候，太沙基升学到了位于马里奇－魏斯基兴(现位于捷克共和国的赫拉尼采)的军事实科中学。那一年，卡尔展开了新的探索，他不再沉迷于仅仅用于描述位置的地理学，对天文学的痴迷激发了他对数学的热情。尽管一开始他在算术方面很迟钝，但后来在几何和代数方面颇有造诣。他的这些科目被公认为是 150 名学生中最优秀

卡尔的父亲，安东尼奥·太沙基

卡尔的母亲,阿玛莉亚·埃伯勒·太沙基

卡尔小时候，大约在1886年

14 岁的卡尔和母亲、妹妹艾拉，1897 年

14 岁的军校学员卡尔·太沙基

卡尔的外祖父卡尔·埃伯勒

的。1898 年 2 月，太沙基生了一场病，但军队的医生没有好好治疗，他不得不卧床长达 4 个月之久，在此期间他通过钻研几何问题来自娱自乐。

年轻的太沙基发现，比起“无需动脑的军事活动”，他更喜欢科学。他申请进入帝国皇家海军学院，但却由于“眼部有个轻微小缺陷”遭到拒绝[11]。卡尔从此决定放弃从军梦，虽然这个决定遭到了家人的强烈反对，但他始终没有动摇。此外，他还养成了“广泛涉猎”的好习惯，他曾潜心研究宗教，试图探究人类存在的意义，他还经常思考“万物的演变问题”[12]。

1898 年夏天，这位年轻的哲学家开始为兰德斯实科中学的入学考试做准备，该中学位于格拉茨，是一个非军事学校。与此同时，卡尔继续阅读宗教方面的书籍，“包括《圣经》，在读《圣经》的过程中，我开始思考很多新的问题，产生了许多疑虑和担忧，最终陷入其中不能自拔”。尽管在哲学方面还有很多困惑，但卡尔还是成功地通过了入学考试，升入了兰德斯实科中学六年级。入学后，在自然科学方面，他很快受到霍弗教授的启发，贪婪地阅读教授推荐的书目，比如关于达尔文进化论方面的书（他因此受到校方的指责）、海克尔胚胎学方面的书、赫佐格生物分类学方面的书、波尔海洋藻类方面的书、瑞顿霍斯特贝壳类方面的书等。毫无意外的，他在自然科学科目中取得了可能得到的最高分。此外，卡尔还擅长画法几何，虽然他在其他学科中不是最拔尖的，但表现也很优异。

在兰德斯实科中学的第二年和第三年，卡尔的学习热情一直很高，并在 17 岁那年以优异的成绩顺利毕业了。也是在那年夏天，他独自一人前往奥地利的阿尔卑斯山远足去探索自然。当时，他稍做准备，带了一把地质小锤，便信心满满地出发了。“我在所有自然科学领域都翻阅过相关书籍。”[13]

看到卡尔如此热爱户外活动，外祖父建议他去格拉茨技术学院（今格拉茨技术大学——译注）攻读土木工程专业。卡尔断然拒绝长辈的建议转而选择了机械工程，因为在卡尔看来，机械工程似乎是最理性的学科。卡尔一向喜欢根据自己的方式来选择以后的发展道路，而不是被长辈的意见牵着鼻子走。[14]

在卡尔即将进入大学之际，他曾提到自己以前从军打下的“良好基础”，“身和心的发展需要同样坚实的基础。精神若要强大起来，身体就得先变得强壮起来，要像钢铁一般坚韧、勇敢、无所畏惧。要想思想敏锐、精神丰富，需要一副健康的体魄，但不能急功近利、莽撞行事。因此，我非常喜欢到户外去，在高山峻岩之间磨炼自己的耐力和勇气。”[15]

大学期间，卡尔从不放过任何一个可以登山锻炼的机会，但他却没有以前那么热衷学术了。当他发现机械工程方面的授课仅仅局限于纯粹的专业知识时，他对专业完全失去了兴趣，因为他渴望广泛涉猎，开拓自己的眼界。他参加了活动密集的万达利亚大学生联谊会，逃掉了大部分讲座；对于授课教授，他也承认自己只知其名而不知其人。

在太沙基看来，最好的授课就像布道，而其他的就像“连续被加热、推销、拒绝了 10 次的炸薯条一样……其中有一位学者，名气很大，光凭名字就吸引了不少外国学生，可他授课时表情呆滞，看起来就好像听众的存在本身对他就是一种侮辱似的”。[16]学校并不强制学生们上课，学生需要做的就是在第二年和第四年底通过考试。为了准备考试，许多学生从贫困生那里购买课堂笔记（贫困生以这种方式赚取学费），在考前最后几周临时抱佛脚，死记硬背。卡尔钻教育体制的漏洞，只去参加每门工程学课程的第一讲和最后一讲。因为，一旦讲课开始，他就很难再溜出大门。

虽然卡尔经常逃掉工程学方面的课程，但他充分享用了许多其他遍布格拉茨镇的院系开设的科学和人文方面的课程，包括哲学、实验心理学、艺术史、植物生理学、天文学，还有他特别喜欢的地质学。他还经常与波希米亚的朋友们一起在咖啡馆和酒吧里通宵达旦地谈论斯特林堡和易卜生的戏剧、爱默生和卡莱尔的散文，或者是卡尔·马克思和亨利·乔治的经济学理论。

"我读的书很多，思考的也太多，但我还是想不明白也弄不清楚，我始终找不到这个问题的答案：生活的意义是什么？那时我一边疯狂地寻找答案，一边又酗酒闹事，与人决斗。有时候，我一连几周都是这个状态。我成了典当行的常客，债台高筑，有几次还因为行为不端而被抓进警察局。"[17]

卡尔提到的"决斗"是万达利亚和很多其他"团体"一种由来已久的传统。每个参加决斗的人都戴着脸罩，保护脸上的要害部位，他们站在固定的位置，手舞锋利的"施勒戈尔"，设法去砍对方的脸部。有时候，不论胜利还是失败，这些人都不会洗去脸上的血，直到有人把决斗的场景拍下来为止。据说，有些人甚至往自己的伤口上撒盐，以此来保持伤疤。许多奥地利绅士都有这样一个显眼的疤痕，称为"决斗而留下的疤痕"，以此来彰显他们的男子气概。卡尔的伤疤有 3 厘米长，在右脸下颚处。

当时，青年学生们常常无事生非、聚众闹事，当地居民都已习以为常，警察也懒得管。后来，这些学生的命运各不相同，有的成了英勇的外科医生，大部分人"很努力地回归到了主流社会，成为成功人士，也有少数死在贫民窟里”。[18]

格拉茨有一个还保留着中世纪风格的街区，这里一幢房子的一楼是万达利亚大学生联谊会的聚会地点，校友们偶尔会在此聚餐。他们戴着同样的帽子，唱歌狂欢，并在这里与一些大学或社会上的同龄人结下深厚的友谊。在一次联谊会上，卡尔发现身旁坐着的是应用力学教授费迪南德・韦丁博尔，也是他的一位老师。老师问他为什么不上课，他回答说，他更喜欢自己读“推荐书目”。韦丁博尔同意卡尔这么做，还让他去阅读推荐书目的原始资料；他特别推荐卡尔去读拉格朗日的法语原版《分析力学》。

太沙基听从韦丁博尔教授的建议去读了《分析力学》，并在阅读的过程中感受到了探索的振奋所在。写到观察事件和分析观点时，《休止角》的作者华莱士・斯特格纳提及了多普勒频移效应，指出当人们以积极的态度去面对一件事时，他们会感受到事件发展的节奏，他们从中受到的鼓舞也要远胜于他们以消极的态度去逃避这件事。[19]拉格朗日高频率的思维创新给了太沙基人生中第一次想“科学创造”的“难忘启示”，他被“作者深邃的思想和清晰的思路”深深地吸引了。

费迪南德・韦丁博尔，出生于 1857 年，是一位成就非凡的大学教授。同时，他还是研究员和诗人，格拉茨技术学院立了一块铜匾和一座浮雕来纪念他。韦丁博尔在理论和应用力学方面造诣很高，他在图形动力学方面的发现和著作使图形技术取代理想化的分析方法成为可能，从而能够大大改善变速箱等机械零部件的设计。此外，韦丁博尔还是一位颇负盛名同时也颇具争议的诗人和剧作家，他的剧本曾在格拉茨和维也纳演出，通过对学生以及校园生活的真实描绘，揭露了当时的政治、社会和文化问题。[20]奥匈帝国有很多语言不同的种族，民族运动风起云涌，他的作品刻画出许多充满幽默的典型人物。有些人对他抱有偏见，认为他反教会、反犹太人，还明显亲德。

太沙基非常崇拜这位特别而卓越的教授——他精通力学，同时又擅长诗歌和剧作，能够在人类经验的两个极端进行高水平的创作。韦丁博尔也很欣赏太沙基深刻的洞察力、思辨力以及他求知若渴的学习态度。韦丁博尔也是一个大学生联谊会的成员[21]，因此能够理解卡尔的离经叛道，但并不赞同他那么做，于是耐心地引导卡尔阅读原著。"他经常会给我提一些建议，引导我去思考从未思考过的东西。韦丁博尔教授就像父亲一样，他同时是我的朋友，也是我倾诉的对象。"对卡尔而言，韦丁博尔"代表了我大学教育的全部内容。相比之下，大学本身以及课堂上那些单调乏味的知识基本上毫无价值"。[22]

韦丁博尔发现，卡尔与自己一样，在文字方面都有些天赋，于是让卡尔来审阅他的手稿《现代社会中的不公正现象》[23]，卡尔答应了。韦丁博尔对卡尔的阅稿表现印象很深刻。他问卡尔以后是否愿意当一名作家，并把他介绍给了一些期刊的编辑。

一年后，卡尔因为在公园的树上攻击和辱骂警察的恶作剧而惹上了麻烦。这件事还上了格拉茨报的头版，逗乐了很多读者。在法庭上，连法官也被逗乐了，法官宣告卡尔无罪，警察因而被激怒并提出了上诉，后来卡尔和他的朋友都被关进监狱。他们继续在监狱里闹事，结果被进一步处罚（"因为我们贿赂了当局，把监狱变成了疯狂的派对"）。[24]

这次事件的后果很严重。卡尔一再被延长拘留，引起了学校注意，学校准备开除他。幸好能言善辩的韦丁博尔教授前来为他辩护，他说，在格拉茨技术学院的校史上，只有 3 个学生被开除过：一个是特斯拉，一个是里格尔，还有另外一个学生。后来，尼古拉・特斯拉发明了交流

年轻的大学生卡尔,1900 年

万达利亚联谊会成员，大约在 1901 年。卡尔是第二排从左数第二个

费迪南德·韦丁博尔教授(照片来自卡尔·斯多克教授,格拉茨技术学院荣誉退休图书馆主任)

电动机，革新了电气技术；里格尔发明了汽轮机；另外那个学生成为德国顶尖的教堂建筑师。韦丁博尔最后总结道，学校真不善于开除学生。卡尔这才躲过一劫。

尽管卡尔平时“作恶多端”，但他在第二年以及第四年末的机械工程学全国考试中脱颖而出，取得了十分优异的成绩。这些考试持续了整整一个星期，包括专项考试和综合考试，分为笔试和口试两部分。卡尔的得分大部分是“非常好”，还有很多“极好”，只有少数是“好”。在每项考试中，考官都评价他“很有造诣”，可以授予“优等生”的资格。

卡尔在大学期间选修了很多地质学方面的课程，师从 3 位教授。他把每一次山间远足或登山之旅都看作是野外地质探险，并在旅行中写下了大量详细、流畅的日记以及文章。这才是他真正热爱的——在大自然中体验探索和发现的乐趣，也因此，他担心机械工程师的工作可能不适合自己。1900 年毕业之后，他在安德里茨的机械制造厂实习了几个月。在这期间，他终于确信自己并不满足于从事机械工程师这份职业，于是决定转行从事土木工程，而这正是最初外祖父给他的建议。

但是，在此之前，卡尔必须先在步兵团服一年的义务兵役。这对他来说太难熬了，夜晚值班的时间太漫长了，在军营里也无事可做，还得“天天在警卫室里待着”。[25]为了打发无聊的时间，卡尔开始画微型铅笔素描，从周围的景色、花草树木一直到军事，都是他素描的对象。除了素描，他还做了一件更有意义的事，就是将英国地质勘察局局长阿奇博尔德·盖基的一本很流行的野外地质学指南翻译成德语。1906 年，他的译作被出版了，格拉茨的地质学教授 V.希尔伯为他的书作了序。[26]序中指出，在地质学上没有比观察更重要的事了。

太沙基并没有满足于单纯的翻译，他扩充了指南的内容。太沙基认为，英国人对石灰岩国家的喀斯特地貌（如溶洞和沉陷）和冰川国家的地貌描述得不够充分；于是，他把书中英国的案例换成了奥地利的图例。此外，他对有关矿物分析和造岩矿物的章节也进行了修改完善。“在翻译的过程中，我没有刻意要保留英文原文的风格，而是把原文的思想清晰地表达出来了”[27]，太沙基在 22 岁时编译了这本书，旨在推动德国的年轻人进行自主阅读学习，让他们更多了解地质学，去体验探索与发现的乐趣，而不是只凭那些陈腐枯燥的事实去空想。

因为卡尔决意放弃从事机械工程，兵役结束之后，外祖父资助他再去格拉茨技术学院进修一年。卡尔把地质学融入铁路和桥梁工程方面的课程，进行了更深入的学习。这一年，卡尔在施泰尔马克自然科学学会的资助下发表了第一篇学术论文，研究的是施蒂利亚州南部的海岸阶地。[28]他的论文包含了许多景观素描以及第三纪泥灰岩、黏土和壤土的水平成层地质图。

尽管太沙基有能力胜任并且乐于从事野外地质工作，但他并不满足于现状。他觉得自己没有一番真正的作为，也没有什么重大的发现，因此迫切地希望“创造机会，抓住机会”。[29]而当时他恰好有这样一个机会，就是参加穿越格陵兰岛的地质考察队，并在考察队担任地质学者，他立即接受了。然而不幸的是，1906 年夏天，卡尔在阿尔卑斯山登山过程中发生了意外，导致膝盖严重受伤，最终没能参加考察队。

接下来，他开始应聘土木工程方面的工作，这样的话，至少他可以继续从事工程地质学研究，毕竟这是他最“喜爱的科学”。[30]

在奥地利空虚的军旅生活，1905 年

克尼特尔菲尔德的煤矿，1905年

工程师卡尔·太沙基,23 岁(1907 年)

第 2 章

1906—1912:在欧洲工作

太沙基最终选择从事土木工程行业,并很快找到了一个富有挑战性的职位。维也纳一家名为阿道夫·巴伦·皮托尔的混凝土设计和施工专业公司聘请太沙基担任初级设计工程师。尽管太沙基觉得自己缺乏专业资质,担心自己不能胜任,但公司当时正致力于开发水力发电这个新兴领域,而太沙基的学位专业恰好是机械工程,所以他正好符合公司的要求。

太沙基努力充实自己,常常与公司里一群干劲十足的年轻工程师一起切磋交流。在阅读和交流的过程中,他学到了很多新知识。令太沙基惊讶的是,那些工程师也对他的一些新见解感到兴奋,相比于机械工程学,他们对太沙基讨论的工程地质学更感兴趣。水电站的规划和建设需要处理水流数据,并选择合理的坝址。堤坝的高度必须恰到好处才能支撑足够大的水库,以便全年都能为发电站供水。水库中的水首先通过地表沟渠、管道,或者常常通过隧道进行输送,然后再通过高压竖井或陡管(即"压力水管")导入发电厂房。最终,还要保证水流能够安全地从发电厂房返回原来的河流中。要处理好这一系列过程,丰富的地质学知识是必不可少的。

遇到工程地质问题时,公司偶尔会咨询地质学家,却往往一无所获。在一个工程中,地质专家预言,坝基下面很浅的地方就会出现完好的基岩，而且随着隧道往深山延伸，其开挖条件会越来越好。然而实际情况恰好相反，在坝基下一直挖到很深，才出现满足持力条件的基岩层；而且随着开挖作业的不断推进，隧道围岩质量越来越差。工程师们找地质专家对质，地质专家“却不屑一顾地笑道：‘如果我确切知道山体内的状况，我早就发了大财了，就不用做地质勘探这一行了。’”[1]

此后，工程师们在设计水电站时只要遇到地质方面的问题就都会咨询太沙基。“马上就要挖基坑了，在进行最后的分析时，公司把几乎所有的技术难题、工程事故以及计算失误，全都归结于工程师对于地质条件的一无所知或后知后觉。”[2]当时，工程师在勘察表层地质情况时，还不常用现场钻孔的方法。就算工程师能够观察到土体和围岩的性状，他们也不知道该如何运用相关信息来进行设计。因此，施工过程中总会遇到很多没有预料到的麻烦。

太沙基进入皮托尔公司之后不久，公司打算在蒂罗尔州的一个河道上建造堤坝，河道布满了粗卵石和巨砾。要在河床上为大坝浇筑混凝土深基础，常规的办法就是用钢板桩修筑盒状围堰，把原位基础土隔离成一个一个的区域。围堰的修建通常需要打板桩，即把一片一片的扁平矩形钢板打入地下，钢板通过横向锁口相互锁联；然后，将围堰内的地下水泵出，挖土至坝基底部深度，再浇筑混凝土。按照这个方法，一个区域接着一个区域进行施工，直到在河上建起整道堤坝。

但在施工过程中，皮托尔公司遇到了困难：河道沉积层布满了鹅卵石，钢板桩打不到要求的深度，围堰防护墙四周和底部漏水严重，地下水无法泵尽。基础混凝土浇筑不得不在水中进行，这种施工技术成本很高。在混凝土浇筑完成，水库中蓄满水以后，坝底开始严重渗水，最终导致溃坝。

这次失败困扰了太沙基很长时间，因为当时没有人能解释该如何防止这种情况再次发生。这是一种典型的事故案例，人们称之为“管涌”，但是没人知道如何避免它。

1907 年，太沙基在指导一个发电站的建设时也发生了类似的情况，发电站位于瓦尔德格镇，这个项目还包括堤坝和隧道。施工现场有一个临时用作“围堰”的土石坝，用于河流临时改道，隔离出一片河床，以便于开挖基坑和浇筑混凝土。当他们正试图将基坑中的水排尽时，水从围堰底部渗进来，其速度比排水的速度还快。太沙基发现，水流带走了坑底土粗石粒间的砂土和粉土，在坑底土中产生很大空隙，使得水更容易涌进。要解决这个问题，唯一的办法就是进行清淤作业，从积水层下面的土体一直挖到基岩表面，从而挖出一个施工区域。

太沙基听说，1897 年在奥地利的萨尔察赫河也发生过类似的工程事故，而且情况更糟糕。在萨尔察赫河，基坑内的水根本无法泵干，经过几次尝试之后，整个项目只能被废弃了。

政府工程师提出的预测结构沉降的方法让太沙基感到十分不解，在他看来预测方案比臆想好不了多少。在阿尔卑斯山脉破碎的石灰岩中修建的水工隧洞工程，在进行防水衬砌设计和预测其开挖条件时，都出现了其他严重问题。

尽管太沙基发现这个行业在土石建设方面还有许多不足之处，但他很自信自己能成为一名工程师。他学习如何管理员工，如何管理现场施工，后来越来越精通于钢筋混凝土结构的设计与施工。25 岁时，太沙基就负责了特兰西瓦民亚一个石膏筒仓的设计和施工，圣波尔滕一个工厂的施工，以及赛梅林一个度假旅馆的施工。“公司付给我薪水，我能迅速积累经验，同时公司也收获了一名一流且经验丰富的施工主管。”[3]他总结了自己的经验并给奥地利一本关于混凝土和钢的杂志投稿。[4]

太沙基原本打算在这个公司度过舒适的一生。但后来他那种不安分的本性又开始作怪，尤其是当他在维也纳的整个冬天都只能面对着绘图板时。当他听说荷兰殖民军将出兵镇压婆罗洲的部落叛乱，就决定加入这次行动并申请了一个职位。幸运的是，一个更好的来自克罗地亚的机会出现了。当时他正想在地质工程方面继续深造，克罗地亚就成了理想的选择。1909 年初，太沙基前往了克罗地亚。

克罗地亚的“达尔马提亚海岸线”从奥地利帝国唯一的海岸的里雅斯特开始一直延伸到亚得里亚海南部。这里有渔港和通商口岸，还有繁华的宫殿和旅馆，十分富饶，是著名的海滨胜地。而克罗地亚内陆到东部地区却是乡村，到处是丘陵和小山。在地质学上，这种地貌被称为“克罗地亚喀斯特地貌”，是一种由很厚的可溶性石灰岩经过数千年的蚀刻而形成的地貌。喀斯特地貌中有着成千上万个由于地表塌陷而形成的“落水洞”，宽广的浅水湖汇聚至此，地表不断下沉，形成了区域广泛的盆地。雨水流入岩石裂缝和落水洞中，在地下消失，一部分水流又通过岩隙喷出，成为泉水。这里地形陡峭，降水丰富，很适合建造水力发电站。法国的“兴业建筑公司”打算在这里开发一个大项目，建一个“亚德里亚缇克电厂”。

太沙基被这个项目吸引，因为他可以通过这个项目收集地质资料，并应用在工程设计中。不仅如此，这也是一次令人振奋地探索崎岖新地貌的好机会。他的工作总部在阜姆（现为里耶卡），位于海岸线上。工作基地在奥托察治小镇，穿过陡峭的韦莱比特山脉，有一个斗淋盆地，盆地尽头就是这个小镇，出入仅靠一条崎岖的山间公路。该项目计划将奥托察治小镇附近的加卡河导入一条长约 10 英里* 的隧道，穿过韦莱比特山脉输送到海岸线上位于赛格（现为塞尼）的发电站。

太沙基工作的地方就在这片崎岖的地貌中，他对这种地貌很感兴趣。他负责测量水流数据，勘察地形以及相关地质情况，并规划通过建造水库和隧道来开发利用水能。为了解地质情况，编制地质图，太沙基多次在野外来来回回实地远足。他很享受这样的过程，无论是冬天风雪交加的喀斯特地貌，还是夏天鸟语花香、鹿熊满地的山毛榉林，都带给他一种粗犷而奇妙的享受。他在写给韦丁博尔教授的信中如是说："大自然中的一切事物，无论是美好的还是糟糕的，都在我的眼前。"[5] 这里有巍峨的山峰，陡峭的悬崖，荒芜的峡谷，犬牙交错的石灰岩峭壁，还有陨石坑。他惊叹于如此辽远而明丽的海岸景色，"没有比此刻更充实、更美好的时光了"。

但与此同时，太沙基很担心多岩洞石灰岩层中的工程风险，况且工程上的技术指导"不仅不知道如何处理喀斯特地貌的工程问题，甚至连喀斯特地貌会产生什么样的问题都一头雾水"。在喀斯特地貌下，既无法保证堤坝能够蓄水，也没法保证隧道能够输水，在这种情况下盲目规划水利工程是十分冒险的。估算水流的年流量也是个难题。加卡河发源于奥托察治盆地一端的岩隙泉水，流入另一端的落水洞。项目需要堵住一条周期性蓄水湖的落水洞出口，并将其引流到一个永久水库。

这片地貌与太沙基家乡的阿尔卑斯山迥然不同。这里没有童年时奔流的小溪，"喀斯特地貌的水流流势诡秘、无声……一成不变的水流穿过凄荒的平地，淌过奇异的岩层，无波无澜，无阻无碍，无声无息。水

---

*　1 英里≈1.609 千米。

卡尔·太沙基，23 岁

流不湍急,来也悄悄,去也悄悄”[6]。

但这里也很混乱,克罗地亚是奥地利帝国最边远的军事基地,那时塞尔维亚、斯洛文尼亚、克罗地亚、波斯尼亚之间的民族纷争问题很严重。奥地利帝国直接统治沿海地区,但允许克罗地亚在东部拥有一定的自主管辖权,独立的塞尔维亚意欲控制奥斯曼帝国的波斯尼亚,但被奥地利抢先占领了,因而激怒了塞尔维亚。这一切就发生在太沙基为这家法国公司进行第一次项目勘察的几周前。太沙基在这个四分五裂、动乱不安的国家到处奔波,出门工作时不仅要带着地质小锤,腰里还得别一把布朗宁手枪。他说:“在塞尔维亚-克罗地亚这片纷争之地,手枪就代表了至高无上的权力。”他把这片地区称为“欧洲的中非”。[7]

一段时间之后,太沙基对这里的民众也产生了不满:“我敢肯定当初造物主不仅把河流分布弄得一团糟,还把这里的人也搞得很复杂。”[8]后来,他在回忆录中写道:“大海很美,像一片蓝色仙境,但它也冲刷出苍凉的海岸。人民的生活也同样死气沉沉,人类社会就如同这儿的自然界。这个民族的不幸源于它自身的问题……残破的棚屋,濒临破产的工厂,厂主在泥潭和粪堆间惨淡度日……这片土地是滋生政治斗争的沃土,除此之外,再无其他。”[9]

太沙基对当地的地质情况感到很困惑,以至于在一本科学期刊上发表了一篇论文。让他产生困惑的另一部分原因是他与同去水库实地调研的一个匈牙利地质学家产生了很大的分歧。[10]在实际工程地质工作过程中,他对纯理论的地质学的热情慢慢消退。他意识到,野外地质学家往往仅凭极少量的数据就推断地质情况,而没有像矿工和工程师那样通过实地钻孔或开挖揭露来了解地质情况。太沙基宣布水利水电工程才是他“真正的研究领域”,而不再是钢筋混凝土设计。尽管如此,他还得为维也纳的雇主做最后一份工作(为他在马内尔斯多夫设计的钢筋混凝土筒仓做监测),因此继续在该领域工作了一段时间。

他获准可以聘请一位助手,韦丁博尔教授给他介绍了一位,但让太沙基尴尬的是,因为这个人无法胜任,只能辞退他。卡尔巧妙地讽刺这位助手:“虽然他根本无法胜任技术性工作,但至少是个有趣的人,高傲自大和幼稚、胆怯、笨拙竟同时在一个人身上体现。交给他的工作很快就会出问题……从现有的教学方法中找不到适用于他的……但愿时间能抚平一切创伤,能鼓舞和启发这个最愚钝的工程师。”

工作之余,太沙基还探究起当地地貌的起源。他很想知道那些广阔洼地——也就是所谓的“灰岩盆地”的成因。他进行了一番观察,之后提出并发表了一个备受争议的理论。[11]卡尔认为,森林地下深处的石灰岩和有机酸产生化学作用,石灰岩遭到腐蚀,造成森林逐渐下沉,直到树根沉到地下水位处,树木死亡,形成沼泽,沉降停止,因此洼地就是“原地下水位线的标志”。卡尔的这个理论受到了地质学家的强烈反驳。他们认为“灰岩盆地”的凹陷是源于地下洞穴的塌陷。而 4 年之后,彭克和莱曼这两位著名的地貌学家都不约而同地对卡尔的新奇观点表示支持。[12]

到 1910 年 7 月,太沙基已经做好了施工计划,但施工至少在半年之后才会开展。他在看书时偶然翻到一卷钢筋混凝土手册,讲的是水下工程。他反复研读了其中北美水下工程的相关内容。当他在克罗地亚过着单调无聊的生活时,其他地方却在进行很多大工程,这让他突然下定决心去参加这些项目,于是打算辞职前往纽约。

卡尔的计划起初进展顺利。他开始收拾行李,准备离开这个待了一年半的地方,那里能够看到亚得里亚海上“难以形容的美景”,但当汽笛声响起的那一刻，他突然感到非常不舍。“我是个家庭观念很淡薄的人，之前从未体验过离愁。”这次却不一样，在这里的几年，他与同事、朋友们风雨同舟，相依相存。而今他即将踏上去往北美的旅途，去看看那里的堤坝和水库，这一切都源自他对游历探险的深深渴望。正如他后来所说的那样，自己正逐渐变成一个流浪工程师。

回到奥地利之后，他很快收到了“大量来自维也纳的顶级钢筋混凝土工程师的诚挚的推荐信”。如果这些推荐信无法帮助他在美国申请到工作的话，他也有工作可做，因为之前一家法国公司曾邀请他去帮忙完成一个水利项目，该项目位于智利安第斯山脉。也许某一天他还会回来，途经中国和印度，毕竟“地球是圆的”。[13]

然而，卡尔这次去美国的雄心壮志最终没能实现。当时，俄国发生了一起施工事故，他的朋友也参加了那个项目——在圣彼得堡市中心的诺维斯基大道建一座银行大楼，承包商是俄国一家名为 J.J.洛伦岑的建设公司。基础施工时出现了问题，承包商不知该如何补救。如果承包商不能按照合同规定的时间完成项目，他们将需要支付违约金。太沙基听说后，立即同意指导这个项目。他在两天之内就启程前往圣彼得堡，于 1911 年 6 月 1 日抵达。

太沙基一下火车，匆匆吃了个工作早餐，就被带到了工作的地方。承包商告诉卡尔要不惜一切代价解决这个问题，至于如何解决，需要他自己想办法。大楼项目已全部停工，只有拿出合理的新方案和施工说明，并经审查才能重新开工。事故原因很快就调查清楚了。基坑四周是挡土墙，用于支挡地下土体，地下土体由圣彼得堡地区典型的河砂、泥炭和淤泥层组成。但挡土墙并没有起到应有的作用，流砂如流水一般通过挡土墙板桩的裂缝大量涌入基坑，周围的建筑物也因此发生损毁，有些建筑岌岌可危。混凝土垫层浇了一半，钢梁也受到严重锈蚀。“我被现场一片狼藉惊呆了，表情僵硬，只能无奈地摇了摇头。”[14]太沙基回忆道，但他没有时间替他们惋惜，只能马上投入工作。

但是，能真正开展工作吗？项目的“施工管理十分混乱”，现场人员“能力严重不足”，[15]他还从未遇到过这种情况。办公室里，那些身穿制服的工程师助理们不是在聊天就是在抽烟喝茶。工程计算和施工计划一团糟。“唯一让他略感欣慰的”是一个坐在办公室的德国工程师，“脸上一副听天由命的表情，祈祷情况能够有所好转”。卡尔说了声“谢谢”，便离开了办公室。回到自己的房间后，他不停地喝茶抽烟，抽完了一整包奥地利雪茄，希望能够找到一些灵感。

3 天后，他想到了一个灵活可行的方案，这个方案不仅能使施工尽快步入正轨，还能减少 30％的施工成本。为了这个方案，他在工程委员会的办公室据理力争、力排众议，与那些“专家”辩驳，最后终于得到认可。他来这里才仅仅一个星期，就让整个工程重新开工了。一个俄国承包商为他举行了一次通宵达旦的庆祝活动。项目重新被提上了日程，1 000 名工人分成两班，日夜交替工作。最后，大楼终于在合同约定的工期内竣工。

太沙基的奥地利式的严肃态度让办公室安静了许多。大家不怎么喝茶了，一些俄国工程师换成了来自挪威和克罗地亚的工程师。太沙基的财务状况开始明显好转，不仅仅是因为银行大楼项目给他带来了不少收益，更因为许多承包商慕名而来，邀请他合作。卡尔曾一度打算在这里定居下来。

1911 年的圣彼得堡与维也纳迥然不同。圣彼得堡办事效率低下，贪污腐败无人管治；工程市场竞争激烈，主要是俄国的洛伦岑公司与丹麦、德国的建设公司争夺市场。在这里，各种政治行为并不起作用，赢得工程市场的唯一途径就是博取高层职权部门的信任。太沙基能够“读懂客户的心理”，很快就和相关人员拉拢了关系，“我们不能光考虑工作本身，还得处理好人际关系”[16]。如此，太沙基将他的专业知识和人际关系处理技能“紧密结合”，他的工作进行得得心应手，因而不想离开。

洛伦岑公司邀请卡尔前往里加，到当地成立一个分公司，并负责当地的项目。卡尔接手的项目包括波罗的海诸省的工业建筑工程，以及为沙皇的舅舅建造城堡。他十分享受那里的派对，派对上有“烈性十足的香槟”[17]和“当地那些毫无道德顾忌、给钱就能发生性关系的漂亮少女”[18]。

秋去冬来，俄国的天气开始变得多雾阴沉，几乎见不到太阳。[19]卡尔觉得是时候离开这里前往美国和中国工作了。为了对洛伦岑公司负责，他得找一个可靠的接班人。他提名让奥托·弗勒利希来接管他的职位，之前也是他把弗勒利希从柏林带到圣彼得堡的。这么看来，弗勒利希似乎一直都在追随太沙基。他比太沙基小两岁，也出生于奥地利的捷克地区、毕业于格拉茨技术学院，还曾在阜姆港工作过，是太沙基的手下。弗勒利希并不是天才，但太沙基认为他是一个有条不紊、有影响力的人。弗勒利希接任了太沙基的职位后，太沙基便于 1911 年 12 月 7 日离开了圣彼得堡。

在俄国的 6 个月，太沙基研究出了一种全新的图表法来解决工业蓄水池的设计问题。卡尔觉得自己可以将这一成果写成论文，申请博士学位。有了博士学位，他就能在周游各国时获得更广泛的认可。于是，他给格拉茨技术学院写了一封信，校方也接受了他的申请。1912

年1月16日，太沙基参加了博士生论文答辩。当时，众多老师和学生前来观摩，他们想看看这位著名校友到底是个天才还是骗子。[20]太沙基的答辩表现得十分出色，得到了考官们的一致认可，成功地通过了考试，被授予“技术科学博士”。卡尔完成了外祖父最大的愿望，祖孙两人分外激动，紧紧地拥抱在一起。[21]

卡尔的博士论文给西奥多·波西尔教授留下了深刻印象。西奥多认为，他可以借卡尔的研究成果来提升自己。他与施普林格出版社商议，与卡尔合著出版了一本综合性的书。这本书内容紧凑、简明扼要地阐述了“适用于学生、工程师以及建设公司”的新方法。[22]书的第一部分运用新的数学方法推导了解析解，[23]第二部分阐述了太沙基提出的全新的图表法。太沙基对西奥多有些不满，在写给韦丁博尔的信中他抱怨道：西奥多只是擅长于做做编辑和写附录，其他方面都不行。[24]但事实并不像太沙基说的那样，因为奥托·弗勒利希在代表奥地利建筑与工程师协会为该书写评论时，对两个部分都给予了最高赞誉。[25]

虽然太沙基在奥地利逗留的时间很短，但他在此期间丰富了自己的简历档案，并获得了很多推荐信，为以后进军美国工程界做好了充分的准备。另外，他还在这里到处拈花惹草，不仅和妹夫的妹妹奥尔加·白洛夫保持关系，[26]还在背地里与同事的妻子有过一段短暂的露水情缘。当时太沙基年富力强，对于女人来说确实有很大的吸引力。他面容俊朗，蓄着小胡子，一头棕色的直发剪得很短，梳理得也很整齐；身材高大英挺，极具男子气概。当然，太沙基更富有魅力之处在于他善于交际以及十分健谈的个性。同时，他人生阅历丰富，对文学、艺术、音乐见解深刻，富有创意。太沙基喜欢女人，和每个女人交往时，他都会全身心地投入其中。

1912 年 2 月，太沙基博士与格拉茨的家人及朋友一一作别后，便前往美国追求自己的梦想。他在那里踏上了新的学习征程，并最终取得了成功。

第 3 章

1912：在美国的雄心抱负

太沙基乘坐火车穿过阿尔卑斯山，经过漫长的旅程后，到达德国最北端。他拜访了在慕尼黑和汉堡的工程师和朋友们。在此期间，一位普鲁士铁路的主管用私人卧车把他带到了汉堡，这得归功于他在俄国学到的人际关系处理方式。1912 年 2 月 13 日，在库克斯港的汉堡-美国专线上，他登上了豪华的美国号轮船。他知道，美国相关移民条例规定：禁止无政府主义者和一夫多妻主义者进入美国。

头等舱的条件很好，让人仿佛置身于著名的度假胜地。他每天早晨都可以去健身房，"在装有小型电动机的简易马形装置上慢跑、快跑，或者散步"；[1]舱内提供的菜单"非常丰富"（他记录了一些菜单），还有通过马可尼电报传输的日报可供阅读。

他告诉祖父，船上的住宿和食品确实是一流的，但乘客却不尽如人意。"多数是美国人，只有少数女人，还有很多该死的犹太人。"[2]卡尔很快就结识了一个富裕的德裔美国实业家、北美最大的制药公司的总裁——普朗特先生。普朗特的交际网很广，并且和美国地质调查局局长私交甚好。能结识这样的朋友，太沙基感到很幸运，这真是他美国之旅的良好开端。

太沙基还在船上认识了一位了不起的老人，他很喜欢和老人一起下棋。"这位老人身材高大，挺着啤酒肚，鼻子扁平，身上还有很多疤痕。”[3]这位老人正是百万富翁施尔科夫，德裔美国人，尼亚加拉大瀑布发电站都是他的财产。

太沙基认为，除了艾登夫人和亚当斯夫人，大部分美国旅客都很无趣。她们觉得与太沙基这位格拉茨小博士交谈是件很愉快的事，而太沙基也觉得和她们待在一起很开心，宛若置身天堂。[4]他很惊讶美国妇女能够这样自由自在地享受生活。

9 天后，在 2 月 27 日晚上，轮船到达了纽约。卡尔后来在给维也纳报纸的旅行随笔中提到，一到纽约他就觉得无比震撼。[5]“我一离开码头，就被美国人生活中充斥着的那种不可抗拒的‘积极向上’的气氛所感染。这里的生活节奏很快，我开始变得不知所措起来。我仿佛感觉到思维在超速运作，动作也在无意识地变快。”阿斯特大酒店宛若欧洲宫殿，给他留下了很深的印象，唯一令他不满的是他房间正对着采光井。“显然，这里的人非常忙碌，不会拘泥于细节。”[6]

太沙基在西 76 街 111 号找到一处比阿斯特安静许多的住所，这是一栋棕色的石头建筑，非常干净，女房东和老房客对他很热情。这里“是一座清教徒式公寓，没有牡蛎、龙虾、菠萝和烟，也没有身价百万的‘美国公主’”，作为这里唯一的欧洲人，他起初觉得既尴尬又陌生，但他慢慢发现“脱离圣彼得堡那种放荡的生活，对他来说也许更有益健康”。[7]

来到纽约后，太沙基感到十分讶异，因为这个城市美丽与丑陋共存。一方面，这里空气清新、充满活力；另一方面，这里满是砖块砌成的外墙，单调乏味。作为一名工程师，卡尔觉得宏伟的钢结构建筑和大跨度桥梁非常了不起，城市公共交通系统同样如此，价格便宜，覆盖范围广，路线科学合理。作为一个欧洲人，他从未见过如此密集繁忙的交通，还有它带来的喧嚣。“这里的生活充满着活力，但这种活力却让人感到很不近人情。”[8]

为了尽快适应这里的生活，太沙基必须入乡随俗，他剃去自己的胡子，购置了一顶新礼帽，花钱如流水，钱在口袋里停留的时间就像“赤道上的冬天”一样短暂。随后，他自行前往“钢筋和混凝土公司”作首次拜访。公司所在地（公园路 1222 号）是一栋大厦，那儿有上百个办公室和 10 台电梯，电梯里总是挤满了人，大家来去匆匆。他每到一层楼就停下来询问有没有工程师职位，但得到的都是冷淡的回应。后来他尝试给相关人员打电话，那些“大老板们”周围总有喋喋不休的秘书层层把关，没有人愿意通融让他进去。“我感觉我像一只试图进入的孟加拉虎。”

经过几天的努力，太沙基终于成功地跨越了 I.G.怀特公司的门槛——一家国际领先的承包公司。总工程师被太沙基的推荐信、相关经验和出版作品所打动，有意在伦敦办事处为他提供一个有分红的职位。即使不能成功，他也希望太沙基继续努力，因为他有能力在美国实现他的抱负。考虑到万一在美国没有机会，卡尔开始学习西班牙语。

太沙基发现，只要步行穿过中央公园就能到达美国土木工程师协会（American Society of Civil Engineering，ASCE）的总部，公园里植被繁茂，松鼠聚居。他在餐厅结识了一个年轻的维也纳男子，他们之间的友谊使他不再那么厌恶美国了。在 ASCE 的图书馆里，太沙基发现了很多有用的技术类书籍，所以他开始泡在图书馆里。通过阅读相关书籍以及与他人的交流，他了解到：在美国，理论对于土木工程来说作用不大；但是工厂管理、建筑工地组织等领域的相关书籍则非常实用，在这些方面，美国远远领先于欧洲。[9]

在读书时期和早年的经历中，太沙基曾在钢筋混凝土设计领域有所涉猎。他那篇优秀的博士论文就提升了钢筋混凝土的工程实践，他还设计、建造并监测了重要的钢筋混凝土结构。但他并不想在美国找一份该领域的工作，原因有两个。第一，他不喜欢美国人凡事都以赚钱为导向。在欧洲，“人们会对每道裂缝都反复思量。而在这里，人们建设水库就像订购冬衣那样随便”，整个施工过程只经过粗糙的计算。承包商会安排好一切，工程师只需要视察就行了。由于美国人这种“纯推销”的工程模式，整个行业都沦为类似制鞋或贩鱼那样的交易。[10] 这是片“唯物的土地，和俄国正好相反”。[11] 第二，他依然对工程地质学非常感兴趣。

西奥多·罗斯福于1902年颁布的《垦荒法案》在北美洲规划了一个巨大的水资源工程项目。该项目计划修建60个大坝，有些大坝的高度几乎是史无前例的。项目还计划建造长达数英里的灌溉水渠，且大多针对干旱的西部地区。该项目的管理由一个新机构——美国垦区服务部来负责，还涉及美国地质调查局的供水、灌溉和水电部门。相关部门从一开始就意识到，这个计划的成功与否在很大程度上取决于工程地质。太沙基认为，如果他想获得工程地质的实践经验，这个项目就是最好的机会。

太沙基手中还握有一张王牌，就是他在船上认识的朋友普朗特先生，他曾说过要将太沙基介绍给自己的朋友——地质调查局局长克拉克先生。太沙基与普朗特先生共进了一顿丰盛的午餐，在享用完牡蛎、草莓和波尔多葡萄酒之后，普朗特先生便为他写了一封介绍信。之后，太沙基即刻赶往华盛顿特区。

太沙基在旅途中看到了纽约宾州车站的建筑风格和民主化的只有

一种车厢等级的铁路系统，印第安土著曾就在此沿途居住。他也提着手提箱穿过居住着大量黑人和华人的贫民区。这些都令敏锐的太沙基相当兴奋。国会大厦宏伟华丽，仿若在大片形态各异的房屋中傲然矗立的圆顶巨人，在他这个欧洲人眼里看来实在太震撼了。[12]

比起纽约，华盛顿更欢迎外来专业技术人员。克拉克先生热情接待了卡尔，而且还给卡尔提供了他迫切需要的东西：一封给美国垦区服务部部长 F.H.纽厄尔的推荐信。虽然纽厄尔是克拉克先生的部下，但他领导的美国垦区服务部其实是一个基本独立的组织。

太沙基受到了纽厄尔先生的热情接待。纽厄尔先生脸圆圆的，一双蓝眼睛炯炯有神，浑身散发着成熟的气息。他专心致志地听太沙基解释，奥地利刚刚开始建设大型水力发电厂，非常急切地想从美国这里汲取经验。卡尔告诉纽厄尔先生，自己会为奥地利的工程师写一篇文章，而他最想了解的就是施工失误以及引起这些失误的地质原因。纽厄尔先生答应了他，并承诺将大力支持太沙基，包括协助他完成行程并收集背景信息。纽厄尔开始为太沙基写介绍信，并指示所有现场施工人员在各方面给予协助。他还将卡尔带到科斯莫斯俱乐部，为他提供了舒适的住宿。很多美国科学界的名人都是这里的常客，他们经常在午餐时碰擦出科学的火花。[13]

因为行程需要穿越西部荒野，所以卡尔给家里写了一封信，请家人立刻把他的马具运过来。他现在很兴奋。“如果一切都按计划进行，我就能成为水坝方面的专家，成为德语系国家该领域最出色的专业工程地质学家之一。”[14]他还写信给奥地利建筑师和工程师协会请求拨款，他觉得这对奥地利是一笔很合算的投资。整个行程将持续 3 个月，预计花费约 1 000 美元。太沙基生怕协会不同意拨款，还给外祖父写了一封详细的信函来说明这次考察的经济价值，希望外祖父能资助他。[15]美国西部仿若一个巨大的工程地质实验室，能为他提供所缺乏的经验数据。

卡尔在华盛顿停留了一个星期，这期间他研究了有关项目的材料，并向奥地利建筑师和工程师协会提交了他的提案。[16]他还收集了许多相关文件，打算在接下来的一个月里进行研究。他计划5月初从纽约出发。一旦到达旧金山，他将必须做出选择，要么去伦敦的I.G.怀特公司上班，要么途经南美回到家乡，在奥地利开家公司，好好将自己独特和丰富的经验用于实践。

但卡尔在纽约还有未竟之事，他必须接纳奥尔加·白洛夫的到来。她终日郁郁寡欢，担惊受怕，因为她怀上了卡尔的孩子。他在离开欧洲之前就知道了这件事，并承诺将照顾这个孩子。他的道德准则要求他这么做，况且她还是自己心爱的妹妹艾拉的小姑子。

4月2日晚，太沙基冒着大雨，长途跋涉，心情忐忑地赶往偏远的布鲁克林码头迎接奥尔加。他们相处了一个月，一位好心的女房东为他们提供了住宿。白天卡尔从事绘图员的工作，晚上和周末就陪奥尔加一起散步谈心。他仍然喜欢她的笑容，喜欢她熟练温柔地弹着钢琴的样子，还喜欢她自由不羁的精神（尽管她这种性格为她带来了一些麻烦）。但太沙基并不想结婚，他最近的状态根本不适合结婚，奥尔加也绝不是他最好的选择。他告诉她，如果她嫁给别人，也许会过得更好。

卡尔向一个在波士顿的奥地利同事倾诉了自己的心思，这个同事安排奥尔加和卡尔约见了奥地利的总领事。领事把他们交给了圣女贞德姐妹会，圣女贞德姐妹会听完他们的难处之后便出面帮助他们。没过多久，她们就找到了安置奥尔加的办法——前往墨西哥，并在富有的

奥尔加·白洛夫,大约在 1911 年

拉莫斯家工作。拉莫斯是墨西哥城附近一个种植园的主人，3个孩子的妈妈身患绝症，已经奄奄一息，急需一位富有同情心并受过良好教育的保姆。卡尔与正在纽约出差的拉莫斯先生见了面，并签订了正式合同。按照合同，奥尔加有了份工作能够照顾自己，她还可以把她的孩子送出去找人收养。作为慰藉，卡尔还给了她一份书面承诺，承诺迟早会跟她结婚。虽然这份书面协议只是一个毫无保障的文字游戏，但在法律上他确实和奥尔加订婚了。一年前他的确爱她，但这种爱经不起时间的磨炼。这只是他生命中经历的一段篇章而已。如今他只是一个流浪者，不牵挂任何人，也不需要任何人，他只想好好经营他的事业。

卡尔把奥尔加送到了一片陌生的土地，和一个陌生的家庭待在一起，而且这个国家还动荡不安。他深信拉莫斯先生是个尊贵、善良、好心的人。领事向他保证，墨西哥的战争只是被报纸夸大了，无论如何战争只会在北部发生，而那里离墨西哥城有一千公里。起初奥尔加对这个安排还是满意的，但她一想到将要和她的宝宝永别就感到很痛苦。但是后来，她还是顺从了这个安排，泪眼婆娑地登上了火车，离开了卡尔。一位旁观者看到这个令人触怀的场景时说道："他们离别的时候，真的很感人。"[17]

终于，卡尔可以重新投入到对垦区服务部提供的施工报告和计划的研读中，这些报告是关于美国西部诸州水利和电力工程的，这些州也正是他要前往的。在着手这些项目之前，他必须花些时间消化这些材料。他还写了两篇文章给维也纳报纸，一篇是关于纽约的摩天大楼，另一篇则是关于泰坦尼克号的沉船事故。[18]在他离开的前夜，就在他烦躁地打包行李时，卡尔收到了来自奥尔加的一封长信。信中说：她有了一个新想法，想改变主意。卡尔知道她大概是为了保住宝宝。卡尔吓坏了，感到头晕目眩。午夜时，他用焦虑不安的口吻给她写了封回信，迫切地恳求她不要毁了她和他的生活，毕竟他们还这么年轻。几个月后，他写了封信给他的姻亲，说他不想讨论奥尔加的事，因为她让他感到痛苦。奥尔加很抑郁，说自己现在过着地狱般的生活，更让她痛苦的是，他们之间的通信被内战给耽搁了。[19]

1912 年 5 月 15 日，卡尔前往华盛顿特区。他和纽厄尔局长在科斯莫斯俱乐部吃了顿饭，并就他即将参观的工程进行了交流。这是一个开创性的项目，大部分工作于 1911 年就已经开始进行。他的行程将持续 3 个月，从新奥尔良，沿密西西比河的防洪工程开始，然后前往其他地方，包括格兰德河的安吉尔大坝，亚利桑那州的罗斯福大坝，科罗拉多河的尤马灌溉工程，洛杉矶输水主渠，特拉基-卡尔森项目，华盛顿州的卡其斯大坝及隧道，还有博伊西项目（包括爱达荷州的阿洛克大坝以及怀俄明州普拉特河北部流域的大坝）。

太沙基预想新奥尔良应该会很美好。的确如此。这座城市的空气中、大地上，四处散发着它特有的果敢干练、令人着迷的气息。要知道，这里可曾经是臭名昭著的黄热病巢穴。但新奥尔良实际上比他想象中更有趣、更具挑战性，因为密西西比河正处在一次大洪水的初期，防洪堤上已经出现裂口，并且裂口正逐步扩展。他在投给维也纳报纸的一篇文章[20]中写道：路易斯安那州拥有的一切都来自密西西比河，而一场大洪水就会带走这一切。从河口向上游绵延千里的防洪堤不堪一击，一次大决口造成的损失很大，相当于再造一条巴拿马运河。

太沙基在发生决堤后的第四天到达，此时堤坝的决口范围已经长达 400 米。他看到河水像山洪一样以每秒 200 立方米的速度涌入临时池塘，威胁着西部种植园和 6 万人的家园。他留了下来，像战地记者一样对这件事情进行了报导。500名囚犯在填沙袋,一个工程大队正用打桩机和推土机拼命堆筑堤坝,希望能使河水稳定下来并最终把洪水分流。“一边10个人,分别拉着绳索两边,通过滑轮,将夯锤顺着夯杆拉高,然后放下,在工人们单调的歌声中一下下把桩往下打。烈日灼烧着工人们露着牙齿、大汗淋漓的脸,还能看见工人们工作时健硕的肌肉。”[21]

太沙基用了36个小时到达新奥尔良,前往厄尔巴索的美国垦区服务部安吉尔大坝办事处还要再花48个小时。这是太沙基第一次来到美国的沙漠,平坦干燥的高地和崎岖陡峭的峡谷形成了鲜明的对比,激发起他的创作灵感,他写了篇地质文学散文,投稿到维也纳报纸。[22]

下一站是亚利桑那州图森的一座沙漠泵站,然后是宏伟的西奥多·罗斯福大坝。大坝位于壮观的盐河峡谷凤凰城附近,是一座高高的砖石建筑。太沙基很想知道,水库的渗流水是如何沿着天然岩石裂隙(“节理”)的网状结构汇集、流动,并在大坝下游的两岸一公里之长的范围内以泉水的形式涌出。他的结论是,在峡谷边坡节理中的水压一定很高。在这些干燥的岩壁上,人们可以直接看到裸露的沉积岩,而这种现象在奥地利鲜少见到,只能靠推测。他和一个印第安导游一起骑马进入科罗拉多大峡谷(两次),发现有很多奇形怪状的岩壁可以用于研究。[23]

在亚利桑那州钱德勒新镇,卡尔被不一样的景象震惊了,那里有8顶帐篷和一座木制营房,还有一个基础开挖工程位于距离凤凰城市郊15公里的空旷沙漠中。他被告知,这次的挖掘工程是为了建设一个酒店,而那座木房子相当于“城市里的办公室”,里面摆放着将要修建的建筑物实体模型,还有一位穿着马刺靴的官员,“他试图告诉大家这座城市闻所未闻的优势……这种诈骗行为的卑鄙阴暗可想而知”。[24]很显然，从美国人那里能获得非法收入，因为他们很容易轻信别人。

虽然这种买卖并非正当，但卡尔开始意识到在这里有钱挣，而且这激起了他对市场经济学的兴趣。美国的经济基础与欧洲完全不同。欧洲人根据自己的职位或头衔获得相应的报酬，而在美国，工程师们在第一个十年可以每月挣大约 70 美元，如果他们愿意在“疾病肆虐的墨西哥”工作，有可能每月挣 150 美元，施工班组的班头则每月可挣 200 美元，建设主管每月 400 美元。“这里的资源十分丰富，无论是企业家还是劳动者，即使从事最简单的职业也有很大的提升空间，从而获得足够高的报酬。在美国，从事工程师职业并长期坚持的人其实都是理想主义者，因此，他们在这群尔虞我诈的海盗中显示出惊人的团结。他们唯一拥有的东西就是工作中的快乐。”[25]

太沙基写道：“从西方获得财富很容易，但这并没有诱惑到我。”[26]但实际上他对金钱很着迷，尤其当他发现此次行程的成本将超过他之前预估的一千美元，且奥地利建筑师和工程师协会最后也表示无意资助他的工程地质研究。这种对金钱的欲望在到达洛杉矶后变得愈发强烈。这个城市郊区的人口增长很快——从 1890 年的 5 万人到当时的 25 万人。当时这里正在规划建设水厂，能满足上百万人用水。沙漠灌溉工程滋养着异常肥沃的农场，这里的商店、住宅、园林和车辆，处处都彰显着这个城市的富裕，足以让一个美丽的欧洲城市相形见绌。“这一切就像一场梦。”[27]

在旧金山，卡尔遇到了一位身材高大的纽约银行家，是他曾经乘火车去埃尔帕索时认识的。他很快了解到，这位银行家正计划通过一个土地投机项目致富，这个项目位于墨西卡利附近的加州最南端，通过购买土地并种植埃及树木后进行倒卖来赚钱，现在面临的唯一问题就是用水权问题。而太沙基手上正好有一份科罗拉多河前十年的流量数据，经过一番研究，他也认同这样的项目需要足够的水。这位银行家邀请太沙基一起返回墨西卡利，来撰写一份关于不同地块水源供应的报告，太沙基同意了，为此他可以得到100美元的报酬。

银行家给太沙基买了火车票，到达目的地后，太沙基很快专注地投身到项目中，研究潜在土地买卖的土地登记书。他在边境投机者的交易中发现了许多“见不得光的东西”的证据。周末时，他准备了一份附有数据和计算的报告，结论是不建议推进这个计划。他把发票和报告一起寄了出去，“可是后来那贪婪的银行家带着报告消失得无影无踪”，[28]一分钱都没有付给他。

太沙基从已经发生的悲剧中觉醒过来，他发誓要把自己的新知识转变为优势。他因而在那里多待了3个星期。一个美国农业试验站证实，考其拉山谷的地理条件非常适合种植椰枣。那是一个比撒哈拉沙漠还热、未经开发的山谷，但拥有得天独厚的自流水。太沙基了解到，在那里，一位85岁的采矿者在自己的大片土地上成功地种植了椰枣，南太平洋铁路想用35 000美元收购他的农场，但被他拒绝了。太沙基去拜访他，倾尽全力想说服他跟自己合作，对椰枣农场投入管理模式，太沙基希望他能和自己一起冒险，共同实现这个看似不切实际的想法。这个交易很复杂，不仅涉及金钱和土地，还将有其他3个人参与其中：一个是农业实验站的领导，一个是拥有200亩连片土地的土木工程师，另一个是出版商。太沙基的投入不仅有金钱（毫无疑问是从他的外祖父那里骗来的），还有在监督钻自流井和修建灌溉工程方面的专业技能。所有事情都在逐渐走向完善，直到大家在评估土木工程师土地的价值时出现了分歧，自此这项风险投资事业便戛然而止了。于是，他在洛杉矶的人生篇章也告一段落，“对于人际关系和商业生意，变得更加睿智了”。

回到旧金山以后，太沙基继续前往塔霍湖，在卡森市附近的一个灌溉工程，他第一次看到“注浆”过程：将水泥砂浆通过钻孔泵入地下，从而填塞岩体裂隙，提高其防水性。之后，他相继去了位于盐湖城的兰洪坦大坝，犹他州的斯特罗伯里大坝和西班牙福克大坝（在那里他与来自奥托察治的工人进行了交谈），科罗拉多州大章克申附近的安肯帕格里山谷开挖处，怀俄明州的帕斯芬德大坝和水牛比尔水坝，最后在 9 月 8 日到达黄石公园。

卡尔一直钟爱大自然缤纷的色彩。可想而知，黄石公园简直让他神魂颠倒，那里有很多令人难忘的地方，有着前所未见的色彩。他在那里度过了愉快的一周。在此期间，他曾独自进行探险，冒着猛烈的暴风雪，骑马越过 50 公里的大陆分水岭。对于少年时期的卡尔来说，黄石公园就是他梦寐以求的地方。他给他 89 岁的爷爷写了一封生日贺信，表达了他对这里的热爱，不管是这里的间歇泉和火山岩峡谷，还是形态各异的奇妙岩纹。[29]

卡尔骑马穿越大陆分水岭时，他感到前所未有的身心舒畅。但自此之后，事情开始变得糟糕起来。

扮成枣农的卡尔·太沙基，加利福利亚，考其拉山谷，1912年夏

北海

第4章

1912—1915：从人生低谷到战争

慢慢地，卡尔在旅途中开始失去信心。他感觉自己的梦想就像落叶一样，被秋风吹散了。[1]未来一片迷茫，他的决心也在动摇。也许是在追逐梦想的道路上走了太久。他感觉自己从一个项目被推到另一个项目，却从未真正参与其中。他开始怀念俄国的工作，那里他至少可以偶尔和同事们一起喝喝酒，但这在拓垦项目中是明令禁止的。

卡尔29岁的生日是在华盛顿度过的，当时他骑马去了卡奇斯大坝附近露营，心里思忖着下一个目的地是阿根廷还是秘鲁。10月底，他已经按照自己的计划勘察了很多大坝，并记下了大量笔记，现在他得着手做些分析了。但是奥地利建筑师和工程师协会的那些"老古董"不肯资助卡尔，而他一个人又负担不起这段时间的分析工作，更不用提去南美考察的事了。他急需赚些钱。

10月底，他坐船从波特兰回到了旧金山，一路上都在打听工程方面的工作。他的经历，加上他获得的西部的施工经验，理应轻而易举地让他找到很具挑战性的工程项目。然而，他收到的工作录用通知都是枯燥的办公室工作。"我只好收起自己的资历证书，放下身段，接受了一个在哥伦比亚河修建水闸的政府项目。"[2]

事实证明，这个工程很具挑战性——需要进行挖掘、操作设备、钻孔、爆破；工作十分辛苦，环境又很嘈杂恶劣，而且还很危险；此外，工人们出身贫寒、不守纪律，没有什么学识，更谈不上抱负。该项目需要在俄勒冈州壮观的哥伦比亚河上修建塞里罗水闸。该河的通航在塞里罗瀑布处被阻断，瀑布位于大漩涡急流的源头处，该段河流长达 8.5 英里，水道狭窄，流势湍急。所有上行的船只行至瀑布急流附近的达拉斯时，都要卸下乘客和货物，经陆路运送，等过了急流再装船继续航行。因此，在世纪之交，当地计划在湍流处修建一条分流运河，但是施工时需要在坚硬的玄武岩层中挖至 100 英尺 * 深。这个项目始建于 1905 年，工期长达十年之久。

太沙基觉得，他们在深石坑中进行开挖作业“就像燕子在墙上艰难地啄食一个恐怖的怪物，而它还在水天之间的绳索上悬荡着。”[3] 太沙基在 3 号挖掘班组，同事们都叫他“查理”。虽然这份工作十分艰苦、很费体力，但太沙基确实从中学到了实际东西。鼻子贴着岩石，手里拿着钻机，太沙基学着观察岩石的每一条裂隙，判断它潜在的危险。“这份工作对于其他工程师来说，无非就是使用机械来挖掘，但我却身处第一线足足挖了两个月。”

在这种环境下，太沙基自然觉得自己在这方面所受的教育还远远不够。在太沙基看来，军队训练对工程施工更有帮助，因为“在人类的一切活动中，工程施工如同打仗”；军队在打仗之前，会进行严格的体能训练，从而为战争做好充分准备，而工程类学校显然没有做到这一点。他们只注重理论研究，脱离了实际的施工作业。太沙基从木材商、投机商以及那些从阿拉斯加州和内华达州来的采矿者们（他们希望挣足够的钱买好的装备，开始新的探矿之旅）那里，“在很短的时间内，学到了很多钻孔和爆破方面的知识，比跟着专业人士一年学到的还要多”。[4]

---

* 1 英尺≈0.305 米。

当地岩石硬度太高,因此需要采用新的爆破技术,并需进行试验。他们连续进行了7年的爆破试验,贯穿整个工程施工期间。为了爆破岩石,首先要钻孔到一定的深度,把炸药放入孔内,同时放入电感应(或热感应)起爆雷管以及引爆电线(或热熔金属丝),然后引爆。有时爆破力太小,炸不开岩石;有时爆破力却太大,炸开的岩石超过了开挖界限;有时雷管无法引爆炸药;可有的时候炸药又过早地被引爆。在一次爆破过程中,卡尔被严重烧伤,不得不住进医院。他疏于治疗腿伤,差点就失去了一条腿。受伤后,他不得不停下这个项目的工作。12月21日,他回到达拉斯,收拾好行李,告别了这里。这段经历让他终生难忘。

那个圣诞节阴雨连绵,太沙基感到很迷茫、孤独,想工作却不能工作。一月的某天,他一整天都感到万分沮丧、气馁,晚上他写道:自己只有两条路可选,"要么加倍自信,要么神经崩溃……哪怕是一点点的不自信,它也会很快蔓延开来,最终使人完全失掉自信心。这样下去的话,结果可想而知。一个人如果总是自我怀疑,他慢慢地也会生出自我厌恶感,最终会整日买醉以致毁灭"。[5]

1912年12月29日,太沙基在波特兰的《俄勒冈州早报》上读到一篇报道,引发了他对酗酒的密切关注。报道讲的是一个名叫马克思·冯·布罗的流浪汉,酗酒后在里诺附近的沙漠中被火车碾碎。这个不幸的少年是个德国人,跟太沙基一样出身贵族家庭。太沙基很受触动,写道:"对于这些酗酒身亡的人而言,是他们身上犹太流浪者的精神被唤醒了吗?抑或是他们受到压迫而变得绝望,希望走向大陆另一端的天堂?再或者是他们在逃离内心那片可怕的荒漠?"[6]

这是太沙基感情流露的开始,他在日记、信件以及散文中经常会这样抒发感情。后来,人们在他那个时期写下的一堆散乱的日记中发现

卡尔在俄勒冈州的波特兰，1913年秋

了一张纸片,上面列出来的是太沙基写的19篇非科技类散文,其中大部分都没有发表[7]。难道他当初想过要放弃工程学,决定做一名作家?

他的散文,无论是用英语写的还是用德语写的,辞藻都很丰富,且结构严谨,发人深思。大部分描写的都是他对美国之行的印象,包括风景、人物,还有人物对话。他的绝大部分文章都很有趣,也能让人增长见识,然而在美国读者看来,这些文章却沉重无趣,充满说教意味。太沙基对于在美国发表他的文章并不感兴趣,他曾用地道的奥地利口吻指责"犹太裔记者独有的审美标准。他们总是抓住读者感兴趣的领域,对'真实'事件展开陈词滥调的漫谈"。[8]他打算用这些材料,在奥地利出版一本讲述自身经历的著作。

其中一篇散文题为《过去与现在》,描绘的是当地的施工建设给哥伦比亚峡谷的印第安人带来的悲剧。"哥伦比亚河的滔天水流在达拉斯的黑色陡壁间直落而下,汹涌的水流在印第安部落的墓地周围打着漩涡,那个印第安部落已经灭绝,那片墓地也已被人遗忘。"[9]

女演员莎拉·伯纳特在波特兰进行了访问演出,太沙基一开始很感动,后来却对她的重商主义感到无比厌恶。"那样一个女演员根本不适合饰演茶花女,因为茶花女之死是难以名状的——一个满怀对爱情的向往、渴望,后来又变得无比绝望的女人在悲伤中离开了这个世界……刚刚过去一分钟,台幕就升起来了,舞台上出现了一个浓妆艳抹的女子,显得太突兀了。整个剧场回荡着清新的女高音,她用柔和的颤音唱着美国的流行乐曲,声音里没有抗议,没有愤怒,没有哀怨,而观众就像一群餍足的家庭宠物。这之后,观众还要忍受美国殡仪公司的一番演说,内容无非是他们多么乐于看到这死亡的场面。"[10]

在一篇题为"周日随想"的文章中,太沙基猛烈抨击了美国的盲目重商主义和“娱乐的产业化”。“街道对面的小房子里传来动听的男高音，那人和着曼陀林，演唱了一首那不勒斯歌曲。我深受触动，人生中第一次如此强烈地体验到了乡愁。我忘记了自己还在波特兰和缅因街，忘记了沉重忧郁的美国周日。平日里，人们不知疲倦地追逐‘好商机’，他们盲目崇拜商业上的成功，也因此痛苦不堪，而只有在周日，人们才会暂时停下来。这时，那些可怜的工人们反而不知道怎么打发这仅有的一点空闲时间了。遥远的故乡仿佛在召唤我——我几乎把她忘了，于是我听从了她的召唤，踏上了回家的路。”[11]

太沙基现在已是爆破方面的专家，由于自己曾经因为炸药而受伤的原因，他开始正视它的危险。可能是当时他心情抑郁，显得有些偏执，他在给维也纳《每日邮报》的评论中写道：新闻所报道的纽约港炸药误炸事件其实是贪婪的承包商的阴谋，他们在蓄意炸毁纽约港，然后重建，从中获利。[12]

太沙基以这个事件作为引子，向普通读者介绍了炸药的工作原理。这番介绍很有说服力，也证明了太沙基杰出的教学能力。他写道：我正在抽雪茄，半小时后整个房间都充满了烟雾，如果这个燃烧过程在一秒钟内完成，我们就称之为爆炸。某些物质自身携带的能量并不比一支雪茄大，但通过往这个物质里加入添加剂，使其所有成分同时燃烧，就能把它变成最强大的“最危险的和无机自然界斗争的试剂”。尔后，他又描述了历史上发生的炸药试验和爆炸事故，这些试验和事故推动了爆破研究的进程。

到了 1913 年 3 月，太沙基的精神面貌仍没有变得积极向上。他向韦丁博尔教授坦言，他不再为自己的职业地位和等级感到骄傲了。“我对工程学这个职业完全失去了兴趣，我厌恶所有的虚伪行为。现在是我人生中最痛苦的时候,没有工作,彷徨苦闷,对一切都充满疑惑。”[13]他唯一的朋友就是笔。

接下来的远足,卡尔去了当地的一家酒馆,并在那里认识了一位建筑师。交谈过程中,建筑师提到他正在设计一个教堂圆顶,结构复杂、由曲面组成,他正缺一个结构设计帮手,于是太沙基便为这个项目写下了备忘录。后来,他延续这段经历找到了工作。他在市中心的高楼建设项目中担任基础工程师,并参与了威廉米特河岸边波特兰煤气和焦炭公司的工厂建设项目。他还参与了软土开挖实验,实验采用高压水管,即“水力监测仪”[14]。后来,太沙基在俄国和其他地方的工程项目中都运用了这项新技术。

通过这些活动,他又重新振作起来。1913 年 11 月,他写道:“我感到又拾回了从前的勇气和无畏的精神……在这个‘冷酷无情’的国家,我度过了一段十分痛苦的日子,正是在这段时间,我从朋友和对手那里学到了很多,我也改变了很多,两年前刚来纽约时的那个温和、公正、善解人意的我已经不复存在了。”[15]

卡尔并没有放弃自己当初远渡重洋来到美国的目的,他不仅打算好好写作,更希望在工程地质学方面取得进展,从而为自己赚下一笔钱。卡尔希望,他可以凭借自己在维也纳积累的专业知识和在克罗地亚及俄国项目中积累的工作经验,找到一套系统的办法,来预测土木工程建筑结构的软土及硬岩地基的性状。美国吸引他的原因,至少从某种程度上来说,就在于这里可以提供给他很多的基础数据,从而他可以把地质学和工程建设更好地结合起来。现在,他有许多工程实例项目的数据要处理,这些项目的地质条件包括不同沉积条件的岩层和土层;项目的数据包括调查报告、地图、施工计划、技术规范、施工难题的记录和说明，以及他自己的观察笔记。此外，他从自己当初在纽约图书馆所记下的详尽笔记中也获取了很多背景资料，这些笔记他当时觉得很可笑，但现在看来却价值连城[16]。

卡尔的精神状态越来越好，于是他开始集中精力，系统整理和分析这些材料。然而，分析的结果却十分令人沮丧，卡尔觉得自己的分析方向一开始就是错误的。地质学家对于不同场地的地质数据的描述常常各不相同，但有一点是相同的：每个勘察者都企图用地质学术语来描述地层材料。很不幸，地质学家们为不同的岩石和沉积物取名主要依据的是这些材料的地质起源，然而太沙基却认为应该依据它们不同的工程性质来命名。

比方说，如果某个地质学家把一种地层材料称作“冲积砂”，但却没有报告砂颗粒堆积的密实程度，那么这种砂的工程特性将有很大的变化区间。从一个名字“冲积砂”，根本无从知道它能否作为重型建筑物的承载层，能否实现在基础修建过程中的板桩围堰内成功降水。如果从一开始的出发点就错了，之后的所有努力都将白费。是时候重新开始了。

太沙基原本打算去南美洲，这是他一直以来的愿望。但他改变了计划，打算先回格拉茨，他的一个朋友正在格拉茨洽谈一个阿根廷的水力发电项目。但是后来，阿根廷经济出现了严重衰退，水力发电项目也戛然而止。

有意思的是，在 1913 年 12 月 9 日，卡尔返回欧洲时乘坐的恰恰是“阿根廷号”轮船。这艘船往返于奥地利和美国，重 9 300 吨，时速为 11～13 海里/小时(约 20.372～24.076 千米/小时)，从纽约航至的里雅斯特需要 3 周时间。头等舱只有 4 个人，因此卡尔有时间去写长篇的科学、经济及伦理方面的文章。他总结道：人类将面临一个新纪元的开启。

抵达欧洲后不久，太沙基就见证了新纪元。他本想和两个朋友一起开一家咨询公司，但到 6 月，由于奥地利和塞尔维亚开战，所有的前期筹备工作不得不终止。7 月，大国之间开始结盟，战争四起，世界四分五裂，第一次世界大战爆发。太沙基在奥尔加父母（白洛夫夫妇）家中的圣诞树下发现了委任通知，他被任命为现役陆军中尉。

太沙基天生就是个领袖，他很快就在军队组织和训练中担起了很多重要职责。当时有 4 个旅，组成"土地风暴"工程队，负责在前线修建道路和防御工事。每个旅 250 人，太沙基就领导其中的一个旅。这个旅的队员都很粗鲁，之前也未受到过训练，但太沙基总有能力把队伍训练得很有纪律，形成鲜明对照的是其他 3 个旅依旧毫无秩序。"所以现在我又被任命为土地风暴计划的总司令，领导所有 4 个旅，共 1 000 人。"[17]

卡尔仍然能够挤出时间写作。对于之前在轮船上所思考的一些哲学问题，他现在又有了新的视角。他把欧洲看作是人文哲思和理性思考的源泉，认为欧洲的道德水平普遍比美洲的高，因为在美洲所有的机构制度都粗鲁地以商业化标准来衡量一切。然而，对当前欧洲统治者的不道德行为，以及通过公然虚假宣传而迅速获得公众支持的做法，在卡尔看来简直野蛮，且很有可能会毁灭人类一切文化制度。卡尔开始思考，欧洲是否真的如人们所想，是高度文明的社会？或者这种文明就如欧洲大国之间在战争期间的联盟，像纸牌屋一样弱不禁风？是一场骗局？是道德败坏的记者们杜撰的产物？答案不言而喻，连墨西哥的印第安人和中国劳力也能分辨出事实和假象。

卡尔似乎开始转变为和平主义者，他写道："即使我们打败了俄国和法国，内战还是不可避免，那时谁来拯救我们呢？我们要更加勇敢才能战胜敌人，然而野蛮人大都无所畏惧，理性的文明人即使有勇气也证明不了什么。勇气过剩的后果就是，人类文明的富饶森林将会变成干涸的荒漠。"[18]

然而，卡尔似乎还有另一面——对战争游戏的着迷。多年后，他对祖先们的军事精神表达了自己的赞同，他提出：还有什么死亡方式比与战友一起战死沙场更加可敬呢？[19] 1927 年，在参观华盛顿的史密森尼美术馆时，太沙基在一副描绘肉搏场景的油画前驻足良久，而后在日记中吐露"画中的战争场面有一种令人着迷的暴力美"，男儿们的热血就是这种美的象征。[20]

1915 年初，太沙基顺着多瑙河而下，穿过匈牙利到达塞尔维亚前线，这时两种互相矛盾的人格在他身上同时展现了出来：一个在日记中吐露哲思，另一个在炮火中展示过人的胆量。可以说，勇敢是他不变的个性，这在接下来的事件中表现得淋漓尽致。

1915 年 9 月 21 日，太沙基骑马去塞尔维亚塞姆林附近勘察地势和路线。他沉浸于美好的晨光中，忽略了敌人的存在。在他前面有一支正在行军的奥地利步兵队伍，突然一颗炮弹在队伍中爆炸了，紧接着又发生了几次爆炸。这个部队立刻乱了阵脚，士兵们一个个都吓坏了，失去了理性，急忙到处寻找掩体；这时，他们全都指望太沙基中尉能给出指示。太沙基临危不惧，鼓起勇气以身作则，从步兵们的表情可以看出，他们不再害怕了。太沙基的马被子弹击中了，肩膀一直流血，但太沙基最后还是把它带到了安全的地方。[21]

还有一次，太沙基被派往塞尔维亚前线，担任步兵队的工程师，负

卡尔·太沙基中尉,1916 年

卡尔·太沙基着军装的肖像,1916 年

责指挥战壕、防御工事、运输路线、通信和桥梁工程的建设施工。太沙基对工作应该如何开展十分自信，因此他常常与另外一个指挥官的想法产生分歧。这个指挥官是陆军少校，太沙基指责他是个神经病、臭名昭著的酒鬼。奥地利军队在塞尔维亚前线溃败，是因为物资匮乏、人力稀缺，还有指挥不力。太沙基对此坦率地提出了批评，他和少校之间的关系愈加紧张了，此后两人之间更是矛盾重重，彼此对对方有“无穷无尽的愤怒”。后来，这个少校喝醉后独自划船，最后死在了多瑙河的河床。太沙基倒开心了，为了庆祝这件事，8 月他给自己放了假，去匈牙利看望奥尔加。在这段充满阳光和爱的日子里，他对奥尔加的爱重新被点燃，不知不觉中，两人的感情日渐深厚，卡尔没有想到这段感情日后带给他深深的伤害。

各地战争不断，阵地也跟着不断转移。为了巩固阵地，战争期间，共修建了长达 2.5 万公里的战壕和战时交通要道。[22]德国人和奥地利人在修建这类防御工事时要求很高，常常要求采用大量的半地下设施。因此，像太沙基这种工程军官是不可或缺的。

在塞尔维亚前线，工程方面困难重重，对太沙基的能力是很大的考验。奥地利军队穿越匈牙利，沿着多瑙河侵入了塞尔维亚。多瑙河的河谷底部覆满了松软的河流沉积土和黄土（风积土）。这里的地下水位很高，所有明挖基坑里都被水灌到地面以下半米深度。因此，要想在这里修建西部战线那种很深的明挖战壕是不可能的，即使是防御工事和通信工程的施工也需要大量的排水工作。太沙基写道：处理排出来的水时，需要十分小心，因为这里的土工结构都是由脱水变干的粉质淤泥建成的，一旦遇水就会土崩瓦解，就像糖块溶于咖啡一样。

太沙基对于该区域用于和平时期的农田灌溉的高河堤、大池塘以及水泵系统很感兴趣，这让他想起了密西西比河三角洲。一旦投入到工作中，即便是在战争中，他也能保持对工程学的专注和对科学的好奇心，而不太去关心客户的目的。

1915 年 8 月，德国军队前来支援奥地利。太沙基对德军“典范式的军队组织和纪律”印象十分深刻。据他观察，德国军官都很英勇、可敬、自信，不像奥地利军队，军官之间或军官与士兵之间存在复杂的特权关系。在太沙基看来，与德国的“专业”体制相比，奥地利的体制“很愚蠢，腐败的互惠主义盛行，军官与下属互不信任”。由此看来，奥地利与塞尔维亚作战 14 个月仍未取胜，也就不足为奇了。

德国援军到达之后，战争形势开始扭转。他们精心部署了机动进攻的作战计划，并于 1915 年 10 月初执行了计划，对敌军进行了连续 4 天的大炮轰，之后军队成功突围，通过在战火中临时修建的浮桥穿过萨瓦河，横扫贝尔格莱德。

在战争中，太沙基的双重人格展露无遗。塞尔维亚的民众勤勉而又富有魅力，战争带给他们的伤害是无情的，这在太沙基看来，就如给奥匈帝国钉上了一颗棺材钉，不仅钉在它的肉体也钉在了它的心上。而另一方面，卡尔一直以来梦想成为极地探险家，此时他正随军穿越敌军的废弃防线，在夜里行军，去征服“看似未勘察过的地域”，这令他感到分外激动。多年后，卡尔对儿子说：“1916 年 10 月 9 日，奥德军队围攻贝尔格莱德，最终夺得这个城市，这是很了不起的军事行动，我一辈子都忘不了。当时炮火连轰三天三夜，为军队主动进攻铺好了道路。”

然而，七月的时候，奥地利军队陷入僵局，太沙基很不高兴，他偷偷地写信给军校的老同学汉斯·卡尔巴赫，询问能否让他干点别的，摆脱这“十分枯燥的工作”。卡尔巴赫回复说，在新成立的空军中可能会有机会，卡尔很是向往。他请求卡尔巴赫尽力帮他，这个请求奏效了——在 10 月 28 日军队抵达贝尔格莱德时，卡尔的陆军少校通知他，作战部做出紧急指示，命令卡尔即刻启程前往维也纳附近的阿斯彭空军基地赴任。

太沙基很庆幸自己终于逃离了战争和工程师连队。他写道：战争和技术就像火一样，起初作用很大，越往后就越起不到什么作用了。[23]

第 5 章

1915—1918：重归学术

太沙基重拾技术工作，担任起阿斯彭实验机场的指挥官。他之前有很长一段时间陷入了抑郁之中，梦想破灭。经历了毫无意义的战争，现在这一切都结束了，他终于能够全身心地投入工作了。他现在的任务就是促进军用飞机的研发和生产。

1915 年，奥地利的飞机产业还处于起步阶段，每个月只生产四五架飞机，而德国每月能生产 350～400 架。太沙基负责研究所有飞机的性能，包括从敌人那里缴获来的飞机。[1]他既是管理者又是组织者，负责推进新式战斗机的研制并在阿斯彭进行性能测试。

太沙基满怀激情和信心，全身心地投入这项任务。一到达阿斯彭，他就与飞行员和技师进行了交流，并研究飞机制造技术，收集大量的相关信息。当他到达阿斯彭时，飞机库里已经有各个厂家制造的 40 架飞机。太沙基还进行了实地考察，了解了飞机制造业所面临的机遇和挑战，以及燃料、通信和导航方面的信息。他还会见了专家顾问，和他们一起探讨了研发项目。[2]

作为管理人员，太沙基也需要应付奥地利的腐败和官僚主义，有时他也很沮丧。但无论如何，太沙基对试飞员的工作很感兴趣，并与他们中的一些成为密友。他的工作大多都是在地面上进行的，有时候他也会在空中开飞机。[3]“我们希望能在几年内将原始的飞机转变为规模更大、更精良的类型”，能使飞机有“惊人的性能”。[4]在战争期间，航空业的加速发展，不可避免会发生致命的航空事故。这种人间惨剧对卡尔的影响很深。

1916 年夏天，卡尔经历了三件大事：结婚，继承遗产，成为一名大学教授。

在抵达阿斯彭的不久之前，卡尔得知自从上次在匈牙利与奥尔加约会之后奥尔加又怀孕了。这一次卡尔没有退路了。为此他很苦恼，觉得自己好像陷入了某种“阴谋”，但是毕竟他们与拉莫斯先生在 1912 年有过协议，这就是奥尔加手中的“王牌”。[5] 5 月，奥尔加生下了女儿薇拉，一个月后他们便结婚了。“我知道这可能有些疯狂，”他写道，“但我还是想尽我所能给孩子一个家。”[6]

8 月 2 日，他 93 岁的外祖父卡尔·埃伯勒去世了，给卡尔和他的妹妹艾拉留下了大量遗产，外祖父曾经向他透露过遗产数目。外祖父死后，卡尔很后悔，因为外祖父对他的成长和发展影响至深，但他却从未向外祖父表达过尊敬与爱戴之情。“外祖父是个敏感、慈爱、明辨事理而又体贴的人，绝对是个值得结交的朋友。”[7]

夏末，卡尔成为君士坦丁堡（伊斯坦布尔）奥斯曼帝国皇家工程学院的教授，从此开始了新的生活。当时奥地利正试图通过外交向奥斯曼帝国示好，而卡尔也恰好为此贡献了自己的力量。尽管奥斯曼帝国的影响力大不如从前，领地也在不断缩小，但它仍然通过达达尼尔海峡和博斯普鲁斯海峡控制着黑海入口。

参加第一次世界大战的所有欧洲大国，包括奥地利、匈牙利、德国、英国、法国、俄国和意大利，都急需保护本国在土耳其的利益。奥斯曼帝国皇家工程学院使用的官方语言是法语，也是伊斯坦布尔的工程界和文化界使用的语言。亚德里亚电气公司是一家位于克罗地亚的法国公司，曾是太沙基的雇主。战争之初，该公司准备在土耳其的亚洲区域建设总长 8 000 公里的道路交通网。英国人历史上曾是该地区的殖民者，在当地民众中很有权威；他们在进出口贸易方面非常活跃。俄国则对穿越达达尼尔海峡的航海通道很重视，因为这是它和世界各国的主要航海贸易通道。

德国对土耳其的影响最大，已经渗透到当地生活的方方面面。此外，德国工业也十分发达，在战争之初，他们正在修建从柏林经由君士坦丁堡到巴格达的铁路，还在土耳其的欧洲区域修建公路。“德国人在工作上很能吃苦，因此他们的工作效率非常高。”奥地利对待土耳其，就像母亲对孩子般地照顾，而德国人却恰恰相反，他们“根本不懂得体谅别人”，在工作方面要求土耳其人和其他人一样。[8]因此，土耳其民众很不喜欢德国人。

虽然各国都在土耳其展开外交攻势，但到 1915 年德国已处于非常有利的地位。德国将领李曼·冯·桑德斯统领着土耳其军队，两艘德国巡洋战舰也驻扎在伊斯坦布尔(德国假装已将船舶出售给土耳其，从而规避了国际交战规则)。[9]1914 年 10 月，土耳其正式与德国及其同盟国结盟。

所有学习工程学和参加军事项目的土耳其学生都希望能在德国进修一段时间。作为德国在学界的竞争对手，奥地利为了赢得土耳其学生打出了王牌——格拉茨著名的水利工程教授菲利普·福希海默。福希海默曾于 1891—1892 年在奥斯曼帝国皇家学院教授水利工程学课程，1914 年，奥地利派他前往君士坦丁堡担任工程学院的院长。

福希海默希望重组奥斯曼帝国皇家工程学院，将其打造成为欧洲最好的大学，这是他的任务，也是他的愿景。为此，他计划聘请学界巨擘来担任教师。在格拉茨攻读硕士学位期间，卡尔的才识给福希海默教授留下了深刻印象，后来也正是福希海默帮助他获得了博士学位。1915 年夏天，福希海默教授给卡尔·太沙基写了一封信，问他是否愿意来君士坦丁堡工程大学任教，负责讲授道路和基础的课程。自此，卡尔便成了所谓的外交卒子，即"用来适当地向土耳其政府提醒奥地利的存在"。[10] 1915 年 8 月 15 日，太沙基中尉在多瑙河前线收到了这封信，他很高兴并立刻回信，答应了福希海默教授的邀请。

福希海默向君士坦丁堡的奥地利总领事提议，希望聘请太沙基为工程学院的教授。这位总领事向土耳其外交部长请示，后者对此事很感兴趣，这在很大程度上得益于卡尔在美国的经历（因为土耳其正计划在干旱的安纳托利亚实施水利工程）。直到 1916 年 8 月 15 日，也就是福希海默发出邀请整整一年后，太沙基才正式结束了在阿斯彭的兵役，前往土耳其任职。无巧不成书，这次又是奥托·弗勒利希接管了太沙基的职位，负责太沙基在机场的工作。后来，福希海默告诉太沙基："我知道你很有才能，也很有创意，这正是我把你调任过来的原因。此前我一直觉得你只会冒险和挥霍，但现在我发现，你是可以集中精力认真工作的人，这对我来说是个惊喜。"[11]

太沙基带着早已经准备好的法文讲义，乘火车于 9 月 12 日抵达君士坦丁堡，他不知道接下来面临的会是什么，用他的话来讲，自己的命运"就像欧洲的未来一样，还是个未知数"。[12] 见到这个城市，他震惊了，被她"活力四射的美"深深地吸引了。

太沙基很快就被带到土耳其外交部长阿巴斯王子的"办公室"去签署雇佣合同。对于卡尔来说，奥斯曼就像一个全新的世界。他穿过大理石走廊，被领进一个宽敞的大理石房间，房间里铺着东方地毯，基本上没有什么家具。王子和一个高级公务员正在等他，他顿时觉得这一切就像轻歌剧一般。“啊，太沙基先生，维也纳那边有什么新闻吗？”“没什么新闻，”太沙基回答，“我们正试图让自己变得更容易满足一些。”王子想知道美国的科学技术是否领先于欧洲。太沙基回答道：美国人比我们有钱，但“我们比美国人有想法”。

然而，在参观完工程学院之后，太沙基感到非常失望。1807 年刚成立时，工程学院叫作奥斯曼帝国炮兵学院，后来才对外界开放并制订了 19 世纪的发展计划。[13] 太沙基发现，这里的教师似乎不知道何为工程研究，此外研究经费不足、设施落后，这里的学生看起来也不像格拉茨的学生那样充满自信。

即便如此，对于太沙基而言，能够教书授课一直是他所渴求的，这对他的学术发展是个很好的机会。他打算好好梳理一下自己在地质学和工程学方面的想法，重新开始基础工程方法学的研究。此前，也正是由于这个原因，他去了美国，四处流浪。太沙基在教学上花了很大的精力，到 11 月，他已经准备好了两本关于公路和铁路工程建设的法语讲义，“就像凤凰从烟灰中涅槃一样”。[14] 韦丁博尔教授给他的很多香烟和雪茄，对他写讲义帮了不少忙。

备完课之后，太沙基便着手编纂“基于地貌的土体工程学书籍”。他写这样一本书的初衷是探讨在地质环境中的工程建设问题。“我将冲积平原、砂蚀高原、熔岩高原等类型的高原，还有丘陵、裸露的岩体、山地、高山等土工工程中常见的地质难题进行了归类。我研究出的成果将实现我这一年以来的愿望。”[15] 3 月的时候，他总结道：过去的 6 个月是他生命中创作成果最丰富的时期，就像一次“大丰收”；现在，他对于基础工程已经有了一个清晰的思路。[16]

战前去美国学习期间,太沙基已经知悉美国垦荒法案的相关信息。因此王子对他更感兴趣了,并向他咨询了关于土耳其灌溉方案的可行性问题。太沙基潜心研究这个项目,最后在土耳其的一家报纸上发表长文,展示了此次的研究成果。太沙基建议,土耳其应该选择一个经过深思熟虑且经济可行的小规模试点方案,而不是实施一些作秀的政治手段,开垦大片干旱地区,改变当地农业的发展方向。"如今,美国西部的每位农民都知道,垦荒法案并没有预想中那般神奇……美国的灌溉问题非常复杂,很难解决。上个世纪的先驱只对水利计划进行投资,却忽视了许多工程细节。而美国政府犯了相反的错误:工程人员说,政府是把半干旱地区的灌溉问题仅仅视为工程、水文、地质方面的问题。其实,灌溉的难点不在于资金,也不在于技术方面的细节,而在于土地的开发开垦。一个好的工程方案是成功的必要条件,不是充分条件。"[17]

因为与福希海默的关系,太沙基在君士坦丁堡生活得很愉快。福希海默是桥梁和铁路方面的专家,在亚琛和格拉茨担任过教授,是一位经验丰富的工程师,同时也是一位杰出的工程数学家。太沙基对福希海默在应用水力学方面的研究成果尤其感兴趣,因为地基理论必定与水在土体中的运动有很大的关系。福希海默将热在固体中的传导和水在多孔介质中的运动作了数学类比分析,运用常用的热在固体中传导的解法求解水在多孔介质中的运动,这种做法是先驱性的,不仅改变了地下水领域的研究方法,也为太沙基进一步研究土力学奠定了基础。

福希海默教授是"这个国家的权威,眼光敏锐",对拜占庭首都的建筑遗迹十分钟爱。很快,卡尔也对历史建筑学产生了浓厚兴趣,他在这个狭窄的职业圈里也不再感到"焦躁不安"了。[18]

1917年，太沙基能有机会重新认真考虑他在美国收集的数据。他认为这些数据明显不能作为全面的依据。纯粹的地质描述并不足以为工程学决策提供依据，在波特兰时他就意识到这一点了。卡尔打算扩充他在工程地貌学方面写的手稿，用原始的公式来描述黏土堤岸的滑坡运动以及隧道通过黏土地层时受到的荷载。他接着集中研究了这个问题，即还需要什么样的其他信息才能充分描述工程荷载作用下土体的特性。

在偶尔回到欧洲期间，太沙基对1850年以来的英语、法语和德语的土木工程文献进行了搜索，然而他还是无法弄清土体的性状，这让他十分沮丧和失望。从专业文献的发展可以看出，大约在1880年之后，人类的观察能力被理想化的假设和推理所替代，人们"对观察和描述大自然中各种反复无常的力量不再感兴趣"。理论基于假设，且不能提供充足的证据以证明其有效性。工程事故通常被归结于自然的不可预测性，而不是设计时基本假设的缺陷。"一个理论一旦出现在大学考试的试卷上，人们就会对这个理论产生敬畏之情并对它深信不疑，连那些受过大学教育的工程师，在应用这些理论时甚至都没有怀疑过其适用的局限性。"[19]图书馆的文献搜索结果使太沙基感到很无助。因此，他准备写一篇文章，探讨这些已发表的工程文献的不足之处。[20]

如果要把土体作为工程材料，首先得弄清它们在不同荷载作用下是如何变形的。而如果要定量地描述这种变形，就需要开发土体测试设备，还要推进理论研究，从而将测试结果转化为描述土体基本性质的变量。太沙基决定从自然界各种土体中最为重要的组成部分——砂土着手来开展系统的研究。

他首先研究的是挡土墙和支挡结构上的土压力问题，这是土木工程、军事工程中的经典问题，也是修建土工工程、防御工事、隧道、港口建筑等的基本问题。当时计算挡土墙所受的土压力时采用的假设是苏格兰的朗肯教授（1857）和法国数学家库伦（1776）提出来的，他们提出该假设的前提是：土体可以被看作是一个均质的固体。太沙基认为，这种假设虽然不失为一种有效、实用的方法，但其实是“一个本质性的错误”，因为“一旦库伦的后继研究者们忽略了该假设的前提条件，他们的研究就会碰壁”。[21]

此外，库伦和朗肯在理论推导的过程中，都忽略了土体和墙体的变形问题。很显然，土体变形对于土压力的结果至关重要，因为挡土墙和墙后土体之间的相互作用取决于两者之间的相对运动。

因此，太沙基选择“从砂是由单个颗粒组成的这样一个基本事实开始进行研究”。这些颗粒在荷载作用下，其相对位置会发生改变。这种材料太过复杂，要从理想化的理论中揭示其本质是很困难的，此前有一些人进行过尝试——包括太沙基，但都失败了。[22]太沙基确信，土压力的问题只有通过实验才能解决，“因此我们首先得弄清土体的物理性状。”

太沙基在学院四处寻找实验设备，最后也没有找到多少。而他自己的实验室里只有一些厨房用具、空雪茄盒、废铁皮和从集市上买来的旧天平。他既没有实验经费，阅览室的参考资料也很有限。好在太沙基认识一位锁匠朋友，于是从他那里买了一些重要的实验器材。尽管条件简陋，太沙基想方设法开始了实验。

他首先研究的问题就是砂层表面以下某个指定深度处的水平压力是多少。如果砂和流体属于同一种性质的材料，那么砂层表面以下任一深度处的水平压力都将等同于其竖直压力（即该深度以上砂的自身重力所产生的压力），因为理想流体没有抗剪强度，这也就意味着它本身并不存在变形抗力。然而砂是有抗剪强度的，所以在地下任一深度处，其静止的水平压力都应当小于其竖直压力。

太沙基制作了一个厚壁木箱，放入砂土，并采用一种可重复的手段使其达到一定密实度。要确定竖直压力很简单：只需称出砂子的重量。但在没有现代测量设备的情况下测出其水平压力，就需要点创意了。太沙基在其中一面箱壁与砂土之间放置了 3 条用纸包裹的扁钢条，其中的一条由一根绳子来操控，使其能够沿着箱壁被拉动，绳子的另一端系在实验室的天平上，绳子的拉力可以用天平测得。还有一个指示器，可以用来指示砂与钢条之间相对运动的开始。拉动绳子，可使钢条滑过砂土。为克服钢条和砂土之间的摩擦作用，绳子上必须有足够的拉力才能使钢条和砂土之间产生相对滑动。绳子的最大拉力发生在钢条和砂土之间刚开始产生相对滑动时，这个拉力等于砂土和箱壁之间的最大摩擦力。根据已测得的摩擦力和已知的摩擦系数，就可以计算出砂土对箱壁的法向力，而太沙基已经通过另一个独立实验成功测定了该摩擦系数。于是，可以测量任一深度处砂子对箱壁的水平压力。

实验结果显示，砂土的静止水平侧压力与竖直压力的比值为 0.42。太沙基又将钢条嵌入砂堆中间验证了该比值，首先他使钢条平面呈竖直状态来测量水平压力，再使钢条平面呈水平状态来测量竖直压力。无论砂土的密实度是多少，结果都是一样的。

如果墙体能够在砂土水平压力下移动，太沙基认为就能测出墙体承受的水平力，该力是工程设计师需要的一项基本数据。太沙基巧妙地沿着墙底部，交替安装滚轴和滑块，分别测出了有水平摩擦力和没有水平摩擦力两种情况下砂土对墙体的水平压力。通过这两组数据，他

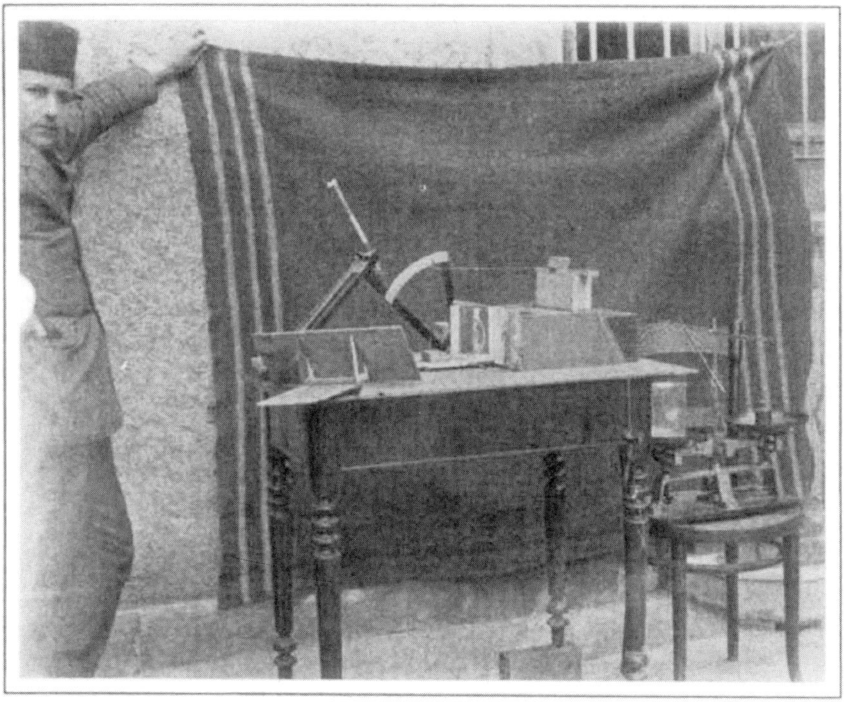

太沙基在奥斯曼皇家工程学院的土压力装置

计算出了墙底部所受摩擦力的大小，再代入摩擦系数，计算出了墙体所受竖直压力的大小。这是第一次有工程师真正地确定了土体对支挡结构的作用力的方向。

通过这个方法，太沙基精确地计算出了墙体在各种情况下的位移大小，无论是墙体背离砂土的情况（“主动”工况）还是墙体移向砂土的情况（“被动”工况）。太沙基在各种土体条件下进行了实验，从原始状态下未扰动的弹性土体，到土体内部发生剪切滑动的土体。太沙基随后将墙—土的相对位移与墙体所受的土压力（“被动土压力”）之间的关系进行抛物线拟合，结果十分成功。接下来的3个月，太沙基疯狂地做实验，对不同的墙进行了数百次实验，包括变化墙面倾角、回填土的密度以及回填土的几何性状。

1918年1月21日，太沙基给君士坦丁堡的数学协会做了一场简短的演讲介绍自己的新理论。在砂土对墙体压力的影响因素中，摩擦力并不是唯一的因素（甚至不是决定性因素），土和墙的整体应力及应变状态才是关键，正如其他工程材料一样。福希海默似乎很了解太沙基的新理论，但新理论还处于成形阶段，因此他担心太沙基在演讲中透露过多。

6月22日，卡尔受邀对自己的新理论做一个全面的介绍。那天他的报告并不理想，因为涉及的东西太多，他还没经过深思熟虑，也还没来得及好好梳理，以至于在演讲中他没能从合适的角度来阐述自己的观点。他还遗漏了一些重要的观点，讲话速度也太快了。尽管如此，演讲结束后，一位德高望重的教授称赞道，听太沙基的演讲就像在听哥伦布陈述自己的航海经历。福希海默却没有做出什么评价，这让太沙基很忐忑，但后来，福希海默私下里还是对他取得的重要的基础性成果表示了祝贺。接下来，太沙基得以在更好的条件下进行实验。

这项研究于1919年发表。[23]一年后，其英文摘要发表在了《工程新闻纪录》上，[24]还有一篇关于表面摩擦力的论文发表在了《物理评论》上，[25]这是太沙基的理论第一次被英语国家而非德语国家所了解。[26]太沙基虽然来自一所不起眼的土耳其大学，而且是一位不知名的奥地利老师，但如今却可以义正词严地宣布，自己的理论要比朗肯著名的土压力理论更完善。《工程新闻纪录》在编者前言里称，把土体作为工程材料是"土木工程学领域极其重大的问题"，太沙基的文章"将引领土工学的进步"。太沙基在材料真实性状的基础上建立科学理论，这种研究是"从零开始"的。[27]

20世纪30年代，当太沙基回想起自己在君士坦丁堡所做的实验时，他发现，自己后来在麻省理工学院用高精度的大型设备进行的相关实验，其结果完全证实了君士坦丁堡实验的"所有重要结论"，而他在君士坦丁堡做实验时用的却是极其原始的设备，"这恰恰印证了那句古老的谚语，研究结果并非取决于实验设备的先进性，而是取决于命题的真实与否。实验设备越简单、越廉价，就越能够体现实验目的。相应地，实验者也就能够洞察整个现象的变化过程，最后证实或是推翻此前的假设，甚至是提出新的假设，这样既省时又省钱。当实验者对某个自然现象已经有了清晰的认识时，他才需要昂贵、灵敏的实验设备，以获取精确的数据。如果实验者一开始就采用昂贵的设备，实验者就会变成实验设备及实验本身的奴隶，他不是在检验假设的真实性，而仅仅是在确认某种现象，永远也找不出背后的规律"。[28]

太沙基沉浸在发现的喜悦之中，对君士坦丁堡的生活也越来越满意。他从波西尔教授那里得知自己被列为布拉格一个水利工程学教席的人选，并且他还在默默地继续担任奥地利的一个学术职位，[29]太沙基对此感到十分高兴。当时，战时经济十分萧条、教学任务繁重、实验设备也很有限，但太沙基坚信“要么坚持，要么毁灭”，[30]最终他取得了成功。他感叹道：“在探索大自然的奥秘时，时间过得飞快；在原始森林中前行，真是困难重重。”[31]

太沙基经常抽时间与地质学家和工程师们切磋交流，他还常与地质地貌学家瓦尔特·彭克和岩石学家布鲁诺·桑德一起实地考察，后来彭克和桑德都成为地质科学界的巨擘。据说，太沙基还对商用黏土的原材料以及外国投资者开发油页岩的可行性进行了调查。[32]此外，他还参与了博斯普鲁斯海峡的地质勘察，为以后在这里建设桥梁或隧道奠定了基础。[33]

在君士坦丁堡的生活充满了乐趣，但有时也困难重重。尽管他已经很长时间没回家了，但奥尔加却表现得很冷淡，而且丝毫没有节俭的意识。这让卡尔很绝望，于是开始在日记里列举他认识的其他女人，似乎是在强调与奥尔加在一起多么的痛苦和不幸。但他确实喜欢她弹钢琴的样子，他感到很困惑，不知道自己是不是还爱着奥尔加。奥尔加也有同样的困惑，她开始与另外一个男人交往，但却拒绝那个男人用她的德语姓“杜”来称呼她。卡尔在家时，女儿薇拉总是非常吵闹。另一方面，他又为自己能够生活在和平环境里、免受战争的摧残而感到幸运，觉得自己“在玻璃缸里躲过了一场暴风雨”。[34]

而在“玻璃缸”之外，还有一场真正的暴风雨在肆虐：饥肠辘辘的土耳其士兵身穿破破烂烂的军服，正赶往前线，到处都有饥民的身影，还有那些因逃跑或“犯罪”而被处死的士兵尸体。最骇人的事莫过于贫穷的亚美尼亚平民被桑德斯将军赶离了家园，有的被遗弃在路边，有的则被拉到军队做奴隶。1915 年中期,据说有 120 万亚美尼亚平民在缺水缺粮的情况下被土耳其人逼进叙利亚的沙漠。太沙基在土耳其居住期间,对种族屠杀已经司空见惯,时常有凶杀案或大屠杀发生,包括十字架刑和火刑。[35]他曾目睹两艘德国巡洋舰在博斯普鲁斯海峡被英国空军击沉,随后响起防空炮的回击声。人们有时还会听到俄国对土耳其要塞的炮击声。[36]

正是在这种人类境遇悲惨的背景下,太沙基抽时间写了一系列关于文化、发展和文明的文章,题为“民族之文化抑或异族之文明?”[37]他曾在 1914 年与韦丁博尔教授讨论过一篇题为“新旧世界”的文章,现在他又对这篇文章进行了扩充。他把手稿交给了柏林的出版商 S.费希尔,并骄傲地宣称,要将它献给韦丁博尔教授,因为没有他们之间的友谊,就没有这篇文章。这篇文章在太沙基的文稿中从未出现过。在给韦丁博尔教授的信中,太沙基曾透露过这篇文章的内容,他强烈地认为德国文化必须摒除外国文化的影响,以德国特有的方式走向文化繁荣之路。在德国的哲学和文学领域,这是个亘古不变的主题,正如理查德·瓦格纳的盛大歌剧《纽伦堡的名歌手》中,由汉斯·萨克斯在圆满闭幕时演唱的咏叹调就表现了该主题。

毫无疑问,太沙基的“文化”观念深受韦丁博尔教授的影响,后来太沙基也写道,他十分感谢教授对他的教导。[38]“我们相识快 20 年了,”卡尔说,“你不喜欢拉特瑙,因为犹太性贯穿了他所有的作品中;也正是这种犹太性彻底改变了德国的语言。我没有受到这种影响,因为一个人可以改变他的穿着打扮,但无法改变他的内在本质。”

太沙基的观点得到了一个德国同事的认同,这个同事在君士坦丁堡的德国公关机构任职,这让太沙基备受鼓舞。[39]但柏林出版商拒绝了他的手稿，提出了"严厉的负面批评"，并非针对文章内容，而是针对其"老套"的措辞。[40]太沙基本想予以反驳，但被公众审查员制止了。他因此感到很尴尬，但这个作品的夭折也可能是件幸事，因为后来出现了类似的理论，都被纳粹恶意曲解利用了。[41]

1918年8月中旬，太沙基接到教育部的通知，他在土耳其的居住期限已满，应该回维也纳报到。一想到不得不中断工作，他就觉得崩溃。他自费回到维也纳，去了教育部，试着向教育部官员说明工作的重要性，但根本没用。于是，他在奥地利办事处开始了无休止的等待，然而，这一切都是徒劳。

这次漫长的等待倒让他可以好好反思自己的婚姻，他记得自己曾给奥尔加写过约17封情书，信中一再重申自己丈夫的身份。太沙基回到格瓦茨的家中，看到母亲如今已骨瘦如柴。外面战火连天，幸好这里没有受到影响。他触目伤怀，去爬了小时候爬过的山，拜访了大学联谊会时认识的一些好友，他发现他们都比以前聪明了一点。他还前往维也纳拜访了一些朋友，包括维也纳工业大学的水力学教授沙弗纳克。沙弗纳克教授告诉卡尔，他在布拉格大学教授职位的竞选中落选了，因为他们认为他(卡尔)只是一位旅行研究员，而不是工程师。在维也纳期间，卡尔每天都工作到深夜，撰写土压力方面的手稿。

夏天一天天过去，战争也即将结束。英法两国在萨洛尼卡登陆，击败了保加利亚，最后交战双方于1918年9月29日签署了休战协议。那天，保加利亚的前线彻底崩溃，卡尔正与弗勒利希一起就餐。弗勒利希对于战争表示很悲观、担忧，这只"精明的狐狸"开始为卡尔出谋划策。他建议卡尔把家人转移到敖德萨，那里很安全。然而卡尔的心思似乎在别的地方，弗勒利希忍无可忍地说："这是我所经历过的最难忘的夜晚,在这种历史性的时刻,你满脑子想的竟然是土压力理论。"那天晚上卡尔通宵写完了手稿,然后把手稿寄出去,坐上早上7点的火车离开了。火车穿过保加利亚,沿途遇到大量逃兵,10个小时后,火车抵达了君士坦丁堡。

具有讽刺意义的是,在卡尔经历了9周的挫折、花费了3 000克朗,回到君士坦丁堡之后不久,通过德国领事馆的帮助,他又被准许留在土耳其。

当时,世界局势风云变幻,1918年10月4日,土耳其内阁辞职,3名与德方勾结的通敌者逃跑,后被谋杀。此后不久,英国军队从耶路撒冷向北进军,成功切断了德国到巴格达的铁路路线,从而终止了土耳其的抵抗。10月30日,土耳其宣布投降,并于11月11日在欧洲签署了最终的停战协议。11月13日,英国占领君士坦丁堡,其舰队耀武扬威地停在皇宫前。太沙基告诉自己,他永远都不会忘记这一壮观的场面。面对未知的将来,他想象着即将发生的一切。

第6章

1918—1923:土力学诞生

福希海默和太沙基如今沦为战败国的国民,土耳其为了向战胜国献媚,把他们驱逐到了街头。太沙基没有收入来源,严重的通货膨胀和黑市商人把他的存款近乎耗尽,连养活家庭也变得困难。城市混乱不堪,盗贼大肆横行,日子无比艰难。在这极度窘迫的时候,美国方面伸出了援手。原先美国在君士坦丁堡的传教士学校——小罗伯特学院扩大了教学范围,增开了理工科课程。他们急需一位教热力学和天然气技术的讲师,但是他们不确定能否获得当局同意去雇佣奥地利人。

尽管不指望能获得居留证,也不是自己擅长的学科,太沙基还是积极地申请,最后成功获得了这份临时工作。太沙基有机械工程师的学位,即使这份工作薪水比1911年他在俄国时的还要低,教学任务也很繁重(按当时的标准),但他别无选择。于是,他成为美国罗伯特学院的一名教员,从一个用法语授课的讲师变成了一个用英语授课讲师。

此前的两年里,太沙基曾多次造访学院,对这个学院,包括工程系主任林恩·西庇阿都有一定的了解。太沙基对这个正直机智、非凡出色的机械工程师印象深刻。他工作很忙,但还在工作之余设计并制造了磨粉机来为社区人民生产面包,因为君士坦丁堡的亚美尼亚人被驱逐之后,这个城市便少了面包师。

福希海默也在罗伯特学院找了一个临时职位,成为了这里的教师。

福希海默先前造访系主任西庇阿时并没有预料到这种结果。那天正好是美国决定参战的第二天。当时，福希海默预想美国人将会被赶离君士坦丁堡，学院也会被迫关闭。他是去提议由奥斯曼帝国皇家学院接管罗伯特学院，不想让美国人关闭它。西庇阿热诚地邀请这位奥地利客人喝茶并协商这件事，但是福希海默断然拒绝了，认为他俩当下政治立场敌对，友好交流显然不合时宜。但最后，福希海默还是欣然地接受了西庇阿的邀请，成为学院的管理人员，“因为工程师们通常对政治事务不感兴趣”。[1]

这真是挺讽刺的，之前傲慢的院长现在却要反过来请求别人给他谋个临时差事，因为他都这把年纪了，实在无法在隆冬时节返回奥地利。当西庇阿说到他已经和盖茨院长打过招呼了，福希海默“那满是皱纹、苍老脸上的表情确实感人”。[2]

罗伯特学院坐落于君士坦丁堡北部的小镇——贝贝克。贝贝克位于博斯普鲁斯海峡西部的欧洲海岸线上，部分地区沿着从马尔马拉海到黑海的笔直大道伸展。学校坐落于高处，能俯瞰壮丽的山河景色。1918 年 12 月 9 日是个暴雨天，太沙基先后乘坐轮船和马车，终于到达了贝贝克。他搬到了学院公寓的阁楼上，房间狭小且没有暖气。12 月 12 日，罗伯特学院院长盖茨亲自前往英国，与当局谈论太沙基的情况，在“与高级长官进行了激烈的争辩”[3]之后，当局允许太沙基暂时留下任职，但是任期只能到 1919 年 1 月 20 日。12 月 18 日，奥尔加、薇拉与太沙基一起搬进了学校为他们租的房子。

整个圣诞节期间他都在准备接下来 5 门课程，包括灌溉、节水、理论水力学、钢筋混凝土和天然气机械，每个礼拜他都要进行 17 个小时的授课。当他轻而易举地重新发现了热力学的精髓时，连他自己也十分惊讶。在讲解开挖、钻井、土石坝时，他充实了课程内容，并试图设计工程实例。班级的规模很小：只有3位学生上灌溉课，2个上水利课，8个上水力学课，1个上钢筋混凝土课，4个上天然气机械课。学生们要面对繁重的课业任务，有些学生因此心生抱怨。

太沙基很快发现，这些学生十分欠缺数学和科学方面的基础知识，而这些都是工程学的基础。与欧洲学生不同的是，他们已经能灵活熟练地操作相机、工具和设备，但他们对工程施工一无所知，也不会绘图和计算。最糟糕的是，他们似乎十分缺乏想象力。

太沙基对该校的教育体制也不满意：手工作业太多、过分依赖书本总结、缺乏创新精神，简直是"愚蠢至极"。所以他坚持认为，教师不应该直接向学生介绍总结好的规则，因为这些规则是发现者长期经验积累的产物，是他们的个人财产。老师要求学生们鹦鹉学舌般地重复这些规则，但他们并不理解其中的基本原理，只是本着"祈祷会的心态"死记硬背下来了。总之，美国工程教育体制很糟糕。

太沙基的临时签证快到期了，英国指挥官通知盖茨校长，说太沙基可以继续留在这里，但条件是他得宣誓反对德国。太沙基拒绝了，但他同意不在罗伯特学院做任何有关德国的宣传；如果这还不能让英国当局安心，他就卷铺盖走人。最终当局同意让他留下来。

到了2月底的时候，太沙基的讲课已进行得很顺利，尽管在春季还有工程地质和砌体结构方面的新课程，但他觉得可以重新开始写作和研究了。他为工程地质的课程大纲准备了一些文章，包含在高渗透性土中筑坝、流砂、黏土堤坝评估、钻孔的经济性以及石灰岩中施工等主题。第一项主题是关于大坝下和基坑开挖时砂土中水的作用，十多年前在维也纳和后来在俄国工作的时候，这个问题就曾困扰他。1918年

2月在奥斯曼帝国皇家学院,他开始了探索流砂现象起因的实验,后来又投入到对墙体土压力的研究当中。他想重新开始这方面的研究。

福希海默在应用水力学方面的研究为太沙基研究流砂奠定了良好的基础,但是福希海默的研究就像"一片数学丛林"。[4] 太沙基试图说服福希海默直接参与到他的研究中,从而帮助他把福希海默的研究延伸到砂土坝基的物理性状的研究上去,然而福希海默却声称,他对自己理论的实际应用并不感兴趣,而且他自己也记不住所观察到的反映事物真实特性的种种现象。"他只能记住通过逻辑思维得出的东西……如果他对技术方面的记忆力再好一点的话,他就没必要推导理论研究方法了。"[5] 但是,福希海默是第一个意识到电流和水流之间有类比关系的人,他采用了物理电学中采用的"流网"图解法,来解决实际水力学问题。太沙基将这些方法传授给了他的学生。

福希海默的流网在解决砂土地基大坝问题的应用中表明:水流穿过坝基,从大坝下面往下游流动、聚集的过程中,流水产生的力是向上的。向上的渗流力和砂土颗粒的自重力方向相反,由此减少了砂土颗粒之间的相互挤压力。当渗流力和砂土自重力相等时,一些砂土中的细小颗粒往往会彼此剥离,砂土可能会受到侵蚀。而水坝底下某处砂粒的侵蚀将很快导致坝下产生空洞区,继而产生管涌,结果可能导致整个水库泄尽,水坝和下游设施被破坏,这种现象在工程界偶有发生。

当时,工程师一直使用的是1910年由布莱做出的一项极具开创性的成果,[6] 据称:只要使地下水的渗流路径长度大于堤坝拦截水头的一个固定倍数,就可以避免管涌的发生。[7] 这个固定倍数的值取决于土体类型,从5(砂、砾和石块的混合物)增大到18(细砂和粉土)。但是,太沙基表示这种算法相当不准确,因为管涌现象最开始出现在大坝下游具有最大竖向渗流力的位置，根据大坝的布局和下层土体工程性质的横向变异性，会计算出几个不同的布莱数值。

靠着罗伯特学院的少量拨款，太沙基开始建立自己的研究实验室，他东拼西凑，甚至在学校的垃圾堆里搜寻材料。他想观察增加向上渗流力对土体渗透性的影响。[8]他表示，渗流力在任何截面上都与单位面积通过的水量（“流量”）成正比，与土体的渗透性成反比。福希海默的流网能够计算出各式大坝结构任何部位的流量。因此，确定砂土渗透系数将完善该体系规律的研究。最重要的是，太沙基想观察管涌形成的物理原理。

太沙基的实验结果非常明确：随着穿过砂柱的向上渗流力的增加，渗流量（根据达西定律）按比例增加，直到向上的渗流力与砂柱的浮容重相等。之后，渗流量会立即显著上升。与此同时，砂土的内部结构完全改变，变得非常松散。换句话说，砂土的结构自动重组，形成一种更加松散且渗透性更高的构造，以重新建立其自重与变小的渗流力之间的平衡。

太沙基随后建立了各种形状的水坝模型，并观察了水坝蓄水后水位逐渐提高带来的影响。随着水位高度的增加达到某个临界高度后，坝趾水面以下的砂土将呈“沸腾”状，这是由于土体中的细粒土遭受侵蚀所致；很快，大坝底下会因侵蚀产生隧道形状的通道，水库里的水便会立即涌向通道——出现典型的“管涌”破坏。这个临界高度完全可以根据渗流路径中最薄弱点的水流量和渗透系数计算出来，而最薄弱点通常位于大坝下游坝趾处。

为了预防管涌的发生，太沙基想出了一个办法。他提议在管涌可能发生的最薄弱位置安装一个压重过滤器。过滤器由一个毯状或块状透水土层和透水层上面一定重量的回填土组成。这样，排水过滤器中的高渗透性土层就能减小水的向上渗流力，同时上覆土层重量将增加往下方向的阻力。

1919 年 3 月的第一周，太沙基完成了透水土层研究的理论部分，并开始将其运用在运河项目上。多亏福希海默的理论，观测工作进行得井然有序、有条不紊，对此太沙基感到很欣慰。他写道："理论是一种语言，人们可以通过这种语言把汲取的经验清楚地表达出来。如果没有理论，比如在土建工程中，就无法将零碎的知识片段整合起来，构建成完整的体系。"[9] 5 月中旬，他在新实验室成功地测量出了"流砂的渗透系数"。到了 1919 年 8 月，他觉得已经没有任何难题了，只需要等待具体的结果，就好比工厂等待成品出来一样。但直到 1921 年，他才完成了压重过滤器的测试。实验结果证明，这一方法可以有效预防管涌，所以太沙基开始尝试把它运用到实践中，并在工程师中推广采用此法。他与维也纳的工程师朋友约瑟夫・普弗特彻格尔共同开发，并于 1922 年获得了专利。历经种种困难，终于在 1923 年 12 月，太沙基从普弗特彻格尔那里了解到，奥地利格拉特韦恩的一个大坝项目将应用压重过滤器。格拉特韦恩的这个坝址很特殊，因为粗颗粒冲积土的渗透性较高，以前在这个河段上修建大坝的坝基时，不得不采用压缩空气沉箱法。有了太沙基的过滤器，坝基修建时就不需要使用压缩空气沉箱，节省了很大一笔费用。[10]

太沙基在砂土的水力学方面获得了初步成功，这让他备受鼓舞。因此，1919 年 3 月，他重拾旧梦，又雄心勃勃地计划了一系列实验。实验目的是定量地确定土体的性状，从而在应用工程学中采用合理、系统的方法取代工程中的臆测。既然通过钻孔、测试坑和地质推断可以判断出存在的土层类型，那么根据他的新成果，应该可以通过测试来评估土体的所有相关属性，并且能够准确预测土体的变形与安全性，这些是任何工程结构设计都需要考虑的部分。

现在，太沙基的主要兴趣又转向了黏土，因为黏土对他来说还是个谜。首先，他认为有必要确定每种土体中黏土的比例，因为黏土的黏结作用是决定土体特性最重要的因素。黏土稳定性的决定性因素是黏土的含水量和含水量随荷载的变化。他起初认为，土体中水的主要功能是取代土颗粒，从而使土体变弱，但后来，他又怀疑水和黏土颗粒之间可能存在复杂的化学作用。因此，他决定在实验中顺带研究胶体化学。

在规划新实验时，太沙基脑中突然有灵感迸发。“他情绪低落地坐在罗伯特学院外的一块石头上”，劳里茨·比耶鲁姆叙述道，“……眺望着金角湾，思考着还需要什么才能合理解决土工建设和基础工程中的问题。突然他意识到，研究的进展完全取决于找到一种能够定量地测得土体力学性质的设备和方法。他在几张纸上列举了许多测试土体的可行方法，还画出了所需设备的草图，并详细描述了解读实验结果的方法。正是这几张纸标志着土力学诞生了。”[11]

太沙基在写给韦丁博尔教授的信中叙述道：“3 月初我整理出一份计划书，是关于如何研究黏土的强度和物理性质的，旨在将土工建设建立于科学依据之上。我的计划很具有挑战性……我有些怀疑，不知道自己能否解决所有提出来的问题。”[12]

暂且不论工程应用问题，太沙基认为所有松散的、未胶结的沉积物的性能都取决于内部颗粒之间在接触点的相互作用力。实验必须阐明这些力的本质。这些力源自自身重力产生的压力以及水与土颗粒表面接触时产生的化学力。研究矿物颗粒间的摩擦力，以及水的黏性和表面张力是非常重要的,后者可在土颗粒间形成的细小孔隙里的空气—水界面上产生毛细力,而很细的黏土颗粒间也会因为相互接触而产生化学键力。了解了这些重要信息后,太沙基便开始土体物理学的研究。

虽然没有精良的设备,太沙基还是想出了办法来研究矿物表面之间的摩擦力。如果将一对玻璃滑块放在一起,就会出现色环。这些"牛顿环"是玻璃滑动后,在滑动面上微小土颗粒随机沉积后,在颗粒间接触点高处产生的光的干涉图样。只要用显微镜载物台来调整两个滑块,将其压在一起后观察光谱颜色的变化,即可测量出这些土颗粒接触点的微小高度。后来,在西庇阿主任的帮助下,太沙基还利用这种现象制作出一台精细的伸缩仪来测量其他试验中的微小位移。[13]

太沙基很清楚,土体的性质很大程度上取决于土样孔隙的比例和孔隙的含水饱和度,而孔隙率又随土颗粒间相互作用力的变化而显著增大或减小。3月19日,太沙基在其著名手稿中的一张上画了一台基本仪器的草图,这台仪器可以同时测量土样在外部压力变化下渗透系数和孔隙体积的变化。

该仪器集固结仪和渗透仪于一体,将一个厚度较小的圆柱形土样置于一个刚性套管内,从而使圆柱土样在轴向加载或卸载过程中可保持直径恒定。将土样底部的水源与一根竖管相连,从而可以在土样两端建立不同的初始水压;随着水在土样中流过,可以通过立管中水位的下降速率来确定土样的渗透系数。

太沙基设计该仪器的目的不仅仅是测量土体(如黏土)的渗透系数,还包括测量土样渗透系数随孔隙体积比例的改变而出现的变化。后者可以用多种方式表达,包括孔隙比(孔隙体积与固体颗粒体积之比),孔隙率(孔隙体积与总体积之比),和含水量[水的重量与土颗粒或土样(土颗粒加水)总重量之比]。通过简单的公式就可以体现出孔隙率、孔隙比和含水量之间的关系。

通过试验，太沙基开始理解流砂现象，水流过土样时产生的渗透力可能会突然抵消土颗粒之间的相互作用力，从而导致土体结构崩塌。他推断出，渗透力的持续增加可能会导致土颗粒间作用力的持续减小。他继续推理，认为即使没有发生渗流现象，只要增加土体孔隙中的静水压力，颗粒间的作用力也同样会减小。如果继续推导下去，他几乎可以预测到土颗粒间作用力的不断减小和土体强度持续下降之间的关联。无论他是否在 1919 年已预想到这一切，随着实验一步步地开展，他得出了如上所有的基本结论。

4 月 6 日，在一个希腊锁匠的店铺里仪器制造工作开始了。仪器制造完毕花费不到一个星期，太沙基仍觉得不够快。5 月初时，他开始进行黏土的制备和试验，但一而再地出现系统性失败，这让他十分沮丧，他不得不承认黏土的研究比他想象的更加困难。[14] 他用显微镜(从一个很不情愿的教授那里借来的)观察黏土，试图找到问题的根源；然而，这完全没有用。5 月 23 日，他终于在实验室里取得了一些成果，这让太沙基十分兴奋。

太沙基先将水和黏土的稠状混合物放入一个小而短的铜环中，铜环置于一个玻璃圆筒的中心。接着，他把一张滤纸放在黏土的表面，并在滤纸上铺上一层干净的砂土。在砂土的重力和黏土自重的作用下，黏土开始慢慢地被压缩。然后他将装满铅粒的杯子放入该砂滤器中加载，黏土又压缩了一些。这时，他再将圆筒底部铜环中的黏土样品转移到固结仪中，并持续增大加载量，直至增加到工程施工中可能出现的最高应力。

每次增加荷载时,太沙基都会观测黏土试样随着时间的推移而压缩的程度。他发现,一开始试样的压缩速度很快,后来逐渐减缓,并趋近一个最终值。由此,他能得到黏土或其他土样的弹性模量。弹性模量可用于确定材料随着应力的增加而出现的应变量。弹性模量是钢和其他结构材料在工程应用中的一个基本参数。现在土体的这个基本参数也可以被测量出来,太沙基最初的目标之一就此达成。

通过实验,太沙基可以测定土样在不同应力下的压缩程度,但土样的压缩在加载以后会延迟发生。是什么造成了这种延迟?这个问题一直困惑着他,直到1920年3月,他发现黏土的渗透性会随着通过土样水流的水力梯度的减少而显著下降。这一现象意味着,就像砂土一样,水力梯度的增加会导致渗透性的增加。这表明,黏土与砂土一样,当渗流力增加时,颗粒间的作用力减少。也说明水会在黏结力的作用下牢牢地吸附在黏土颗粒之间。“我已经筋疲力尽了,所以对这一发现心里也并未生出太多喜悦之情。”[15]

也难怪太沙基会觉得累。他的许多工作几乎都是同时进行的:黏土测试、粉质砂土测试、研究矿物颗粒间的摩擦力、测量土体的抗剪强度和抗压强度、开展关于流砂渗透性变化的进一步实验,以及设计测量砂层静止土压力的实验方法。取土样非常费时,而且那时各种现场操作流程还未规范,取土样也是件危险的事。他每天都工作很长时间,忙到连读文献的时间都没有,晚上躺在床上,脑袋还在高速地转着,想着他白天的测量结果。他在1919年夏天写给韦丁博尔教授的信中说道:“我每天工作12个小时,连续6周的失败后,我终于转运了,从那以后我的每一个测试都达到了预期的目标。为了保证能同时观察四五项系列实验,我工作时桌上摆着钟,在试验密集的时候,连我的床头柜里都

堡合作研究黏土的性态，但合作失败了（太沙基此前将阿太堡提出的概念应用于他自己的研究）。[24] 此外，他投给奥地利建筑师和工程师协会的总结性论文似乎并没有被发表，当初和普弗特彻格尔一起安装在大坝上的压重过滤器也出问题了。尽管总的来说太沙基还是取得了不菲的成就，但他却开始沮丧起来。不久之后，3 月 15 日，他又得知了良师益友韦丁博尔教授的死讯。“我的面前好像升起了一个帷幕，一个全新的世界摆在我面前，我却只能感知而无法触摸。”[25]

但是他有很强的自愈能力，他写了许多日记，日记就像他的精神医生。他在日记中详细列出所有挫折，最后总结道：尽管如此，他也应该保持勇气。毕竟，他经历过探索的喜悦，对他来说，这种奖励已经足够了。

1923 年 10 月初，探索的喜悦再度降临。当时他正在整理土力学的新体系，并将其撰写成书稿。这本书叫作 *Erdbaumechanik auf bodenphysikalischer Grundlage*，大致可以翻译为《基于土体物理性质的土工力学》。他现在完全明白了，黏土外部压力的增加会导致同幅度的黏土内部水压力的瞬间增加。在孔隙水压力开始消散前，土颗粒间的接触压力不会增加。假设土体的孔隙水压力值为 u，外部压力大小为 p，只有 $p-u$ 的值才是土颗粒间相互作用力的有效值。他称这个量为“作用在黏土固相上的压力”，这也就是如今所谓的“有效应力”。

现代土力学的基本要求之一就是如何理解和应用该原理。太沙基的剪切强度实验清楚地表明：有效应力的大小决定了土体强度，从而决定了边坡和地基的安全性。[26] 有效应力的概念对预测基础、河堤等工程中土体的沉降和侧向变形也同样非常重要。太沙基的有效应力原理是岩土工程领域许多后续工作的共同前提。

如何随时随地地预测有效应力,正是太沙基下一步想要解决的问题。他很清楚这个过程的物理机制。外部压力的增加会导致饱和土孔隙水压力的瞬间增加。由此形成的孔隙水压力梯度驱动孔隙水向外排出,导致黏土含水量减少,土体压缩。但是由于黏土渗透率很小,这个过程需要很长时间。黏土压缩的物理机制就像是给一扇门安装了黏性减震器,防止它被猛地关上。

太沙基想用公式来表示这个物理性态,但一直没有取得进展,直到他开始研究热传导数学方面的书籍。[27]热传导的数学理论点醒了他,他将问题简化,推导出了微分方程,这与著名的固体中热流随时间传导的扩散方程如出一辙。太沙基为人熟知的“一维固结”理论就是扩散方程的另一种应用,只是用水压力代替了温度。他本来可以直接从福希海默那里得到这方面的帮助,因为福希海默很早就进行这种近似推导,但福希海默早已回到奥地利。韦丁博尔逝世,离开了他,而现在奥尔加也要离他而去了。

贝贝克，1919年

第 7 章*

1922—1925：在土耳其发展

卡尔和奥尔加的关系徘徊于两个疯狂的极端。卡尔爱奥尔加，但是对奥尔加逍遥自在、不负责任的性格很反感，他们经常为了钱吵架。在他们的婚姻期间，卡尔在身体上一直保持忠诚（虽然在精神上不总是这样）。然而，他们一分开，太沙基又开始到处留情——和新旧情人、感情暧昧的合伙人以及当时的朋友。仿佛在这六年里，作为有家室的人，他一直在抑制自己强烈的身体欲望。

他们最后一次争吵发生时，时势十分紧张，战争一触即发。据报道，土耳其民族主义军队正进攻君士坦丁堡。穆斯林开始变得躁动不安，土耳其军队就聚集在城市周围。因为担心会发生外国人遭受大屠杀的情形，外交官接到命令，即刻将他们的家人送回家。一艘美国驱逐舰停靠在罗伯特学院附近的博斯普鲁斯海峡，海军陆战队守卫着学院的入口。[1]由于英国和土耳其的战争可能会在 1922 年 9 月 27 日左右爆发，疏散计划被搁置了。

奥尔加建议卡尔让她和孩子搬到格拉茨去暂住，和卡尔的妹妹艾拉以及她丈夫（奥尔加的哥哥）住在一起，这对她和孩子来说也许是个好主意。但卡尔认为，奥尔加让自己和孩子搬到战后贫困的奥地利，长期住在狭小的房子里，这个主意显然太过于轻率。因此，9 月 22 日，他

---

* 本章有删节。

写信把这件事告诉了他母亲。

奥尔加发现了这封信，她看了之后对卡尔大喊大叫，称他是个野蛮人，整个晚上都在咆哮。他俩都认为是时候分开了，但那并不容易，因为火车票被希腊难民订完了，这些难民从沦陷的士麦那（今土耳其伊兹密尔）而来，要去投奔土耳其民族主义者。就连在君士但丁堡的希腊和意大利大使馆都被要求移民的难民包围了。但是卡尔还是帮奥尔加和薇拉订到了“亚德里亚号”号轮船的票。

26日，在即将离开前往码头的那一刻，奥尔加忍不住哭了。而卡尔看到沙发上薇拉的泰迪熊时，也情难自禁。他们紧紧地拥抱了良久，热泪盈眶。之后，卡尔搬到大学里居住，重新满怀热情地撰写《土力学》。

当时，罗伯特学院正密切关注着威胁君士但丁堡的事件。盖茨校长和侯赛因·贝伊教授都参与了政治协商。人们普遍惧怕民族主义者的极端主义，但是他们的领导人穆斯塔法·凯末尔是一个清正廉洁、崇尚民主的人，名声还不错。但太沙基对此却保持怀疑和悲观的态度，他主要害怕的是在战争和民愤之后，布尔什维克主义的蔓延可能会对整个欧洲的生活造成真正的威胁。他担心布尔什维克将联合泛伊斯兰教主义者瓜分世界，土耳其人也会牵涉其中。关于布尔什维克卑鄙手段的骇人故事和谣言广泛地传播开来，而且人们的指责纷纷投向犹太人，不管是哪里的犹太人都是如此。太沙基从一份英国报纸中摘录了一段话：“犹太主义、无神论、无政府主义这三股德国最黑暗的势力的由来是什么——其实，这三者的本质是一样的。认识到这一点，真的是太悲哀了。”[2]随后，这份报纸还报道说，整个德国社会党，即多数党都掌握在犹太人手里，太沙基把这些都写了下来。

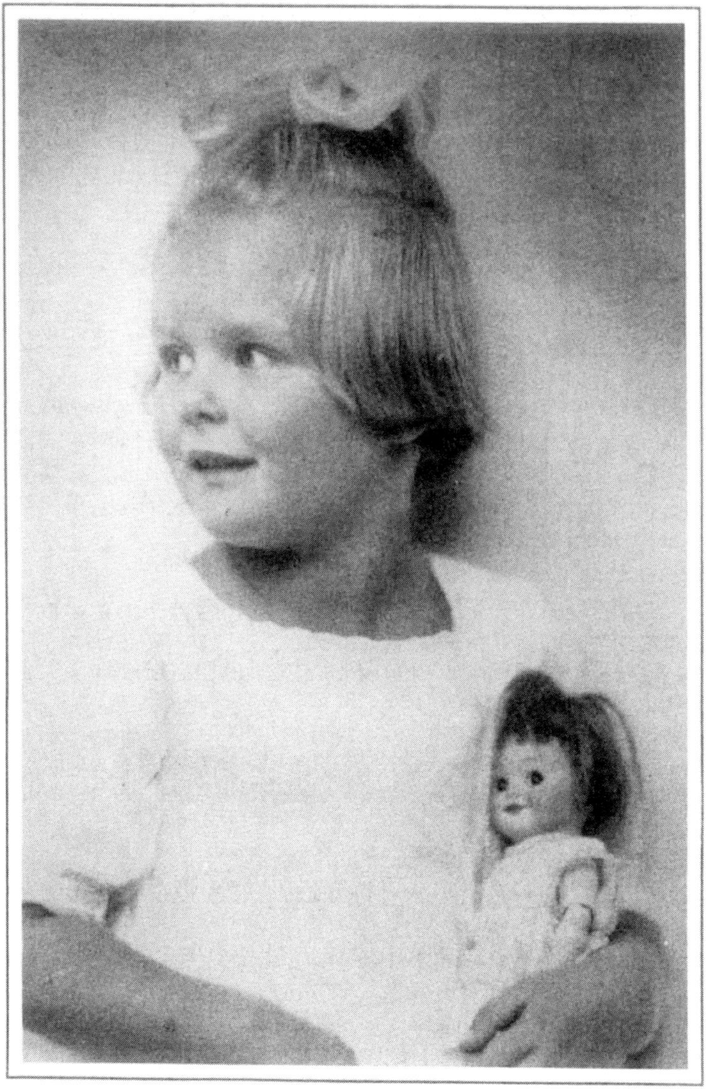

薇拉，卡尔和奥尔加的女儿

事实上，太沙基居住在土耳其期间，这个国家从未平静过。为了在世界大战中与德国结盟，奥斯曼人失去了五分之四的领土，其中一部分领土作为加入同盟军的回报给了希腊；特别是君士坦丁堡，以及博斯普鲁斯海峡和亚美尼亚南部，都一起被送给了苏俄。在革命的紧要关头，苏俄与德国达成了另一个和平协议，土耳其的土地因此而白送了。君士坦丁堡沦为了一个四分五裂的城市，由其占领者法国、意大利、英国和美国共同管辖。在法国公民和英国公民的强烈要求下，两国当时各自与苏丹签署了协议，苏丹最终脱离了土耳其。[3]

1920 年 8 月由塞夫勒条约确立的新国界，受到了由穆斯塔法·凯末尔领导的新萌芽的民族主义运动的坚决反对。凯末尔主义者宣称他们已经脱离了苏丹的统治，并在土耳其安卡拉建立了他们自己的军队和政府。当时正值傍晚过后，太沙基在市中心等候有轨电车。四周悄无声息，什么人都没有。突然，一片嘈杂声从远处靠近，上千个兴高采烈的民众举着旗帜和火把手舞足蹈地朝他这边行进，“接着一群又一群的人过来了”。太沙基雇了一位司机带他去贝贝克，途经许多类似的聚众区，其中一群民众疯狂并威胁性地绕着他的车子舞动。第二天他才得知，民族主义者已经宣布从苏丹独立出来，所以民众正进行自发的庆祝活动。[4]

凯末尔主义者与希腊军队对抗并最终获胜，将希腊人完全赶出了小亚细亚。他们得到了大量军用物资，并准备和英国开战，而英国已经把地中海的舰队调入马尔马拉海了。但是到了 10 月，英国投降了，他们觉得自己太弱，没法守住君士但丁堡。于是，英国在穆达尼亚和穆斯塔法·凯末尔统治下的土耳其民族主义者签订了条约。

穆达尼亚条约是在 1923 年第二个洛桑协议上被确定的，它正式结束了1918年停战协议后的边境争夺，而且协议条款对土耳其十分有利。结果当然是这样，太沙基评价道，因为土耳其是由真正的战士穆斯塔法·凯末尔和他的助手伊斯梅特领导的，而欧洲国家的外交官则是以政客为主。“穆斯塔法·凯末尔和他的子民都十分明确他们想要做什么。这个计划也受到了随时准备战斗的军队的全力支持，因为这是为了生存的战斗，而其他政府却必须先咨询他们的财政部门，以确定为人类理想而战是否有利可图。”[5]盖茨校长和贝伊教授出席了这个会议，盖茨校长作为美国代表团的顾问，而已经成为将军的贝伊教授则作为新土耳其的代表。

太沙基喜欢调侃政治，他在日记里用了很多时事幽默语，尤其是在奥尔加离开之后，他内心的喜悦也开始膨胀。盟军占领者内部产生了矛盾，并且开始蔓延开来，这给他提供了相当多的灵感。例如，他在日记中这样写道：“法国人天真地认为，革命是人类进步的道路，他们的敌人就是文化的敌人；英国人同样天真地认为，人类的所有进步都离不开他们对帝国主义的追求；而德国人则缺乏帝国主义的意识——他们认为德国的战争不会改变世界的现状。”[6]

太沙基经常对土耳其人的思维感到困惑，他称他们为“东方人”。“他们有一些我们完全无法理解的想法……”他在日记里这样写道。之后，他对这些差异进行了分析。

“人类可以用两种方法追求真理：要么盲目地相信圣书中揭示的真理，要么采用怀疑的哲学态度探究真理。也有两个可行的方法来满足我们的物质需求：要么清心寡欲，减少需求，直到只剩下原始需求为止；要么改善我们的生产方式。第二种人生态度……可以带来辉煌、惊人的文明发展……但同时也会激起我们灵魂深处对权力、知识和财富的贪婪欲望。欲望是无止境的，我们得到的越多，想要的也越多，这很容易导致行为荒谬和自我毁灭……第一种人生态度会促进人类的智慧、完善人类内心的和谐……但同时，这种态度也会导致自我停滞不前，抹杀能促进物质进步的所有动力。每一个近东地区真正的东方人在灵魂深处似乎都倾向于采取这种平静顺从的态度。把我们的心境和东方人的相比，就像把年轻人的无畏无惧和老年人的无奈顺从相比……除非冒险走上荒谬之路，否则我们不可能效仿彼此。”[8]

1924 年除夕，为了体验新经历，太沙基拜访了他偶然认识的一位阿富汗酋长。酋长盛情款待了他，跟他说了很多故事：人们长期遭受苦难，承受了不该承受的厄运。他从酋长的行为举止中注意到，他就像孩童那般非常谦恭温和。“这是一种十足平静、和谐的内心状态，可以不夸张地说，这种状态完全称得上是智慧……我很好奇，我们俩到底谁选择了更好的生活方式，是这个老人还是我自己？我身心都执拗于西方的生活观念，不会轻易选择相信，因为我总想知道未知的事——这种探究的精神让我永远都不会餍足——而这个老人，他的生活仿佛让我们看到了人类在被逐出天堂之前可能的样子。”[9]对太沙基来说，这个问题的答案很明显，因为不断探究才是太沙基的精神之光。

对于某些学生来说，太沙基在罗伯特学院教授的课程常常极具挑战性，甚至让人感到困扰，但他的课外讲座都受到了一致的好评。他是一个富有技巧、具有高度娱乐精神，且令人振奋的演讲者，他也因此而闻名。说话略带口音，偶尔的介词误置表明了他的日耳曼血统，但他的英语演讲用词准确，逻辑性强，条理非常分明，是学生们平时很难听到的。他知识渊博，想法丰富，好奇心和领悟力都极强。他涉猎广泛，参加每一场访问演讲，主题涉及科学、政治、社会、哲学和文学。为了从知名的访问学者身上挖掘生活轶事和真知灼见，他经常在餐桌前逗留徘徊，认真地在他的日记中记录这些亮点。

他的第一场公开讲座是在 1919 年 4 月 4 日，对新生讲解农业方面的问题。12 月，他做了一场关于博斯普鲁斯海峡跨海大桥规划的讲座。第二年 4 月，他在学校大会堂里做了一场题为“宗教、科学和生命”的讲座，会堂里座无虚席。一个美国的访问学者告诉太沙基，哪怕只听到这场讲座，他也不虚罗伯特学院之行了，他认为这场演讲是“学院历史上的里程碑”。[10] 盖茨校长一定也对这场讲座尤为满意，他后来告诉太沙基，“没有上帝的帮助，像罗伯特学院这样的机构是不可能存在的。”[11] 多年后，卡尔坦陈了自己对此观点的看法：“上帝不断地在干预我们的生活和命运，地球只是它所掌管的宇宙中的一个三等星球，而我们只是居住在这个星球里的低等寄生物，这实在让我很厌恶……上帝太自大了，简直令人无法容忍。”[12]

宗教和祈祷使太沙基感到很枯燥，他经常会思考科学的局限性以及还需要探索的东西。“科学告诉我们钢琴的机制和原理，但不会告诉我们是谁发明了钢琴，不会告诉我们钢琴厂如何生产出钢琴以及钢琴演奏家的点滴生平，更不会告诉我们这种音乐有何用处。人类总存在着惰性和被动性，因此科学也受到了严格的局限。探索未知的冲劲永远应该凌驾于科学概念之上，没有这种冲劲，宇宙只能是一股无形混沌的能量和一堆杂乱无章的建筑材料，不会有任何建设性态势。”[13]

1923 年，在一场题为“生命与生存”的讲座上，太沙基说：“科学是一个速记系统，它的发明是为了用最少的文字来精确地表达最多的经验，而不是为了解决宇宙谜团。但新闻工作者一直在给世俗大众偷偷灌输这样的诗学理念，即科学是为了试图揭开大自然的奥秘，找出那些看似是所谓‘终极原因’的事物。”[14]

在科学领域，太沙基感兴趣的一个当代问题就是魏格纳的“大陆漂移说”。[15] 1924 年 12 月，太沙基向刚成立的罗伯特学院技术协会作了一场题为“向西漂移的美洲大陆”的演讲。当时，大多数学者都认为这个假说根本就是一派胡言，而太沙基清晰地阐述了他的地球物理学和地质学论点，并用黑板上的一些图形和一个模型加以佐证，向听众们证明了这个假设的准确性。回顾这些资料时，赫伯特·爱因斯坦教授“惊奇地”发现，把太沙基在黑板上画的整个板块构造图放在一起竟然是如此的逼真！直至 20 世纪 60 年代末，板块构造论才作为统一的地球科学假设被提出。[16]

在那场面向学生的“生命与生存”的演讲中，太沙基赞扬了唯物主义目标下创造性的乐趣。[17]记录生命的最高形式就是研究历史，但历史只记载结果，却不记载生命的过程。而且历史只注重成功的结果，却忽视那些没有产生积极影响的生命。“确定的是你必须艰苦地奋斗，因为世界被惯性定律所主导，很有可能你就会被遗弃。”要知道，社会只赞扬胜利者，对多数的失败者却十分冷漠。

但是太沙基也发现，在为成功而奋斗时，参与其中比冷眼旁观更加令人兴奋。不管胜算如何，伴随着恐惧、沮丧和喜悦，无论成败，这个思考与领悟的过程本身就是“生活”。在构思和证实物理概念的过程中，人们会体验到最真实的“美好”。激昂的热情驱动着人们不断前进，探索的过程比达到目标更让人兴奋。“把一个想法发展成一个完善可见的实体，就像把一粒种子变成一棵大树一样，是个惊人的奇迹。当努力把自己的想法变成现实时，创建者会经历人类各种情感：希望和恐惧，热情和沮丧。他艰苦的脑力工作也会促进其智力的发展，当然，他几乎没有怀疑过自己的智力……当劳动变为成功的果实……劳动者会放松一会儿,快乐地思考别人所取得的成果,直到逐渐增长的内心压力激励他重新开始朝着未知领域冲刺。这就是生活……人的眼界越开阔,奋斗就越努力,对梦想的追求就越执着,那么他的生活也就越丰富。"

太沙基在日记中写下的这段话正如他之前对韦丁博尔教授所说的,"相比于舒适安逸的职业,有些人更注重热情忘我地独自探索"。韦丁博尔就很好地利用了自己年轻时那股狂野劲儿,从中太沙基得到了一个启示:"激流在前进的道路上留下破坏的痕迹,这可能是一件幸事,因为激流迟早会被驾驭并变为有利的资源。"

太沙基意识到,并非所有人都像富有创造力的思想家那样有能力获得成功。比起把自己的创造性成果强加于别人,那些天赋异禀的幸运儿更愿意自我沉浸在"创造的无穷乐趣"中。

1924 年 3 月,太沙基在贝贝克罗伯特学院附近的爱德华夫人家里做了一场题为"幸福的秘诀"的演讲,主题正是关于幸福是什么。爱德华一家是罗伯特学院的赞助人,而且他们家几乎已经成为一个"文化中心",举办过很多活动。太沙基在演讲中声称,我们的努力缺少价值,除非努力能使"我们的心灵更丰富,心态更稳定,心境更完善"。这才是幸福的真正秘诀。我们可以从拥有它的人的脸上发现这种幸福,就像人们经常从过去的油画作品中所看到的那样。然而,在现代艺术作品中,人物的脸上却缺少这种幸福感。我们的生活节奏太快了;有许多事实我们还未理解,正如一餐还未消化的饭。

太沙基说,人类滥用了他们所受到的馈赠。太沙基给他的听众留下 3 条促进内心幸福的法则:不要去逃避苦难,而是学会欣然接受,因为它会让你变得更强大;无论市场环境如何,无论面对什么事情,都要尽自己最大的努力，不要做毫无价值的事情，即使是市场所迫；试着让自己兼具“行动派的不屈意志与艺术家的灵活主动”。

不到两周后，太沙基在罗伯特学院校庆的校友聚餐上做了演讲。2个月后，他又用他习以为常的幽默风格做了一场演讲，大致是关于“博斯普鲁斯海峡的地质情况”。其实，这次演讲只是做秀而已，不过是在科学主题的假象下进行的另一种方式的说教。他坦率地承认，他那些工程专业的学生宁愿去看牙医，也不愿听他讲地质学。但是他个人却十分钟爱地质学，尤其当他试图解读博斯普鲁斯海峡区域的地质情况时，他简直乐在其中。“如果你想像我一样，从生活中得到那么多快乐和满足，就必须像我对博斯普鲁斯海峡那样，毫无保留、全心全意地投入某件事情……如果你每天都感受不到生活中的这种强烈的快乐，那么你简直就是在浪费生命，因为正是这种快乐才使你成为一个真正的独立而完整的人。”

太沙基成功地建立了土力学，他感到非常自豪，因此，他开始变得兴奋自信、乐观坚强起来。经过这么多年在土耳其默默无闻的艰苦努力，他终于出人头地了，太沙基感到很兴奋。1924年春天，他前往荷兰代尔夫特参加应用力学国际大会。大会上，他用实验结果阐明了他的固结理论，量化了饱和黏土随时间而变化的压缩率。[18]当时，与会的专家和名人有很多——冯·卡门、冯·米塞斯、索斯伟力、普朗特、格里菲思——他们都对太沙基的成果表示了赞赏。普朗特（让太沙基想起了韦丁博尔教授）对他说：“先生，您的演讲太棒了，对基本思想的表述非常简明清晰。能在代尔夫特听你阐述黏土物理性质的全新理论，我感到很荣幸。”[19]

早在1920年10月，太沙基就读了美国土木工程师协会一个委员会发表的作品，是关于地基土的物理性质及其测量方法的。当时，他感到十分恐惧和绝望，因为他担心在发表他的巨作之前，他的成果已经落后，这种担心“日夜伴随着他”。他立即给协会主席艾伦·哈森写了一封详细的信，向他解释自己已经取得的成果，希望能得到一些认可。他觉得他的未来就取决于这封信。然而，他从哈森那里收到的回复却毫无帮助，好在最后他和他的作品都渡过了这次难关。[20] 如今，他在代尔夫特了解到更多关于这个委员会工作的情况，并获悉在瑞典有一个与该委员会类似的机构——岩土工程委员会，旨在解决瑞典国家铁路沿线的滑坡问题，这里曾经发生的一次滑坡夺去了 41 条生命。

通过随后的会议讨论和持续通信，他对这两个委员会的活动情况有了全面的了解。他发现这两个机构对于土体物理性质的研究还仅仅停留在语言描述上，并未深入。此时，他自己的研究已经颇有成效，他觉得能够参与这些正规的协会活动，对他来说也是件幸事。“起初，我一定不敢参与这个竞争，因为对手可以使用各种技术手段，而我却只能用锁匠店铺的那些废品，在没有帮助的情况下独自工作。”“后来，我的优势开始显现出来。”他对这个课题的研究完全来源于他在施工方面的个人经验，而不会被他人的建议所束缚。“这项工作很艰苦，但这是我自找的……而且我感到很自由。由于缺少可行的研究手段，实验对我来说，仅仅是一种辅助脑力工作的途径。”在做了各种假设之后，他开始进行相应的测试，用以肯定或者否定这些假设。然后，他计划并进行最后的实验，专门用来辅助他得出一套完整的理论。[21]

对太沙基来说，写本书总结他所有的研究成果(而且他还进行了教学和公共演讲)似乎还不够。因此，他还继续从事大量咨询工作。除了比利时客户之外，他还有一个新客户——阿扎里亚公司，太沙基负责该公司在君士坦丁堡地区“金角湾”海岸上的工厂和磨坊的基础工程。地基问题非常棘手。阿扎里亚的谷物磨坊地下只是一层薄薄的填石，覆盖在8～10米厚的“泥浆”层表面。泥浆的含水量已经超过阿太堡液限，意味着它在地下基本呈液态，而且只能承受微小的压力——每平方厘米0.05千克。

他说服业主相信，已经开始实施的计划将带来灾难性的失败，必须要严格修改。没有板桩能够提供足够的抗力来承受泥浆在地面荷载作用下产生的横向推力。而且，泥浆的渗透性太低，几乎无法通过固结来增加自身强度。业主必须重新安排建筑布局，使各部分产生的压力大致均匀，并使所有结构体都远离该场地的边缘，因为边缘的淤泥强度更低。桩的实际作用并不大，除非被打到至少24米深，而且每个桩不能承载超过7吨的重量。他告诉公司，如果他们不听从这些建议，就是与大自然作对。

由于金角湾海岸的很多建筑都在安全运作，有些建筑就坐落在很原始、简单的基础上，所以他迫切想明确这个场地地质条件如此之差的原因。经过调查他发现，这个特殊的地方并非位于远古时期的海底之上，而是位于近期（从地质学角度讲）才被填入的淤泥土上。拜占庭时期，人们填海形成了这里的海湾，随后又填入了松软的沉积物。

1924年4月，太沙基完成了《土力学》的手稿，并把第一批副本寄给了他在奥地利和美国的朋友。然后他便开始等待，希望得到各方的认可，但都杳无音讯。他记得他在1920年给弗勒利希提出过建议：“从事科学工作的人如果期望得到与自己的努力相符的报酬，或者希望至少受到适当的认可，这种人不应该做学问研究，而是应该去疯人院。”[22]他觉得自己被遗忘了，但是又安慰自己，冬去春来，事情总会好转的。

在《土力学》的前言中，太沙基指出了一些矛盾的存在，即结构工程师几乎无法在不了解结构材料的情况下就投入工作，而地基工程师除了知道一些砂土相关的简单公式以外，在工作中几乎没有任何科学依据。太沙基的意图不是钻研纯粹的理论，因为近两百年以来人们都没有留下任何真正有建树的理论。他的目的是基于性状的观察来发展半经验的科学。他明确地说，这本书的内容是开创性的。他确实证明了自己。

在引言中，他写道，土工工程方面的决策主要是基于"工程直觉"。[23]但是一个人的工程判断随着这个人的死亡而消失，且工程直觉常常会出现失误。事实上，"如今，设计师在设计土工工程时缺乏必要的工具，犹如当年，当工程力学还不是一门科学，桥梁设计师在建桥时缺乏必要的理论指导一样"。

他在等待着别人的评论，也在慢慢失去耐心。一天天过去，邮件还是少得可怜，他的心情越来越沮丧。后来他开始收到回复了：他的朋友布鲁诺·桑德[24]以及另一位著名的来自奥地利建筑师与工程师协会的工程师马克思·辛格对他表示支持[25]。他还收到了其他来自瑞士、捷克和德国的反馈——包括建筑、采矿以及水利工程方面的出版物。《工程新闻纪录》刊登了一则来自著名工程师乔治·帕斯维尔的评论，题为《全新的土力学》，[26]对这部作品表示了高度赞许。太沙基非常开心，开了最后一瓶优质法国香槟来庆祝。他宣称，这对美国土木工程师协会地基分会来说，也是一大胜利。[27]对于那些经典理论，太沙基选择"丢掉过去，重新开始"，帕斯维尔对此很满意，不过他也承认这部作品还包含了很多推测和有争议性的东西。希尔佳德教授盛赞太沙基具有"卓越的观察天赋"。[28]也有评论说这部作品值得工程师们致以最热烈的敬意。[29]还有两个评论者说这部作品将成为不可或缺的经典。

这部作品成功出版之后，美国工程师约翰·弗里曼（太沙基并不认识他）买了多本《土力学》寄给他美国工程界的熟人，包括他担任顾问的麻省理工学院的全体教员。[30]西庇阿院长把太沙基的成果告诉了普渡大学的波特院长，但是普渡大学没有人认为他适合在那里任职。波特院长又把西庇阿的信寄给了麻省理工学院的斯特拉顿校长。[31]与此同时，前罗伯特学院教授，现任职于佛蒙特州大学的保罗·戴克听说麻省理工学院有一个空缺的职位，在征得卡尔同意后，便给麻省理工学院写了一份关于太沙基出色才能的推荐信。5 月 15 日，土木与卫生工程系的系主任查尔斯·斯波福德教授给太沙基写了一封措辞严谨的邀请函，向他提出建议，只有能够听从系主任领导、具有合作精神的人才能申请这份工作。

自从接到戴克的消息，太沙基一直惶恐不安，直到 6 月 27 日收到斯波福德的电报才完全放心。电报上说："一学年 2 500 美元，有大量自由支配时间。"虽然他觉得这份工作像个鸡肋，"但是，在经过 8 年的隐退之后，终于有了一条通向自由的路"。[32]他们希望太沙基开创一门关于地基和土力学的研究生课程。[33]他立刻接受了这个建议，并且又喝了一瓶香槟来庆祝这件事。

卡尔·太沙基,1926 年

第 8 章
1925—1929：在美国的成就和赞誉

1925 年 7 月 18 日，卡尔怀着喜悦的心情启程返回美国。由于要到 9 月中旬他才需要前往麻省理工学院任职，因此，他计划了一场漫长的旅行，足以告别旧世界去探索更多新的东西。

太沙基向在格拉茨的薇拉（及奥尔加）和家人们告别之后，便与福希海默结伴访问了维也纳。他参观了卡尔斯鲁尔的实验室，然后在巴黎待了很长一段时间。这里庄严的建筑和艺术博物馆、长廊、餐馆，特别是巴黎的夜总会都让他感到惊喜。他发现这座城市充满了生机与光明。他观看了红磨坊的演出，“在精致和谐的布景下，几近全裸的女人，美丽的双腿和饱满的乳房”都让他激动不已。后来有个穿着体面的男人问他是否知道蒙马特某个地方，卡尔建议那个男人和自己一起去寻找。他们来到一处高级公寓，里面有大理石雕像和壁画，一扇双开门打开后是镜像大厅，里面有十几个年轻女子，还有音乐、香槟和色情电影设施，所有这一切几乎花费了他两天酒店的开销。[1]

经过适当的调整恢复后，卡尔从布伦前往纽约，为自己的事业发展开启新的阶段。每当他感到怯场，只要感受到纽约“忙碌紧张的氛围”，他的胆怯就消失了。正是这种快节奏的生活给人带来了幸福感，而不是留在原地，停滞不前。

太沙基离开罗伯特学院的目的之一，就是在工程界建立新的人际关系。到达纽约后，他很快就实现了这个目标，因为在美国土木工程师协会总部等待他的正是结构工程师乔治·帕斯维尔以及地基工程师、著名基础加固承包商拉撒路·怀特。[2]卡尔很快与他们成为了好朋友，他们的友谊也在积年累月中不断加深。

帕斯维尔告诉卡尔，为了《土力学》的评论，他已经研究了这本书 4 个月，没有跳过任何一个部分，因为所有的内容都很新颖。怀特说如果买断太沙基的书，并把它们扔到哈德逊河，这将会是一笔很好的投资，因为这本书对于他的竞争对手来说太有用，对他的威胁太大。帕斯维尔和怀特为太沙基描绘了一个乐观的前景：如果他愿意开设基础工程的讲座并在哥伦比亚大学任教，肯定会吸引成千上万的人。不久后他认识了《工程新闻纪录》的施米特，施米特建议太沙基在哥伦比亚大学开设一系列的讲座，还告诉他，如果他愿意在美国定居，他将会对整个国家的研究成果产生影响。[3]他们希望太沙基能带领他们推翻"偏见之墙"——美国的工程从业者反感在基础工程中援引基本原理。

这个消息对于太沙基来说，是他一直梦寐以求的。在到达纽约时，他曾问自己，"如何才能在这个经济体制的巨大压力下证实这个根深蒂固于我脑中的理论具有实用性呢？"[4]如今，他知道还有很多有影响力的人正在支持他。

"现在我终于有机会见到你本人了"，晚餐时，施米特说道：我原本以为你非常年轻，但现在我看你正在变成秃顶，你的身体并不强壮；15 年前你曾在这儿四处漂泊，但"现在你回来了，已经成为一个成熟的男人，正在等待收获成果"。[5]他建议道：你必须出版你的成果，但这并非只是印刷几张纸那么简单，你必须让别人信服你的理论。

他们共同为《工程新闻纪录》写了一系列文章，里面包含了一些关马萨诸塞州的奇科皮大坝施工现场也引发了一场关于潜在渗漏问题的地质探讨，人们各抒己见。太沙基认为，真正的危险是管涌。他通过砂土中各种组成颗粒尺寸的比例分析（粒度分析）证明了他的观点：砂土主要由粒度范围较窄的细砂颗粒组成，完全不含有细粉土和黏土成分。太沙基还在实地考察时在一些天然泉水中发现了流砂现象，在施工期间，“砂沸”问题也给排水塔基坑的开挖带来了麻烦。

4年前，和这次计划新建的大坝相类似，一个建有混凝土防渗透坝心墙的大坝被冲毁，导致灾难性的洪水暴发。[35]太沙基分析了大坝的残余结构，证实当时的事故正是由于管涌所致。基于此，太沙基指引设计师和建筑工人如何做来避免重蹈覆辙，新大坝最终安全建成。[36]

为了阻挡洪水，康涅狄格州哈特福德市的一个工业区沿河建造了一系列堤坝。坝址地面以下的土层是不透水的粉砂，粉砂下面是一层厚厚的叠层冰川黏土（纹泥），再往下是不含粉土颗粒的砂土层。河水可以通过坝基下的这层砂土渗流，从而破坏堤坝的防渗功能。太沙基通过分析河流的高水位和水井高水位的时间差，测定了砂土层的渗透率，设计出了相应的方案，用抽水井和板桩来切断水流。[37]

密歇根电力大坝的咨询工作展示了太沙基成熟的工程地质勘探技术[38]。他迅速勘察现场，并否定了先前所有的勘察结果，原因是这些结果都未能充分了解场地的地层结构和形态，不能建立一致的模型。太沙基要求重新进行钻孔，然后结合先前的勘察结果、实地勘测数据以及资料室的数据，整理出一份详细的地质历史和大坝的周围环境信息。最后，他得出一个结论：所选施工位置不可行，原因是此处的板桩只能打入到并不需要打桩的泥岩层，却无法深入到需要打桩的透水砂土层。

因此,他基本上重新规划和设计了整个工程。

1926年,为了沿着查尔斯河的河滩建造新的校园,麻省理工学院聘请太沙基担任建筑物沉降的顾问;实际上,约翰·R.弗里曼曾敦促麻省理工学院任命太沙基为建筑物沉降的顾问,部分原因就是太沙基能够在这方面提出专业的见解。一些既有建筑物的沉降往往被归咎于地下存在的泥炭层和可压缩的粉质填土层的压缩。对于在深层含有蓝黏土层的场地,由于这种黏土层非常坚硬,工程地质学家威廉·O.克罗斯比明确排除了土层压缩造成地基沉降的解释。[39]

麻省理工学院提供的资金仅够制造一个固结仪,尽管太沙基对此十分无奈,但他还是表示:蓝黏土由于固结不充分,含有许多超孔隙水分。黏土的渗透率非常低以至于固结沉降的速度变得非常缓慢,而黏土会因为高含水量变得非常软。如此,基础下的黏土会在含水量保持恒定的状态下发生塑性流动,这种塑性流动是不会因为打入地下的桩而停止的。黏土会随着超孔隙压力的消散而逐渐变硬,但过程十分缓慢,因而太沙基建议新的大楼设计需要使大楼能承受较大的不均匀沉降。[40]

1927年,太沙基接下了休斯敦商业银行大楼地基的咨询工作。他在这个案子中极力反对使用桩,声明这样有害无利。雷蒙德混凝土桩有限公司辩称,使用打桩能够致密土层。太沙基解释道,迄今为止,打桩已经造成桩间地面上升18英寸*。所以他坚持认为,打桩不会致密土层,因为土体会保持其内部含水量不变。

随后,为了一桩关于底特律建筑物的诉讼,他写了一篇报告,清晰阐述了建筑物沉降的缘由。[41]在这份报告中,他解释了如何区分由于黏

* 1英寸≈2.54厘米。

令人难忘。

这位无畏的冒险家在洪都拉斯和危地马拉继续着独自的研究。这次研究的是黏土沉积层和火山地层如何控制地下水的区域分布和流动。他时而骑骡子，时而走路，就这样直到墨西哥边境，他的旅行才因严重的阿米巴痢疾中断。他在危地马拉魁里加的联合果品公司医院待了一个月，直到身体恢复些，才得以长途旅行回到剑桥家中。

太沙基离开了4个月，回到家后，等待他的是堆成小山似的邮件，其中，有邮件聘请他担任柏林的一家水利工程和船舶建造的检测工厂的主管，还有邮件邀请他出席东京举行的世界工程代表大会。12月，太沙基前往芝加哥，研究华盛顿州格雷岛制浆造纸厂正发生的远超预期的沉降问题。4个月后，他为西蒙斯工程写了第一份综合报告，几乎精准地预测了将来沉降的速率和幅度。[44]

1928年秋天，太沙基被新英格兰电力有限公司聘请，为一段高达180英尺高的挡土墙设计担任顾问。该挡土墙将作为康涅狄格河上十五英里瀑布大坝的一部分。这个结构需要横跨佛蒙特州和新罕布什尔州的边界，让设计师们感到十分棘手。佛蒙特州部分的施工场地下面是坚硬的岩石，而新罕布什尔州部分基岩面下面是一个40英尺深的、远古时期形成的低谷，里面填满了透水性好的冰川冲积砂和砾石。[45]因此，在佛蒙特州部分可在岩石上建造传统的混凝土坝，在新罕布什尔州部分则需修建土堤。

业主先前打算建造一堵墙将这两块修建在不同特性地基上的坝体隔开。但是他们很快发现，要设计出完全跨越大坝的墙，并将混凝土坝截面和土坝截面相结合非常困难，以当时（1928年）的设计水平而言，估计很难完成。由于土坝的边坡必须平坦，而混凝土结构的坡度又非常陡峭甚至垂直，所以土坝的宽度远远大于混凝土大坝。因此，用来隔离这两部分大坝的墙体，大部分都作为独立的挡土墙，但是墙后的湿土重量使得墙体承受了巨大的潜在压力。墙体所受的压力部分来自土体中的孔隙水压力，而这种压力随着挡土墙的长度（竖直方向）而变化。对于十五英里瀑布而言，很容易发现，用传统方法设计的挡土墙根本难以负重，而太短小的挡土墙又会导致大坝的崩塌。所以他们找来了“太沙基博士”。

太沙基建议进行大规模的土体载荷试验，以完全了解所面对的实际土压力状况。他想精确地知道土体对挡土墙作用力的大小、位置和方向，并向麻省理工学院申请了 16 000 美元，用来在学院建立一个 37 立方米大小的钢筋混凝土土压力测试室和一个能够容纳该测试室的特殊建筑，该建筑需要用 75 根桩来支撑其重量；这个项目最后严重超支了三倍，但是其潜在效益确实巨大。他们采集了 120 吨的土样，经历 200 公里的航程从施工现场运到校园。太沙基为此还组建了一个研究小组，成员有亚瑟·卡萨格兰德，格伦农·吉尔伯，唐纳德·泰勒也随后加入。研究小组在 5 月中旬开始了为期 5 个月的实验。

对于太沙基而言，这是一个机会，他可以用世界上最精密的现代实验设备来验证他于 1917 年得出的土压力研究成果。可惜他那时对此并非最感兴趣，比较而言，他更喜欢的是探索。尽管这个项目具有先进性，但它本质上只是对工程学的进一步发展——在知识层面并无什么突破。而且这次实验需要密集地进行大量工作。不过，斯波福德告诉太沙基，他相信“这是土木工程领域有史以来最杰出的实验”，他后来还对帕斯维尔说，太沙基从来不会被先入为主的观念所束缚，是一位真正的科学家。对于这些，太沙基都感到很自豪。[46]

太沙基根据在麻省理工学院的土压力测试室的测试结果，设计出一种很大胆的窄墙，使用它不但能有效地达到目的，还会为公司节省一大笔费用。

卡尔与研究和施工人员一起进行了很长时间的工作，虽然感觉非常辛苦，但也很享受。他喜欢结识朋友，不管是晚餐时，还是在旅途中，对他来说都是交友的好机会。他会在日记里描述人们的外貌，并慢慢搜集和记录他们的家族起源和生活经历。他还喜欢结交粗俗的承包商。尽管他的生活圈里基本上都是男人，因而无所畏惧、自力更生、坚韧不拔，但他又有另外截然不同的一面，他喜欢绘画、文学、鲜花、陶瓷、音乐，特别喜欢大自然，尤其是和女人在一起时，他更为享受这些东西。

太沙基喜欢女人，又魅力十足，一直很受女人的欢迎，所以，他很大一部分时间泡在女人堆里；时间长了，他自己也怨恨自己"即使是最没出息的女人，只要身材好，脸蛋美，也能扰乱甚至蒙蔽人的心智，使人对面前全新、美丽或者深刻的事物觉得索然无味"。[47]他很想远离这种糜烂的性生活，但是却有心无力，根本没法做到。

太沙基需要女人的陪伴，只有这样他才会觉得自己的人生是完整的。他与她们一起经历了许多柏拉图式的爱情，很是浪漫。有几个对他投怀送抱：最初一个是他年轻的女秘书，随后有一个叫莉莉的，是他真正的情人和心灵的分享者，像妻子一样照顾他。但是，奥尔加的经历让他痛苦不堪，对婚姻失去了信心。X 小姐，是一位纯粹的冒险家。作家罗莎莉，是个明显的激进主义者，她的诗歌创作往往受到她强烈求知欲的激发。B 夫人，是一位来自苏俄的主妇，专横又没节制，她会在大晚上用她强壮的胳膊拖着卡尔去威尔斯利伍兹过夜。卡尔向亚瑟·卡萨格兰德吐露说，这个女人太强势了，亚瑟告诉卡尔，这样的女人会让他感到性无能的。

相比而言，露丝・道格特明显不同。太沙基完全对她神魂颠倒，陷入了人生中最进退两难的境地。露丝・道格特是哈佛大学地质学专业的一位博士生。他们是在1928年10月的地质实地考察中认识的。她随后还向他征询了有关珊瑚礁陡坡的专业意见。很快，她成为他的“鲁弗斯女神”。她的双眼炯炯有神，她的脸颊柔软细腻，她温柔、聪慧、善于倾听，令太沙基魂牵梦绕，无法自拔——他从来没有遇到过像露丝这样与自己谈得来的女人，他和她在一起会感到心灵前所未有的平静。泰勒一家对太沙基说，他应该和她结婚，但他还是认为不可能。1922年，他曾在罗伯特学院听过一场讲座，让他觉得像他这样的男人根本不适合婚姻。尽管如此，他还是说露丝是“我唯一可以一起生活的女性。她诚实、上进、独立、明辨是非、没有偏见，就如同停歇在我窗台上的一只迷了路的小鸟”。

有些欧洲公司开始向卡尔发出邀请，希望能聘请他，而卡尔对麻省理工学院越来越不满，也让他想离开这里。“鲁弗斯女神”使卡尔对生活更加难以抉择。他是应该接受麻省理工学院的全职教授职位，就这么安定下来？还是应该继续前进？

实际上，他差不多已经与斯波福德教授达成了和解，而且早就决定不回罗伯特学院了。但是，他曾这样写道“我爱那里，就如我爱童年时的那些地方一样……我独自待在一个奇妙而生动的世界，这个世界独一无二，没有人能感知它的存在”，在那里，他最好的朋友是“小实验室里的水槽、杠杆和天平”。[48]然而，新英格兰拥有同样的自然之美，那里不是世界之巅，却汇聚了西方文明。太沙基在波士顿的生活就如“在沙漠中竭尽全力准备之后，终于取得了来之不易的成就”。[49]

1928 年 3 月，沙弗纳克教授写信给卡尔，询问他是否愿意担任维也纳科技大学的主席。[50]虽然他当时最想去德国，但觉得去维也纳作为过渡也还过得去。[51]尽管太沙基并不贫穷，但他认为麻省理工学院付给他的薪水还是太少了，他知道维也纳技术大学会慷慨得多。他曾从哈罗德·威斯特加德教授[52]处得知，著名的苏俄力学教授铁木辛柯曾向美国伊利诺伊大学要求 12 000 美元的薪水，但最后只落得在密歇根大学 6 000 美元的薪水。美国如此轻视大学知识分子让他很是愤慨，他强烈谴责美国不应该让最优秀的人才处于贫困。在 1928 年，6 000 美元的薪水可能还算优渥，但据太沙基计算，他自己应该至少有 10 000 美元的收入才能过上"还算舒适的生活"。[53]事实上，到 1929 年，他的顾问工作已经为他带来了至少 23 000 美元的收入。"我的付出比收获多 5 倍，而我赚取的也比我需要的多 5 倍。"[54]

当然，不是每个人都认为太沙基积极的咨询工作为麻省理工学院赢得了声誉和光明的未来。太沙基的咨询工作遭到了"愚蠢的校长"的强烈反对。斯特拉顿校长不但想要他停止收取咨询费用，还散布谣言，说他在挡土墙实验中花费巨大。约翰·弗里曼也表示担忧，说他太商业化了。

当沙弗纳克最终确认，一切都准备就绪，就等太沙基前往维也纳上任时，太沙基变得极度犹豫。他觉得接受这份工作也许是错误的。欧洲就如一具死尸，那里的大学钩心斗角众所周知。而且，斯波福德给他提供的是研究教授的职位，如果他愿意，保证给他假期旅行，即使远至苏俄。但是，维也纳可以资助他 6 个科研和教学助理，麻省理工学院却只可能给他 2 个。在欧洲，他能结识到许多新的朋友，还可以通过卡萨格兰德和吉尔伯与美国方面继续保持联系。最后，他告诉斯波福德他决定去欧洲。之后，他和露丝前往波士顿海港，在那里参加了一个欢乐的派对。当他回到家后，他哭了。

也许人们会觉得很讶异，一位伟大的工程师可以直率自如地向他的客户提出理性的建议，但在面对自己生命中的决定时，却会如此痛苦不堪。对于太沙基而言，露丝就是他人生中的最大困境。他怎么能够离开她？于是，他决定取消他的暑期计划——与巴拿马运河委员会的合作，和露丝去缅因州度假。这段日子里，他和露丝一起荡舟，边画图边工作，感受了自己生活中从来没有出现过的爱。离别的时候，他们谈到了婚姻，可惜却没有付诸行动。他想，再等一年吧，如果他实在无法忍受分离的痛苦，他就与露丝结婚。

于是，太沙基在成功和泪水中离开了那里，奔向在维也纳的学术世界顶峰。一位新的奥地利英雄在征服国外后胜利归来。

“一只迷路的小鸟”，大约在 1929 年

第 9 章
1929—1935：在奥地利的学术巅峰*

离开美国之前，卡尔在纽约的朋友们盛情款待了他。晚餐的时候，他提到了美国的开放精神，并且骄傲地指出，在华盛顿、波士顿、匹兹堡、普罗维登斯、旧金山等一些地方有一大批工程学方面的先进人士，他们正在推动土工建造方法的科学化。他同意朋友的看法，认为他的所作所为催化了这种转变，但他现在意识到自己的努力还不够，他的论文也还不完整。

1929 年 2 月，在美国矿业和冶金工程学院的一个讲座上，太沙基就曾表示不看好过度依赖地基场地的科学调查。[1]他写道，即使是全面细致的地质勘探也很有可能漏掉"地质方面的微小细节"，比如对大坝下面导水节理的精确定位。在看起来是均匀同质的冲积地层内，渗透率水平方向的细微变化也很难勘探出来。然而，这些"小细节"的存在和分布往往能够决定地基的选址。

在太沙基看来，工程师都是自负的。他们总是认为，看似相同的坝址能够承载相同的结构。事实上，在看似相同的两个地基上，一个结构可以成功修建，而另一个完全相同的结构却可能失败。这一点太沙基已经用很多实例证明过。在太沙基的一生中，他时刻意识到这种不一致性，而正因为如此，他才会以堪比艺术家的严谨态度来对待施工阶段

---

* 本章有删节。

揭露的地质细节问题。因此，即使有地质勘察和土力学的一套科学理论，这套理论也远远不能够完善地指导设计和施工。在这方面，太沙基永远有做不完的工作。

然而，太沙基对他的成就很满足，并且对前途充满信心，10 月 4 日（就在纽约证券交易所崩溃之前的 3 周）他从布鲁克林起航。在不莱梅号邮轮上，与太沙基同行的是亚瑟·卡萨格兰德。卡萨格兰德已接受任命，负责在维也纳科技大学建立一个新的土力学实验室。沙佛纳克教授和他的同事竞标获得了一笔资金和一块地皮，打算在太沙基的指导下，建立一个土工实验室。关于建立实验室，卡萨格兰德已有相应的计划，再加上瑞典和德国的游学之旅让他更加了解相关研究设备，因此他预期，实验室建成后将会成为后继研究者的参照样板。

抵达不莱梅后，两人去酒吧躲避暴风雨，喝了一瓶莱茵白葡萄酒。酒吧丰富多彩的壁画描绘的是福斯塔夫式恶作剧。对卡尔来说，在酒吧喝酒的人似乎更像是活在福斯塔夫的年代，而不是活在现在。中世纪不莱梅的大教堂则让卡尔觉得仿佛回到了“古老而又可爱的欧洲”。美国缺少的正是这第四维度——历史视角——一座把现在跟过去连接起来的时间之桥；没有这座时间之桥，美国的生活就如同白驹过隙，瞬间消逝，不留痕迹。[2]

卡尔没有和同行的人一起前往维也纳。他把行李托给亚瑟照看，只身一人去了莫斯科，中途经过汉堡和柏林；他此去莫斯科是苏俄当局想就顿河—伏尔加运河沿线建水闸一事，征求他的意见。毫无疑问，卡尔对这项工程很感兴趣——因为水闸线路横贯的地层有的易于产生滑坡（“黄土”地层），有的又遇水膨胀（硬黏土），很容易形成地下水的透水通道，使运河里的水产生严重渗漏。

在柏林，太沙基在冯·米赛斯教授的豪华别墅里与他叙完旧之后，会见了苏俄大使馆的财务专员，并与后者一起乘夜间航班飞往拉脱维亚的首都里加。关于这次飞行，卡尔写道，“这次夜间飞行是人类创造力的完美体现”。在柯尼斯堡加了一次油之后，飞机飞进了暴风雨中。“飞行员把飞行高度降到了只有 200 多英尺，飞机上下颠簸得很厉害，此时好像所有的空气动力学法则都不起作用了。乘客们对这种剧烈颠簸产生了强烈的生理反应，只一会儿的工夫，大家的胃都完全吐空了。有个英国人犯了心脏病，看上去快要死了。我的那位俄国同伴，吓得面无血色，额头上冷汗直流，然后开始脱衣服，在这种情况下他忍受不了哪怕是一丁点儿的外在压力，他觉得自己快要窒息了，而我一点儿也没受影响。在观察飞行员娴熟地驾驶飞机、对抗暴风雨的过程中，我感受到了他的激情，看他能自如应付这么危急的局面，真过瘾！”[3]

但 1929 年的苏俄，有一点还是令太沙基比较满意的：东道主肯听从他的建议，愿意就顿河—伏尔加运河设计进行荷载和现场渗透性测试。在莫斯科的时候，他开展了一些土力学方面的演讲，很受欢迎。太沙基写信给拉撒路·怀特：“苏俄人民在生活方面虽有诸多不便，但他们对自己的职业仍然抱有很大的热情。”[4] 后来，苏俄通过了一项法令，要求对国内所有的房屋进行集中的土体采样和测试、现场载荷实验，并对房屋地基状况进行统一记录，太沙基对此大加赞扬。他以前也在美国倡导过此类措施，以改善美国基础工程的现状，但倡导没能被接纳。

1929 年 10 月 31 日，卡尔终于抵达维也纳。维也纳科技大学给他提供的待遇很好，甚至出乎他的意料，他每周只需开展 3 场讲座；学生们很聪明，也很积极向上，而且还有充足的助教帮他。他的实验室助手还刚接受了亚瑟·卡萨格兰德的初步培训。太沙基作为一个正教授，工作时间很灵活，可以自由地从事咨询工作、参加会议等。维也纳科技大学对太沙基的实验室和研究计划也给予了慷慨资助。

大学坐落在维也纳最受欢迎的地段之一——卡尔广场，地理位置十分优越，距离歌剧院、国家大剧院以及市中心都很近。他有一个 50 平方米的办公室（比他在麻省理工的办公室大 4 倍），从办公室可以俯瞰罗塞尔公园，景致很好，但各种报告和论文很快就堆得跟山一样。实验室很大，气氛也很愉悦，因此太沙基更喜欢在这里的会议桌上办公，也会在这儿吸烟，没人打扰他。学院给他分配了一个专门的演讲礼堂，以及一个配备了员工的机械车间。

太沙基被选为“水利工程Ⅱ”的首席讲师。前一任首席讲师 R.哈特教授的讲座也涉及基础工程，因此沙弗纳克教授才成功地为太沙基争取到首席一职。太沙基重新调整了课程内容，添加了基础工程、土力学、水道工程方面的内容，但保留了原有的课程名称。[5]

卡尔发现这里的生活消费水平只有美国的一半，因此他在大学附近租到一套很好的公寓，并好好装修了一下。他在这里的生活很愉快：他与在格拉茨的家人恢复了联系，在熟悉的阿尔卑斯山岭散散步、滑滑雪，重拾与老朋友的友谊，又在维也纳交了许多新朋友。太沙基觉得自己很熟悉以前的老朋友，又能很快结交新朋友，而通过与亚瑟·卡萨格兰德、拉撒路·怀特，当然还有与露丝的联系，他能及时了解美国工程学的进展。

卡尔觉得，与露丝分开是对他们两人关系“十分严峻的荷载考验”，这迫使他不停拿露丝去跟别的女人比较。[6]萧伯纳有句警言：“爱一个人就会放大她身上的优点，而对其他人视而不见。”卡尔试着与一个叫宝拉的歌手开始新的恋情，但这却激起了他对露丝疯狂的想念，最终他决定去跟露丝结婚。听从了卡尔的计划，3 月底，露丝独自一人去剑桥市政办公室领取了结婚证。有个新闻记者偷听到市政办事员对露丝说：如果结婚当事人缺席，即使有剑桥的结婚证，也不可以举行婚礼。那个记者认定这个欧洲教授的古怪行为是有新闻价值的，并在《波士顿先驱报》上报道了这件事。[7] 自此卡尔和露丝订婚的消息被公开了。

卡尔并没有被《波士顿先驱报》的报道吓倒。在 4 月 20 日写给亚瑟·卡萨格兰德的商务信函中，卡尔附了一段话："等所有证件都准备齐全，我准备在 5 月 12 日举行代理婚礼；我有一个诚挚的请求，在婚礼当天早上，请你捧着一大束玫瑰花——把戒指放在花束中——去拜访露丝小姐，事后再把一切都告诉我。"这种结婚形式在奥地利是合法的，但后来计划临时有变，最终代理婚礼的地点改在了露丝去欧洲的轮船上。与此同时，卡尔在格拉茨也举办了民俗婚礼，并宣读了结婚誓言。他们两人都对着彼此的代理人宣读了结婚誓言。6 月 7 日在苏黎世，卡尔见到了他的新婚妻子，随后两人去鹿特丹度蜜月；即使在蜜月期间，卡尔仍在进行桩的荷载实验和拔桩实验。后来，他们搬进了自由广场 2 号公寓的 6 楼。[8]

对卡尔而言，露丝不仅仅是他的妻子，还帮他分担工作方面的事，经常和他一起出行，有时卡尔的下属也会来咨询她工作方面的事。露丝经常在卡尔的实验室做自己的研究，她研究的是混凝土和土的岩相学。从某种意义上说，露丝一点点取代了亚瑟在卡尔的工作中所扮演的角色，比如打字员、跑腿、活动组织者等；亚瑟与露丝两人同是卡尔的助手，他们彼此之间友情日增，开始互相通信、互送礼物。

亚瑟与卡尔也定期通信，就工作方面的事务交流意见。卡尔非常欣赏亚瑟，对他科研工作的质量印象深刻。因此，卡尔很乐意继续做亚瑟的倾听者和保护者，但是作为回报，他要求亚瑟必须帮他审阅文件、及时向他通告信息，代理其他事务。难怪多年以后，亚瑟重印了卡尔写给他的一封信，信中称赞亚瑟是个绅士、良友，卡尔还断言亚瑟很快就会成名；没过多久，卡尔还让他把同样的信分别装进4个信封里，分发给不同的人。[9]

卡尔认为亚瑟是他众多弟子中最有天赋的一个，然而令他失望的是，亚瑟性格太软弱：在麻省理工实验室的时候，他常常会因为得不到太沙基的表扬而感到痛苦不堪。卡尔曾向拉撒路·怀特吐露："要想在世上有所成就，首先就要做到，即使总也得不到别人的认可，你自己也要保持激情、不能懈怠。"[10]卡萨格兰德存在两方面的问题：其一是他的雇主公路局总对他不满意；其二是他非常嫉妒太沙基的一个博士生格伦农·吉尔伯。太沙基去了麻省理工学院之后，吉尔伯紧随其后，也被任命为麻省理工学院的教师。

卡萨格兰德受雇于公路局，继续在麻省理工学院做研究。他从事基于阿太堡界限和粒度分析对土体进行分类，黏土的结构和高速公路路基冻胀行为的研究。公路局很重视卡萨格兰德的工作，但他总是迟迟不能提交最终报告，他一次又一次的修改耗尽了公路局的耐心。卡萨格兰德太过于追求完美了。[11]很显然，比起写报告，他更喜欢设计测试设备和做实验。

太沙基抨击公路局，指责他们忽视卡萨格兰德的重要研究成果，比如他发明的改进版液限测量方法以及粒度测定的液体比重计法；这些方法比当前的方法要先进的多，但是出于外交方面的原因，公路局却依旧采用原来落后的方法。[12]太沙基指责公路局仇恨严谨的科研工作，而喜欢"没有任何价值的统计数据"和毫无根据的假设。"这种怨恨的动

桩荷载测试,鹿特丹,1930 年 7 月

机显而易见，”太沙基写道，“因为在工作中，一个严谨的科学家一定——也是出于必要——代表一种不和谐的、令人不悦的因素。如果他要做到尽职尽责，他必须得有怀疑的精神；在别人看来很简单的事情，在他那里就复杂化了；他几乎从不把任何结论当成定论，他的存在总是会打破愉悦的工作氛围，使工作不能‘往前推进’。然而，若不听从他那没完没了的批评意见，研究工作就不可能稳步向前推进……像卡萨格兰德这种类型的科学家起到的就是定位飞轮的作用，防止那些自诩经验丰富的人偏离研究主题，陷入凭空臆测的泥沼。”

太沙基觉得，是时候为土力学和基础工程的实践者写一本综合性的书了。但是如果没有关于土工勘测和测试的姊妹篇的话，这本书就不完整。因此他提议让卡萨格兰德和吉尔伯合写这个姊妹篇，声称这将有助于他们职业的发展。然而，太沙基离开之后，吉尔伯觉得自己作为太沙基的接班人，无力应付如此繁重的工作，因此也就没有着手写书。可是当克兰德尔教授邀请吉尔伯为他正在写的一本关于桩基础的书贡献一些“太沙基学派”的观点时，吉尔伯却答应下来，心想着可以把要与卡萨格兰德合写的土力学的姊妹篇往后缓一缓，结果写书的事就此搁置下来。

亚瑟·卡萨格兰德也没有时间和耐心独自去完成一本书。他还告诉太沙基，吉尔伯在帮克兰德尔出书，所以就没有跟他合写那个姊妹篇。[13]因此太沙基狠狠地批评了吉尔伯一通。吉尔伯伤心欲绝，正试图将整件事情向导师解释清楚的时候，他收到了一封道歉信。[14]任何卡萨格兰德和吉尔伯之间的合作都变得希望渺茫了，因为亚瑟在 1932 年 9 月接受了哈佛大学工程学院聘任作土力学讲师，离开了麻省理工学院。

这件事让太沙基很伤心，此后亚瑟再向他求助，他都不予回应。但是当麻省理工学院的一位德国访问学者回国后，用从卡萨格兰德的实验室得到的数据、签署自己的名字发表文章时，太沙基给卡萨格兰德回信了，他说他会和那个德国人对质，要求他发表声明澄清此事。然而，当亚瑟指责拉撒路·怀特——作为美国土木工程师学会基金委员会报告的作者——引用他的论文也没有注明时，卡尔却不置可否。当亚瑟抱怨拉撒路·怀特受商业利益的驱使，在哈佛的一场演讲中反驳了自己提出的一些关于基础工程的建议时，太沙基也没有对他的朋友表示反对。[15]

亚瑟有个弟弟莱奥，也是维也纳科技大学的研究生，从事土木工程方面的研究。1930 年 5 月，莱奥利用他哥哥在麻省理工学院职位的便利，获得了去美国访问的机会，并且被雇为研究助理，在哥哥的指导下做土力学研究。1932 年，亚瑟离开麻省理工学院去了哈佛，卡尔就把莱奥带回维也纳，让他担任自己的助理，协助土体勘测方面的研究工作；1933 年，莱奥获得了维也纳科技大学的博士学位，他研究的是土石坝渗流问题，实际上他在麻省理工学院的时候就开始做这方面的研究了。[16]

这无疑激起了亚瑟去攻读博士学位的兴趣。以前在麻省理工学院的时候，他也考虑过这件事，但当时他的情况很糟糕，前途渺茫，攻读博士学位的事只能作罢。[17]当时，亚瑟丢掉了在公路局的职位，太沙基很不高兴，因为那个职位是连接学术界和工程界的桥梁，如果没有这样一个桥梁，土力学研究“就像一个教授医学的人没有诊所一样难以想像”。后来，他提议让亚瑟来维也纳，他能够以自己当时在麻省理工学院所做的研究工作为基础，来快速攻读博士学位。太沙基给亚瑟写道：“你以前的研究工作给我留下了很好的印象，你只需把你的研究写成论文，就可以获得维也纳科技大学的博士学位。那么，你下次来欧洲的时候，不用花费时间就可以获得博士学位了。”[18]

亚瑟在准备旅行的时候，仍然在担心博士生口试。太沙基安慰他不用担心，因为他本人将会担任主考官。这无疑缓解了亚瑟的紧张情绪。亚瑟以前的教授弗雷茨·沙弗纳克也向他保证过，考试的时候只问他有关地下水流动的问题，而亚瑟对这方面很在行。[19] 1933 年 6 月，亚瑟·卡萨格兰德终于成功获得了工程科学博士学位，学位论文包括两部分：土体的阿太堡界限研究和液体比重计法。

卡萨格兰德兄弟是太沙基在维也纳科技大学最著名的两名弟子，但他的其他学生也很有名，其中包括莱奥·瑞都里克、居·弗列斯夫、威廉·斯泰因布里纳、休伯特·博罗维克（研究结构工程学）、瓦尔特·博纳茨克和理查德·内克。沙弗纳克教授的儿子也跟从太沙基，在他的实验室做博士项目研究[20]。此外，还有几位杰出的外国工程师，包括克里斯蒂安·韦德和格雷戈里·斯彻博塔涅夫，也曾到太沙基那里访学，向太沙基学习土和地基方面的系统知识。

太沙基与各位学者书信往来频繁，因此其学术研究范围之广在学界早已人尽皆知。许多学者以及专业人士慕名前来，都想听听他的意见。太沙基保持他德国式的勤勉，有时候通宵达旦地工作，来解答他们的问题。法国工业保险公司维瑞塔斯的高级职员布宜森，就曾不停地向他写信咨询，就像强迫太沙基为他开设免费土力学函授课程一样。作为一个理论家，布宜森对土力学十分着迷，他总想尽力弄清楚每一个数学细节，并对某些细节持有疑问。布宜森邀请太沙基到巴黎等地的各种会议上做演讲，把他的作品译成法文，并给他提供工程咨询的机会；与此同时，布宜森自己也在学习土力学方面的知识。随着两人通信

露丝、卡尔还有其他试验室成员在维也纳,1932 年;太沙基写信给母亲称这张合影“非常有趣”

的日益频繁，布宜森开始称呼太沙基为“我亲爱的老师”。最后，布宜森告诉太沙基，他想把自己在土力学方面的作品整理成书，想在自己从函授学校毕业的时候，把它作为礼物献给自己的毕业典礼。然而，太沙基对此事不太赞同，他回复布宜森说，不出五年，当他再去读自己的书，发现那些都是“未消化的内容”时，他肯定会对此很失望的。[21]

太沙基似乎从来都不会厌倦旅行。他游遍了整个欧洲，去过荷兰、斯堪的纳维亚(最远到斯匹次卑尔根)、苏俄、意大利、法国、德国、英国(他第一次到那里旅游)；他在这些地方做演讲、参加会议、咨询工程项目，或者只是纯粹的旅游。德国人让他成为德国土力学组织(Degebo)[22]的一员，太沙基对此很反感，他不喜欢里面的政治氛围以及那些自视甚高的成员之间的阴谋诡计。瑞典咨询公司瓦藤工程公司聘请太沙基担任土工顾问，负责斯堪的纳维亚、波罗的海周边国家以及俄国的大项目。此外，太沙基的一位意大利工程师朋友乔凡尼·罗迪奥带他到北非参加了很多活动。

瓦藤工程公司第一次向太沙基咨询的项目是苏俄斯沃尔河上一个在建的大型混凝土堰，请他去检查堰基。斯沃尔河位于拉多加湖和奥涅加湖中间的列宁格勒附近。[23] 1930 年 7 月，卡尔初次访问这里的时候，这个项目的基坑已经开挖，暴露了水平沉积的泥盆纪黏土岩和砂质夹层；基“岩”有很多裂隙，能很清楚地观测出井水水位与斯沃尔河水位之间的相连关系。此外，区域地下水呈承压状态，向上流动。

太沙基注意到，黏土岩床中有含水量较高的软黏土夹层，软黏土中的水可以垂直流动。太沙基据此推断，在表层黏土中的软黏土层不可能是连续分布的，因为如果是连续分布的，那么它们一定像橡胶隔膜一样是不透水的，这显然与事实不符。然而，8 月份露丝来探望卡尔的时候，她进行了细致的地质测绘，证明了在整个堰基上黏土层是连续分布的（卡尔认为这些黏土层是在大陆冰川的推动下由很小的剪切应力长期作用而形成的）。这些受剪的黏土层连续分布且很软，再加上高承压水的向上推力，设计师们担心坝基有可能会沿着软黏土层倾滑。

关于斯沃尔河第三大坝，有两个设计方案可供考虑。监管项目安全的国家委员会提议，通过深挖渠道、填充混凝土的办法建造深坝基；而瓦藤公司提议建造浅平坝基，并在上下游建造平台加宽坝基。太沙基仔细观察了开挖中揭露的基岩，发现基岩的裂隙很容易因扰动（甚至是地下水的流动）而扩展，并且开挖作业很容易导致基岩松动。因此，他极力反对建造深坝基，因为开挖活动会让更大范围的基岩裸露，导致基岩受损松动，同时随着时间的推移，基岩的抗剪强度也会降低，进而导致坝基进一步沉降。通过观测在挖掘和抽水过程中基准点产生的变形，太沙基推算出了压缩数据，验证了他以前基于室内实验作出的沉降预测。

此外，太沙基担心如果基坑过深、渗流速率过高，可能导致砂夹层和下部的砂性土层产生管涌，因此他坚持建造浅坝基。为确保安全，他详尽地研究了表层的四个潜在层滑带，观测出滑动阻力随着时间变化而显现的差异，帮助瓦藤公司制订了详细的设计方案，其中包括了抗剪措施。他的方案最终被采纳了。值得一提的是，斯沃尔大坝历经第二次世界大战的轰炸，仍幸存了下来。

1935 年 3 月，由于清除围堰时爆破过猛，引起土石坝上游边坡倾滑，导致大坝核心区暴露 70 余米。太沙基闻讯匆忙赶往现场。当时水库储满了水，水面覆满了冰。他措辞谨慎、巧妙，避免了对任何相关工程师的刑事诉讼，随后又直接实施紧急修复。太沙基让人在冰面上凿开3个狭缝，沙石就随着水沉积下去了。然后，参照瓦藤工程公司的工程师萨姆西欧的实验结果，太沙基提议用长木棍穿过冰孔来夯实水库底部土体，在坝心外侧形成间隔8米的坚硬土肋，来为坝心提供横向支撑。为完成这项计划，召集了一大批农民工；也正是这项计划，拯救了整个大坝，避免了一场大灾难。

乔凡尼·罗迪奥第一次邀请太沙基帮忙是在1931—1934年期间，向他咨询阿尔及利亚布哈尼菲耶大坝的设计。之前的大坝失效了，需要在原河道重新建一座160英尺高的新坝。场地深部是砂岩和页岩，多裂缝和褶皱，且含有透水的松散细砂层以及泥灰岩层（钙质黏土）。最开始乔凡尼·罗迪奥向太沙基推广他们公司在泥灰岩和黏土注浆方面的专长，之后太沙基意外获得了这份大坝的咨询工作。罗迪奥是一位意大利工程师，曾在瑞士求学，是一家总部在米兰的国际工程承包机构的负责人。罗迪奥开朗、豪爽的性格，以及他身上的意大利自由精神，与太沙基的聪敏天资、过人才智相得益彰。两人很快成了挚友，相约未来三年一起去圣莫里兹、亚得里亚海滨度假区等地游玩。他们还一起庆祝了卡尔50岁的生日，但也是在同一天，福希海默教授逝世。

罗迪奥对太沙基的工作产生了浓厚的兴趣。他收购并开发了太沙基的研究专利（包括太沙基在1929年中期为怀特的纽约地铁项目设计并验证的钻孔水压力探测器——Druckwassersonde）。他也很支持太沙基实验室的研究工作，资助露丝帮太沙基找到了上等浆液；在太沙基助理的帮助下，罗迪奥分别在米兰和巴黎建立了土力学实验室。

注浆是指在土体或岩石的缝隙中灌入水泥浆液或化学黏合剂。1912年太沙基访问内华达州时才了解到这方面的内容，此前他并没有相关的经验。如果注浆真能以某种明确、可靠的方法来提高地基材料的性能，他可以预见到它的应用范围之广以及潜在利润之丰厚。因此，他很感兴趣，热切地想要参与其中。

罗迪奥想参加一个和布哈尼菲耶项目相关的竞赛，他的团队需要一位像太沙基这样有声望的成员，以此证明他公司方法的先进性和可靠性。想要阻断水通过库底透水沉积层的潜在渗漏非常困难。若真要这么办，就得修建一堵巨型混凝土防渗墙，墙宽为山谷横切面的宽度，而且墙体要延伸到大坝下 80 米的深处；此外还需修建一条长近 2 千米、深达 130 米的“注浆帷幕”，来封合水库周围的透水山脊。每个竞标者都需自费准备投标方案，优胜者将获得由法国政府委员会（位于阿尔及尔）提供的奖金（50 万法郎），并有可能最终赢得加布哈尼菲耶项目的合同。

太沙基断定，通过往破碎页岩和砂岩里注浆来形成防渗帷幕的办法是行不通的，因为总有些极细小的砂土颗粒间的空隙和岩体中的裂隙是浆液不能渗透进去的。为了弄清这么做会造成什么样的影响，他制作了一个透水山脊的物理模型来模拟注浆作业，模型的 95％实现完美注浆，但留了 5％的注浆缺口。模拟实验结果显示，水流过注浆后的透水山脊时，跟注浆前没什么区别。

这个实验过后，太沙基再也没有信心把注浆帷幕作为主要措施。接下来，他开始着手设计一个表面积为 40 000 平方米的大型颗粒级配良好的过滤器，为的是能够在不损害坝基的前提下收集渗漏水，而不是企图将渗流阻断。此外，他还设计了一道注浆帷幕，但只是用来封堵岩体中的最大水力通道，以减少渗漏。

为了保持竞争优势，太沙基考虑采用他们已经获得专利的注浆方法来为罗迪奥公司解决设计问题。罗迪奥公司有两个劲敌——弗朗索瓦胶结有限公司和西门子基本配件联盟。西门子采取的方案是通过不同注浆管注入硅酸钠和氯化钙，之后再在两种浆液接触处快速加入胶体沉淀剂，使浆液沉淀。这个方法对于柏林的中颗粒砂而言会很奏效，而对开罗正义之宫下面的细砂就不灵了，太沙基早就知道这一点。他断言，西门子不了解自己产品的缺陷，否则他们当初就不会把钱浪费在开罗的项目上。太沙基接着通过实验明确证明：当水在土中的流速低于某个值时沉淀不会形成，即沉淀不会在流速很低的细砂中产生；在布哈尼菲耶河，沉淀就更不会形成了。[24]

弗朗索瓦公司有一项专利技术，可以把硫酸铝和硅酸钠的混合物注入地下。他们声称该混合物能起到“润滑”细纹和孔壁的作用，有助于浆液往岩体和土体的细小裂隙和空隙里渗透。太沙基做了一个实验，证明了他们的说法是错误的。很久之后，在太沙基与弗朗索瓦胶合公司合作中，该公司承认“润滑”一说是他们自己杜撰出来的，“只是为了获得专利”。[25]

太沙基的设计是基于这样一种假设：即使注浆帷幕的缺陷不可避免，大坝的安全也是绝对可以保证的。而他的两个竞争对手则确信他们的注浆帷幕完美无瑕，因此忽略了第二道防线。委员会为太沙基的设计理念和实验所打动，给他的设计颁发了一等奖，并把布哈尼菲耶河项目交给了罗迪奥的团队。几年后，卡尔跟同事坦言：“我是参赛选手中唯一一个没有任何胶结（注浆）实践经验的人。然而其他参赛者即使有经验，他们却没能从自己的观察中得出正确的结论。他们不善于从失败中吸取教训，一次次的失败倒让他们损失不少资金。”[26]

讽刺的是，在布哈尼菲耶大奖赛中，虽然太沙基帮助罗迪奥赢得了项目，但之后罗迪奥的法国子公司 S.E.C 却拒绝了太沙基的进一步参与。[27]太沙基当初带了一名助理戈特斯坦去阿尔及利亚，让他协助长期实地考察。戈特斯坦的言论显然太过自由，他竟然为纳粹思想辩解，他的法国同事们对此很不满。[28]戈特斯坦也感到很不愉快，不久后他称病离开了，此后不久，太沙基也被解雇了。受戈特斯坦事件的影响，法国人曲解或者说不认同太沙基报告中日耳曼式的评判，他们也没办法准确而快速地处理太沙基许多坚持的要求。

太沙基被布哈尼菲耶项目解雇后，和乔凡尼·罗迪奥的私人关系也急转直下。1933年秋，乔凡尼泄露了太沙基和他透露的一些私人信息给瑞士的一家报社，这件事致使他们的关系进一步恶化。两人个性和风格迥异，但令人惊讶的是，他们的友谊仍维持3年之久。1934年后，除了国际土力学协会的业务外，两人就不再有业务上的互动了，但此后多年彼此之间依旧存留着些许温情。

太沙基不愿意再接受咨询工作，除非这个项目非同寻常。然而，身为基础工程学教授，他觉得自己有义务为祖国奥地利做些公共服务类工作。这些工作也能为他的土力学研究提供实际应用的机会，于是他在奥地利承接了一些零零碎碎的咨询工作，和他的学生一起完成研究。例如，正是布雷根茨邮局地下的软黏土给他提供了进行固结试验的机会，有效验证了他的固结理论，因为该邮局的沉降测量可以追溯到上一个世纪。在一些涉及软黏土、泥炭和钙质砂土的基础设计和校勘工作中，太沙基总能极其详尽地勘察出地基的地质条件，提供最经济、合理的地基设计方案，确定施工方案。凭借着敏锐的观察和推理能力，他不止一次地解决了许多历史遗留下来的难题。比如维也纳一幢五层公寓的破坏性沉降问题：太沙基建立了公寓变形模型，提出假设，认为公寓的地基直接建在了砖厂黏土采场的边上，所以才会发生沉降，后来他找出了 1890 年的地图，证明了自己的假设是正确的。[29]

1934 年，波兰在克拉科夫兴建一座大型国家博物馆，太沙基曾指导建造该博物馆地基。地基土中的地下水酸性很强，时间久了会腐蚀墙基和桩。地下水位以上的表层土中含有松软的砂层，地面上地基有可能发生不均匀沉降，从而导致建筑物开裂。因此太沙基提议在 2 500 平方米的整个地基表面挖掉表层土，替换成砂土并夯击密实。这样就增高了地基，从而减少了上部结构对基础高度的要求，并可抵消开挖和砂土击密的成本。

第二年，波兰打算在卡托维兹建造一座坐落在不同软岩地层上的高层国家博物馆，波兰方面再次邀请太沙基前去指导。太沙基让设计师把博物馆设计成 3 个独立的建筑体，分别建立在 3 块同质的地基上面。

1932 年 12 月，商务交通部请太沙基担任多瑙河新桥桥墩的义务设计顾问，新桥建成后将取代 1876 年修建的第一帝国大桥。[30] 当局打算在旧桥桥墩上修建加宽的桥面，但不确定旧桥桥墩能否承受新增的土压力，因此请太沙基来解决这个问题。

他检查了以前的土体勘察数据，发现数据并不完整，用处不大。因此，太沙基在莱奥·卡萨格兰德的帮助下，由商务交通部资助，重新开始大范围的土体勘察。

当太沙基问及旧桥沉降程度时，却被告知它从来未发生过沉降。桥墩地基由黏土层和砂质黏土层组成，有的地方还有细砂床，这种地质状况被称为“维也纳的泰格尔”。太沙基不相信这里居然没有发生过沉降，于是，他用自己研制的高精度水平仪测量不均匀沉降。对部分桥墩原始状况做出猜想之后，太沙基对所有桥墩沉降值做出了估算。基于

哈罗德·雷特勒为卡尔·太沙基所绘肖像,20世纪30年代中期。油画原稿随太沙基其他一些家庭财产一起丢失了,其中包括他们收集的价值不菲的地毯,他们原本是收藏在特利斯特,估计在1939年运往美国途中丢失

桥墩既有沉降值以及地层剖面，太沙基估算出了桥墩的剩余沉降量和沉降速率，以及这些沉降将产生作用于桥墩的增量荷载，并将增量荷载和桥墩的承载能力相比较。该方案虽然有些不足，但太沙基在1933年5月的一篇报告仍为该方案做了担保。

商务交通部让评审委员会从提交的方案中筛选设计师，但在方案筛选过程中，他们很少考虑土体特性，甚至在方案评价中也完全没有提及土体方面的问题。令太沙基难以置信的是，商务交通部竟然都没有咨询他就选择了吊桥设计方案。太沙基对于桥基的研究都集中在其竖向承载能力，然而吊桥方案将产生水平荷载。在竖向荷载增加的情况下，桥墩的沉降取决于每层的平均压缩系数，而吊桥锚墩的水平滑动则取决于地层中最薄弱夹层的最不利抗剪性能。

1934年1月，商务交通部再次请太沙基帮忙，但他拒绝了，因为他觉得这个项目不可行。12月份的时候，大桥的承包商恳请他帮忙确保安全锚墩，他被说服了。太沙基开始仔细核查数据。此前，承办商并没有通过钻孔来解决锚固设计问题；太沙基发现他们对锚墩底面采用的是20°的交界面摩擦角，而太沙基在报告中给定的是16°；他们原以为锚墩会沿着开挖基坑底面倾滑，但实际上，锚墩只可能沿着软黏土夹层倾滑；最关键的是，锚墩的重量最初只会增加黏土孔隙中的水压力，但是在很长一段时间内，也许是几年内，法向（有效）应力的实际增加值将会比稳固桥梁所需的法向力要小得多。太沙基预言，大桥很有可能会坍塌。

为确定土体性质，他又进行了新的地质勘察，在指定的锚墩处钻了11个钻孔，采集了充足的样本。太沙基的美籍丹麦裔博士尤尔·伏斯列夫进行了相关研究，使他对“维也纳的泰格尔”地层以及一般黏土的抗剪强度有了更深的了解，并且可以运用这些新知识来解决帝国大桥的问题。解决方案是采用设计复杂的大体积混凝土块，并增加其埋深，用被动土压力来提供抗力。

然而，各家报纸都认定是卡尔·太沙基的方案造成了建桥成本超支。结果，随着商务交通部领导的更替，太沙基教授的名声遭到了不公正诋毁。直到 1937 年 4 月商务交通部才澄清了此事，为他正名。

在乌拉尔，1930 年

第 10 章

20 世纪 30 年代中期：在欧洲对生活愈益不满

离开麻省理工学院之后，太沙基打算去欧洲寻找一种更为平静、安定的生活。但繁重的工作未能使他如愿：他在欧洲和北非广泛展开咨询工作，同时担任欧洲和美国众多工程委员会的委员，此外还要与学生、访问学者以及实验室成员一起开展大量的研究工作。在繁重工作过程中，不断出现新的岩土工程方面的成果，太沙基试着将这些成果进行分析，并以论文和书的形式发表。他经常一天要工作 10～12 个小时，尽管如此，仍然有大量的工作等着他去做，如此一来，他的身心都受到了影响。

在这种自我施加的压力之下，太沙基渐渐失去了幸福感，变得专横暴躁，对下属也越来越严苛，对那些达不到他的期望或者顶不住压力的下属，他则施以严词厉色或冷嘲热讽。比如莱奥·瑞都里克，他刚到德国土力学研究所(Degebo)任职，工作任务繁重，因此无法完成三轴压缩实验，该实验是为了测试重塑黏土的有效应力，且无先例可循。针对此事，太沙基写道："你显然还不具备完成这项研究的能力。一个人不应该在困难的时候失掉了自尊，一个人哪怕身陷危险沼泽，马车上仅剩一个轮子，也不应该选择最安全、最容易的方向前进，而是应该朝着既定方向勇往直前。一个人必须有顽强的意志，才能把自己的想法付诸实践，而你已经白白浪费了许多好想法，一想到这里我就很痛心。”并且太沙基开始向瑞都里克咆哮，因为他支付了瑞都里克一年的薪水，他认为瑞都里克出于起码的道德也应该完成研究工作，可是现在在他身上倾注的心血都白费了，“在他身上投资，永远也得不到回报”。[1]

当亚瑟·卡萨格兰德向太沙基要土力学手稿时，太沙基倒显得没那么专横，但前提是“你得时刻把手稿带在身上，里面有很多新东西还没有发表，尤其是不要将土压力一节的手稿落入某人手里，一旦落入，那个家伙定会下功夫把手稿吃透，然后据为己有，洋洋得意地声称是自己的原创。”[2]

麻省理工学院的土压力测试结果出来后，卡尔写了 12 篇系列论文，其中还包括维也纳的实验结果，他准备把这些论文发表在《工程新闻纪录》(*Engineering News Record*)上，但最终只有 5 篇论文于 1934 年得以发表，其中有些内容由于过于理论化和琐碎，被麦格劳-希尔出版社删掉了。[3]太沙基对此深感失望，毕竟那些论文是他在这个领域十多年经验的汇总。后来，他决定让人把他的论文集翻译成德语，编纂成书出版，书名为《半刚性挡土墙的土压力》。[4]他找到了一家出版商(施普林格出版公司)，还找了一个译者——阿尔弗雷德·沙伊迪格博士。沙伊迪格来自弗赖贝格，在德国是小有名气的建造官员；他在维也纳访学时太沙基曾招待和资助过他，沙伊迪格写过一本有关黄土沉积的书，注明是献给太沙基“以表达尊敬和感激之情”。太沙基坚持让沙伊迪格把他的英文论文翻译成地道的德语；然而后者不太了解土力学方面的细节问题，英文也不地道，因此太沙基对他的翻译并不满意。

为了挽回自己的声誉，沙伊迪格自费请了个助手来帮他翻译，但最终的翻译质量还是没有太大的提高。最后，沙伊迪格要求太沙基支付

亚瑟·卡萨格兰德,大约在1934年

325马克，否则他就拒绝交出合同和手稿。太沙基认为沙伊迪格的翻译毫无价值，拒绝付钱；而他自己的损失更大——他损失的可是花了两年时间才写成的论文。两人争议了大半年，最后太沙基和施普林格出版公司只能决定放弃出版。1935年3月底，太沙基在以前手稿的基础上，重新写了232页的手稿，绘了83幅配图；到5月底的时候，又完成了300页草稿以及120幅配图。他准备在此基础上编写出一本土压力方面的教材，但他一直都没有完成这项工作。[5]

刚开始，太沙基并没有打算亲自翻译自己的书，因为他还有大约7个出书项目，各个项目进度不一，有的只有初步想法，有的已经在拟初稿了。这些项目包括与布鲁诺·桑德合写的一本关于土体微观结构分析的书，一本工程地质学方面的书，《土力学》(*Erdbaumechanik*)的第二版，一本关于渗流理论的书，一本关于混凝土坝分析的书，还有一本与奥托·弗勒利希合写的关于固结方程数学解的专著，以及准备基础工程学方面的教材——这是太沙基最重视的项目。

岩石学教授布鲁诺·桑德是太沙基在土耳其结交的好友。桑德喜欢热闹、嗜酒成性，是个野外地质学家，在地质学界被称为岩石组构学的鼻祖，主要研究微观层面岩石元素的纹理特征和结构。有时在山中或在桑德的家里(因斯布鲁克)，他们会一起讨论如何将桑德的结构理论运用到自然土体的研究之中。作为合作的开端，他们互相交换了书以研究对方的理论，但双方都没有太大进展。事实上，他们的合作从一开始就注定会失败。

卡尔在职业生涯早期就雄心勃勃，准备写一卷工程地质学方面的书，这正是他1912年美国之行的目的之一。在土耳其时，他就开始为工程地质学方面的教材编写大纲了。在麻省理工学院的最后一年，他跟别人合作出版了一本德语教材——《工程地质学》，他编写了其中的 250 页。[6]这本教材反响很好，太沙基的工作得到了认可，学界认为太沙基的工作展现了地质学应用工程领域的前沿动态。[7]但实际上，这本书远远不能代表工程地质学领域的研究成果，因为书中内容实际上是关于当代土体工程进展的一个总结，并未涉及应用地质学。卡尔打算把那些章节加以整理，和麻省理工学院的弗雷德·莫里斯教授用英文再合写一本工程地质方面的书。[8]这项工作一直没什么进展，但他们并没有放弃。

太沙基还计划和德国水利工程师 R.戴克勒合写一本关于"地基、堤坝和运河的渗流问题"的入门书。他写信给亚瑟·卡萨格兰德说，打算用通俗易懂的语言把福希海默的地下水运动理论呈现给读者，并把他"在阿尔及利亚的一些零碎的实践经验"也添加进去，供工程师阅读。[9]卡萨格兰德试图劝阻太沙基，他认为如果不在书中介绍土力学方面的知识，这本书就没有出版的价值。1934 年，太沙基打算用英文写一本分析混凝土大坝稳定性的书，其中包括重印他以前写的 3 篇关于大坝下混凝土孔隙水压力的文章，以及一些计算范例和德语参考文献，这些德语参考文献当时还不为美国学界所知。[10]卡萨格兰德认为，像这样一本书所涉及的范围过于狭窄，在美国是不可能被出版的，因此再一次阻止了太沙基。[11]

太沙基断断续续花了几年的时间才完成了《土力学》的第二版。在这期间，他不允许别人翻译此书，无论是法语、日语、英语或其他语言。1934 年，太沙基写信给约翰·威利出版公司的副总裁 E.P.汉密尔顿，信中体现出太沙基严以律己的工作态度："《土力学》完全是我个人的研究成果，极具开创性"，但它还有很多缺陷，比如"书中关于某些现象的讨论过于冗长，后来却发现这些现象其实根本没有实用价值；有些假设后来也被推翻。况且，有许多非常具有实用价值的现象，我当时还都不知道……以我现在的学术水平，再去看这本书时，只会觉得恶心"。

当时，太沙基认为《土力学》这本书已经过时了，如果再把它作为主要的参考书目，只会误导当下的研究者。苏俄人没经过他的同意就把书翻译出来了，他认为他们这是自作自受。他计划该书于 1936 再版，届时土力学方面的一些新的研究将会完成，并增入此书中。"土力学这门学科内容庞杂，分支很多，知识更新速度快；一个人若没有开展过成功的原创性实验研究，就写不出优秀的土力学作品。"太沙基提议由各位真正的专家来合写这本书，其中包括亚瑟·卡萨格兰德，每人负责几个章节，"我只负责部分章节，这些章节和我 1925 年以来一直研究的主题相关"。他期望这本书的英文版也能够达到土力学的标准，"再把卡萨格兰德写的有关土力学试验的论文添加进去，这本书就可以用作学校或实验室的教材了"。[12]

重编《土力学》一书时，太沙基之所以选择与人合作，是因为当时他正全力编写关于基础工程的一部重要书籍。早在 1931 年，他就给卡萨格兰德看了这本书的目录并告诉他说，该书的素材已收集完备，预计将于 1932 年出版。[13]

太沙基把工作重心放在了《基础工程学》(*Foundation Engineering*)一书的编写上，为了专心写书，他还去辛特图克斯、圣莫里兹、卢加诺、加尔达湖以及亚德亚海海湾别墅区工作休假。但是咨询工作占用了他不少时间，再加上奥地利经济萧条引起的政治动荡，减少了政府机构对社会事业的资助，如此一来，他便不能专心工作了。应太沙基的请求，他的朋友拉撒路·怀特很快从巴克主任那里帮他谋得了为期一年的哥伦比亚大学的教授职位，年薪 7 500 美元。他告诉怀特："这个职位正合我意，我正发愁没时间写基础工程学方面的文章，这不机会就来了。"他后来又改变计划，准备在 1934—1935 学年到哥伦比亚大学休公休假，届时就可以为《基础工程学》的出版做最后的润色工作。但结果一切并未如他所愿。

1933 年底，在给瑞典朋友霍奈尔教授的信中，太沙基写道："我现在的首要任务是完成这本专门为从业工程师编写的《基础工程学》。当前在基础工程学领域有一种过度重视纯理论研究的不良趋势，而我编写此书正是为了扭转这种趋势。此书旨在让读者对该领域现有研究的缺陷以及未来发展方向有一个宏观的认识；此外，本书还展示了如何将现场和实验室研究合理协调起来。正是在此书的编写过程中，我感受到了基础工程学的魅力。"

太沙基计划在 1935 年春季完成此书，然而在 1934 年 10 月，卡萨格兰德问他怎样才能让读者在事先没有读过土力学相关理论（包括太沙基的土压力理论）的情况下读懂《基础工程学》，太沙基这才意识到问题的复杂性。卡萨格兰德认为，太沙基最好能够把这本书分成两卷来写，分别涵盖"土力学和基础工程"。[14] 同时亚瑟向卡尔透露，美国有些学者也打算编写土力学教材，比如耶鲁大学的苏俄侨民迪米特·克里林，麻省理工学院的吉尔伯和密歇根大学的霍塞尔教授。太沙基听后很生气，在写给他的计划出版商约翰·威利出版公司的信中表示：他本人作为土力学的创始人，当然不希望别人成为第一个出书阐释土力学理论的人。

他写信给约翰·威利出版公司的副总裁："编写土力学教材当然很有必要，不过但凡是有能力编写这样一本教材的学者，都一致认为时机还未成熟，所以现阶段出版的任何土力学教材都不具备什么价值，并且会很快过时。克里林先生在这一领域几乎没什么贡献，他能够写出来的顶多也只是对已出版著作——尤其是我那本《土力学》的概括总结，而我之前也说过，我那本书还有很多缺陷。”

“以我自身的经验，要想写一本基础工程方面的教科书，必须得投入大量精力去观察建筑的完整结构；只有经过大量的观察，才能够把相关理论和实践结合起来。至于霍塞尔先生，我很了解他发表的作品，他一般不会仔细观察建筑结构，也对自己的理论缺乏怀疑精神，而要想在这个领域真正地学到点东西，就必须学会两点：一是大量观察，二是要有怀疑精神。霍塞尔先生总是忙于宣传自己仅有的一点理论，都没有时间好好反思一下那些理论。况且，他在这个领域也没有几年经验，连中西部都没有去过。所以，无论他在这方面发表什么，对我都构不成竞争。”[15]

工作量繁重、不能专心工作，这是太沙基自身的内因，而外部环境却不是太沙基所能掌控的。奥地利的经济日益衰退，社会动荡不安。第一次世界大战以后，为了维持社会的正常运行、支付战争赔款，政府大量印刷纸币，导致通货膨胀严重。奥地利向国际联盟贷款，与此同时，西方国家为了减轻通货膨胀的压力而进行的经济改革，却造成大量人口失业。民众普遍觉醒，在选举中，右翼党和社会党两党分立的局面形成；每个党派都拥有庞大的民兵部队，这些部队都配备有一战后的剩余装备。1927 年，在维也纳，两党军队起了冲突，造成 90 人死亡。由此可以预见，世界将会越来越动荡不安，而太沙基却错误地认为这些只不过是“小打小闹”而已，并未因此影响他回欧洲的决定。

像太沙基这样一位享受国家俸禄、刚刚融入当地生活的新婚教授，即使在大萧条开始的 1929 年,他的生活也没有受到政治经济方面的影响。起初,太沙基一家仍然能够感受到维也纳的和平与欢快,他们经常外出就餐,在家里举行娱乐活动,参加音乐会,去剧院,参加舞会或假面舞会,有时还会去阿尔卑斯山度假。他们生活得充实而又幸福,不为外界动乱所扰。而他们的朋友就没那么幸运,比如亚瑟·肖,他在中国的工程项目几乎完全失去了资助,在美国又前途未卜,正考虑到苏俄工作。

太沙基未受到政治的影响,一直生活得很愉快。但在 1931 年 10 月中旬,突然"一道晴天霹雳从天而降"。他收到奥地利国家银行的外汇指令,要求他呈报所持有的外国资产以及他从别国带入奥地利的所有财产。事实上,这正是奥地利与德国贸易合作失败的后果。法国因奥德结盟而受到了威胁,因此撤回在奥地利信贷银行的大量款项,来迫使奥地利取消与德国的盟约。法国此举不仅中断了奥德盟约,还引发右翼党政变、政府更迭,最终奥地利国家银行倒台。

而太沙基的大部分财产都投资在海外,只有一部分财产刚从美国撤回。拉撒路·怀特写信告诉他,美国有 15 家银行都倒闭了。太沙基觉得自己的处境很危险,认为此事引起了"全世界范围内的恐慌",没人能够预料到最终结局。[16]他不停地读报纸,得知奥地利有 212 000 人新近失业,而与此同时,政府却在建造一艘 70 000 吨的极其奢华的远洋客轮。"任何人都没有权利把本应该投入在教育方面的资金花在别处,"太沙基想。他悲哀地意识到,"仅仅经历了 100 年的发展时间,科学技术就已经对全人类造成了极大的威胁",一场破坏力空前的世界大战正在酝酿。[17]

太沙基计划立即转移他的大部分财产,把他在维也纳的贵重物品装箱运走，并打算把妻子露丝送回美国。他写信告诉他的理财顾问拉撒路·怀特，“一旦欧洲大陆发生战争”，在新英格兰银行的存款“就是我跟家人逃离欧洲大陆的唯一指望”。[18]这封信使怀特警觉起来，他觉得是时候跟哥伦比亚大学商讨太沙基的事情了。

起初，太沙基和露丝根据货币指令清算了他们的财产；后来，两人计划通过太沙基的朋友乔凡尼·罗迪奥来把财产秘密转移到米兰。太沙基关照乔凡尼要保存好两人之间的往来邮件，千万不要让邮件落入维也纳当局手中。他还把所有重要文件和报告都存到乔凡尼在苏黎世的子公司，如果“奥地利政府倒台，我可以马上去瑞士继续工作，避免浪费时间”。[19]露丝暂住在意大利的里瓦度假区，接下来的几周，太沙基夫妇则按照两人商定的行动计划开始奔波。

奥地利政府并没有垮台，卡尔慢慢放下心来，但他在欧洲再也感受不到生活的喜悦。他认为欧洲注定会衰落，于是开始筹划移民的事。他把这一想法告诉了很多朋友，包括拉撒路·怀特、约翰·R.弗里曼、[20]美国的亚瑟·卡萨格兰德以及瑞典的霍奈尔教授。是不是该立刻逃离奥地利？他与美国哥伦比亚大学进行了初步交涉，此外还在罗伯特学院找了一个临时职位。至此，他才意识到土耳其才是欧洲当下最安全的地方之一。[21]

持续的社会动荡让太沙基更加坚定了离开奥地利的决心。奥地利议会政府于 1933 年 3 月倒台，随后在墨索里尼的支持下，奥地利建立起由恩格尔贝特·陶尔斐斯领导的法西斯政权。希特勒在德国上台，奥地利纳粹政权备受鼓舞，拥有越来越多的拥护者，包括大批大学生，太沙基 17 岁的女儿薇拉也是其中的一员。卡尔发现格拉茨的学生们变得越来越狂热。6 月份的时候，维也纳科技大学的一个学生头目炸了一家犹太人的商店，随后被捕入狱。

1934 年 1 月 29 日，维也纳科技大学的 80 名学生因参加希特勒纪念日活动而被捕，因为纳粹党在前一年 6 月份就已被列为非法政党。1934 年 2 月 12 日，在右翼党军队（民兵卫队）的支持下，道尔福斯的拥护者挑起事端，与社会党军队（民兵团）发生了枪战，后者在短短 4 天之内就被击溃。据太沙基的记述，年轻的纳粹分子们志得意满，似乎在蓄势密谋、伺时而动。此后，纳粹党继续压迫民众，兴建集中营，打击共产主义和社会主义党派势力。而在 1930 年时，社会主义党派还很强势，占总选举人数的 41％，但后来纳粹独裁政权取代了四分五裂的民主政权，这正是官僚机构、军队、天主教会以及前奥地利共和国的右翼政治集团所期待的。

犹太裔教授们纷纷逃离德国和奥地利。太沙基从冯·米赛斯那里得知，他已搬到君士坦丁堡，他们一共 45 人，还包括一些诺贝尔奖获得者，目前都在安卡拉大学任职。出于种种理由，太沙基觉得自己不应该同去。太沙基对于学术研究越来越没有耐心，他渴望回到工程界去。他曾写道：生于学术世家的人“容易高估自己的个人成就”[22]，在德国，整个学术界都是无知的人，而其中很大一部分人以后还会加入工程院；但是，如果从事学术研究能够给人以独立和自由，这还是值得的，然而“过去的好光景已经一去不复返了”。

1934 年 7 月 25 日，一群出于政治原因被驱逐出军队的奥地利纳粹分子企图发动政变，但却事与愿违，这一事件导致了道尔福斯的死亡。后来，奥地利纳粹分子逃到了德国，与此同时，墨索里尼也在意大利边境集结了大批军队。1935 年，意大利入侵埃塞俄比亚却遭到国际联盟的抵制。意大利受挫，无力再对抗德国、保护奥地利。不久，罗马

卡尔和露丝在山顶,1934 年夏天在蒂罗尔

卡尔在辛特图克斯,1934 年

和柏林结盟，奥地利的新独裁者舒施尼格无力反击，只得于1938年与纳粹德国结盟（德奥合并）。

政治动乱严重影响了太沙基在维也纳的研究工作。当局以不忠为由，对几位工作人员进行了隔离审查，这更加坚定了太沙基离开奥地利的决心。亚瑟·卡萨格兰德对此感到很伤心，因为俩人再也不能“跨洋合作”了，不过因为彼时德国局势日趋明朗，他劝太沙基要看到希望。亚瑟向露丝抱怨，他在哈佛的许多同事都对德国抱有偏见，宁可听信报纸上的谣言，也不肯相信他的话（直到1938年亚瑟还在抱怨这事）。“看看德国政府是怎样惨无人道地对待他们的大学、他们的科学家！再看看他们把这里搞成了什么样子！在当今的德国，所谓的‘社会科学’没有半点自由，可是它却肆意扩展自己的领域，当局甚至还让教授去管理政府！”[23]

亚瑟在哈佛大学迟迟得不到升迁，他有些着急并告诉卡尔，他正在认真考虑去德国的事，因为他在德国原本就有咨询业务，而且他的弟弟莱奥正担任德国高速公路监察署土力学及基础工程部的主任。露丝却认为，欧洲现在分裂势力盛行，德国虽然期望统一，但能力有限，尤其是考虑到德国黄金储备匮乏，因此极力反对亚瑟去德国。她劝亚瑟说，他当初选择去美国是正确的，因为美国是一个充满了无限可能的新世界，那里学术自由，不受教条主义束缚，历史还有待人们去书写，而德国就不一样了。[24]

亚瑟（在美国工作的欧洲人）和露丝（在欧洲工作的美国人）都觉得自己的国家好，亚瑟直到后来升职，才决定接受露丝的提议，留在哈佛。现在，他又筹划起让太沙基回美国的事。当时，哈佛大学把转型为研究型大学的事提上了议程，准备剔除一些学科，例如矿业工程学，重点培养那些有望达到世界一流水平的优势学科。亚瑟认为，只要能邀请到太沙基来哈佛大学任教就能说服相关领导：土力学也是一门很有前途的学科。于是他想：何不请太沙基来哈佛做一年客座教授呢？此外，他还建议太沙基做些咨询工作，这样就能增加点收入，"等一年期满，哈佛就有可能，我敢说很有可能，聘任你为全职教授"。[25] 对于这个提议，太沙基很是赞同，并敦促亚瑟立即着手去办，同时他决定向维也纳科技学院请一学年（1935—1936）的假。

亚瑟的提议得到了哈佛大学克利福德主任与科南特主席的许可。他们打算借哈佛大学 300 周年校庆的机会筹集一些资金。亚瑟还提议举办一届土力学大会作为校庆活动的一部分，并由卡尔担任大会主席。此外，哈佛大学还承诺授予卡尔荣誉博士学位。

太沙基欣然地接受了哈佛荣誉博士头衔和土力学大会主席的职位。起初，他认为土力学这门学科还不够成熟，没有能力举办国际性会议，他还担心会议不成功、与会代表不满而招致批评的可能性，[26] 但他很快就接受了会议安排，还准备把自己的一本书献给此次大会，那本书原本是关于"基础工程学"的，现在改称为"土力学"。

他也同意去哈佛大学做客座教授，然而，永久离开欧洲的想法却没有之前那么强烈了。他在写给拉撒路·怀特的信中说："虽然我厌倦了欧洲的政治，也很想跟美国的朋友重聚，但我决不会容许自己的生活水平比现在低很多。"[27]

或许卡尔一时间感到有些飘飘然，因为德国人也邀请他去柏林做客座教授。经过一番商讨之后，他同意冬季学期留在柏林，春季学期再去哈佛。不可思议的是，当他再次委托奥托·弗勒利希帮他照管工作上的事时，奥托竟然满口答应了；他还答应帮卡尔出租房子、照管他的

苏黎世历史博物馆

女儿薇拉——薇拉暂时还住在奥地利。当时弗勒利希是海牙的一位土木工程师，他心里肯定希望太沙基永远不再回来，这样他就可以接管太沙基的主席一职。

离开奥地利之前，太沙基的精力集中在咨询业务和论文写作方面的一些收尾工作上。他采纳了卡萨格兰德的建议，把基础工程学手稿分成了两卷：第一卷是土力学，第二卷是基础工程学。第一卷是对土压力和土体物理学的简单介绍，后来他又打算添加一节有关剪切强度的新内容，但这样一来，第一卷的篇幅会过长。到目前为止，他已经修改4次了，他不敢再添加黏土边坡稳定性方面的章节，因为他对这方面还不太了解（就像他对一个苏俄朋友所说的，“在这方面，我的实践经验还不够丰富”[28]）。

后来，德国当局突然邀请他去调研慕尼黑和萨尔兹堡之间高速公路上一段 2 千米长的活动滑坡问题，当时他觉得上帝一定在眷顾他。“我很高兴终于有机会研究这种滑坡类型了，此前一直没能获得这方面的数据。”有个路段因承受不住路基填土的重量，下面一层均匀的软厚黏土层开始滑动，致使约 150 米的路段不仅被毁，而且威胁到附近的火车路线，公路局正打算放弃整段高速公路。太沙基“对这场意外实验很感兴趣”，很快就征得当局的同意在现场打井取样，和他的实验室成员一起投入工作。这么看来，德国并没那么糟糕。

第 11 章
1935—1936：在柏林和剑桥的两个巅峰

在处理高速公路滑坡问题期间，太沙基结交了一些朋友，他们都是大人物。那条从慕尼黑到萨尔茨堡的公路是被优先修建的，为的是让阿道夫·希特勒平日去他萨尔茨堡山间别墅时不用再一路风尘仆仆。负责接待太沙基的是德国高速公路总监督员弗里茨·托德，他对该项目非常关心，用太沙基的话来说，托德是一个魁梧健硕、态度积极、脸刮得很干净、鼻子大大的的男人，可惜他却有点驼背。

托德对太沙基印象很深刻。一周后，也就是 1935 年 10 月 27 日，托德打电话给太沙基，让他尽快来纽伦堡，因为要向他紧急咨询纳粹党年度党日大会（“纳粹党代会”）的场馆地基问题。卡尔乘坐周四晚上的火车，于周五早上到达纽伦堡，并随后被护送至纽伦堡市政厅。市政厅里，一个由建筑师、工程师和政府官员组成的工作团队正等待着太沙基的到来并向他介绍该项目。该团队的领导是市政工程师兼建筑师瓦尔特·布鲁格曼。

这个“会城”建成后每年只使用 8 天，但其建筑规模、建造成本及施工难度却大大出乎太沙基的意料。1929 年，建筑师瑞弗选定了纳粹党代会场馆的地址，当时他在餐桌的一块餐巾上画下场馆建筑形式的草图。该场馆的核心建筑是一座能够容纳 400 000 人的雅典式马蹄形体育场，长 240 米，宽 170 米，地基面积 60 000 平方米，还配有一个长 260

米、宽 60 米的裙楼。所有的建筑都有屋顶，屋顶主要由巨型钢桁架组成，钢桁架承重于高达 50 米的边墙上。

会场还包括一片广阔的行军场地，其中有一块区域是专门用作军事演练的，该区域四周共有 160 000 个看台座位，会场中央将建造一个供政要发表讲话的演讲台和一个女人的雕像，这个雕像比自由女神像还要高 14 米。行军场地面向一条宽 80 米、长 2 千米的主干道，由花岗岩粗石板铺就；路面很宽阔，能容得下坦克和一排由 50 个士兵组成的队伍正步前进。[1]

项目总指挥是“御用建筑师艾伯特・斯皮尔”。[2]工程浩大，预计将耗资 3 亿马克，但这对于出资人来说并不算什么，[3]这些费用将会以特殊税收的形式，从德国南部希特勒的大本营募集获得。据斯皮尔透露，希特勒计划投资相当于两艘战舰的成本来建造会馆。战舰在十多年后变为废铁，而会馆大厦却能矗立千年。

这正是太沙基面临的最大挑战。希特勒曾声称，他将建立起一个千年帝国，因此该会馆也必须能够“福泽千年”。太沙基也真心想修建矗立千年的会馆，但这究竟能实现吗？太沙基的困境也正是建筑师们的困境，这个困境就如同现代核能产业在处理有毒废弃物上的困境一样，他们企图安全处理，但这些废弃物的毒性持续太久。

就在不久前，瓦藤公司曾就土耳其明盖切维尔灌溉工程向太沙基咨询过同样的问题。明盖切维尔工程包括一个高约 80 米的主坝，该坝需穿过第比利斯附近的库拉河，这条河很宽，从未治理过。库拉河谷横穿土质疏松且易受侵蚀的沉积层，包括“破碎的页岩，黏土和细砂层”、石灰岩地层、碎裂带以及潜在断层。[4]问题就在于，瑞典顾问认为，像这样的灌溉系统其使用寿命恐怕会超过其建造者，在其使用寿命期间，不大可能会因修缮而停止运营。为了保证该工程在相当长时间内能安全运营，工程师们就要考虑相应的一个长寿命的设计标准，比方说1 000年。

然而，没有人知道，千年之后混凝土能否依然稳固如初。太沙基认为只要用泥土和岩石建造大坝，同时保证施工质量，大坝基本能够维持千年。而瑞典人担心如果由苏俄人来修建大坝，施工质量便很难得到保障。于是，太沙基想到一个折中的办法，即用沥青填充的加筋花岗岩砌体来建造泄洪道的出口。但瓦藤工程公司担心人手不够，他们要求太沙基直接放弃修建泄洪道的想法，把报告中有关泄洪道的那部分拿出来烧掉。

在纽伦堡，施工队伍是德国人，不是苏俄人。但该施工场地的地质情况比土耳其的更为复杂。场地表层是约 12 米厚的松散流砂层，下层是透水的可压缩性的砂岩，属考依波（keuper 三叠纪晚期）地层。砂土层很有可能发生 2.5 厘米的不均匀沉降，而这种不均匀沉降会在外界振动的作用下突然发生（1927 年维也纳出现微震，微震虽然只产生了0.2%的重力加速度，却导致一根立柱崩塌）。因此，该建筑结构不能建造在天然砂层上。

通常的做法是将结构承载于桩或墩台上，桩或墩台再承重于基岩上。但通常做法却对这个项目不适用，因为大量酸性水贯穿地下砂层，形成酸性的部分原因是地下砂岩中的孔隙水含有高浓度的二氧化碳。[5]显然，用桩来承载是不可行的，因为未受保护的桩很快就会被腐蚀。建筑师们计划给这个基础群安装一个防水套筒以隔离地下水的作用，这个防水套筒从地面一直延伸到基岩，由沥青混凝土和内外两层包裹的铜丝组成，且由耐酸砖块加以支撑。

太沙基坚决反对这一方案，他说，这样的设计难以想象。他通过计算证明，防水套筒一定会被腐蚀；即使防水套筒未被腐蚀，通过基岩流入的大量地下水也会使基础下面的水变为酸性，从而腐蚀基础。假设防水套筒不会被腐蚀，基岩渗流也被阻截，基岩孔隙水中的二氧化碳还是会溶解到砂层中的“净水”中并使其呈酸性。如此一来，墩基在工程的设计寿命期内还是会受到破坏。

太沙基提出了另外一个解决方案，类似于此前他在克拉科夫首次采用的方案，即夯实砂层，把基础建造在夯实过的砂层上面，使基础底部高于地下水位，这样就能避免腐蚀问题，使基础的寿命维持到 1 000 年左右。夯实砂层，可以通过打桩或者使用赫维格教授新发明的振动机器。太沙基预测，通过打桩可以使砂层的孔隙率下降 6%，这使得砂土的承载力有显著提高。

由于当局不愿改变原有的设计方案，因此太沙基向托德请示，自己能否向上一级领导去说明情况。在现场勘察了两天之后，也就是 11 月 3 日（星期天），太沙基又去视察了高速公路近期的施工情况。施工进度很快，大家都在为 1936 年的奥林匹克运动会做准备。太沙基视察隧道的时候，一个警察走过来通知他，托德已经给希特勒打过电话，希特勒希望下午 5 点在慕尼黑的私邸中与太沙基会面。

卡尔迅速赶往慕尼黑，托德一家接待了他。他在托德家一直等到晚上 7 点，才有人通知他去跟希特勒会面。希特勒的私邸位于一条安静的街道，门前停着长长的一排汽车。两个壮硕的警卫都穿着印有骷髅头的黑色制服，他们向太沙基致以纳粹礼，然后让太沙基在大厅等候。

“不到一分钟，元首出现了，他身着棕色制服，显得年轻且挺拔；他神情愉悦，面色和善，却表情丰富；他的前额凸出很多，甚至超过了鼻子，他前额的头发未经梳理，自然垂落，盖过了半个额头。他的嘴像女人的嘴一样柔软，因为配着一撮极不美观的小胡须，使他的脸看起来无比别扭。在闲聊了几句他的简朴住所之后，他把我领进客厅，在一条狭长的桌子旁坐下。"太沙基留意到，希特勒家里的画是著名艺术家司徒客和费尔巴哈所作。

太沙基把场地排水设计比喻成枪的设计，其基础不可沉降。如果设计方案不正确，则必须进行修改。"希特勒大笑"。太沙基向希特勒描述自己的方案时，他听得很认真。

当太沙基谈到他个人不喜欢用花岗岩作建筑材料时，希特勒立刻变得兴奋起来，手舞足蹈地向太沙基描述起他一生中见过的各种各样的漂亮石头。他还告诉太沙基，他曾打算做一名石匠，只是当时没有本钱。

接着，希特勒满腔热情地谈论起党代会的事。他说，这是"一个美好的家庭节日，它把并肩奋战的战友和老朋友们都聚在了一起"，他还邀请太沙基参加党代会。

"我们两人谈论了足足三刻钟"，希特勒把太沙基送到大厅，并把他介绍给戈培尔夫妇。"在与元首握手道别后，我回到了纽伦堡。元首鲜明的个性和富有魅力的人格给我留下了深刻而持久的印象。他知识渊博、记忆力超群，谈论起事情来细致入微、头头是道。"[6]

经过多次会议讨论以及通信往来，直到 1936 年太沙基的建议才被接受，但新方案必须由希特勒本人制订。最终，太沙基说服了斯皮尔和希特勒，证明了自己的方案更好。莱奥·卡萨格兰德写信给太沙基说："多亏了您严密的逻辑，您的方案才最终得以被采纳，赫尔·托德博士为您感到很高兴。”1936 年 3 月，当时太沙基在美国，纳粹党代会会馆施工现场正在进行一场重要的通过打桩致密砂土层的现场测试，弗兰肯桩基公司将 80 个桩打进了地下，砂层密度提高了 10%，松散砂层变成了弱砂岩层。

1935 年 11 月 17 日，太沙基一家移居柏林。第二天，太沙基便前往夏洛滕贝里的柏林大学做讲座。参加讲座的共有 300 人，包括许多教师和社区工程师，还有弗里茨・托德，他向在座的听众对太沙基做了一番热情洋溢的介绍。托德还参加了太沙基 1 月 15 日的最后一次讲座，并赠送给他一份亲笔题名的礼物。

太沙基与托德一直保持了多年的联系，但后来就不再联系了，因为托德在纳粹政府中得到快速升迁，被授予 3 个部长级别的职位：其一是技术总监，监管所有道路建设、通航水道和发电厂；其二是军备部长，直接隶属于希特勒；其三是令人生畏的“托德组织”的负责人，曾有人指控该组织在西部建造防御工事（“西墙”），在大西洋海岸建造德国 U 型潜艇的掩体，在占领区修建从法国南部通往挪威北部、东至俄国的道路，以及建立劳改营。[7]

斯皮尔认为托德是“纳粹政府中少有的谦逊温和的人”，他性格敏感、正直坦率，是个典型的技术人员。尽管如此，由于托德身兼要职，难免有人垂涎。1942 年 2 月 8 日，他在一次可疑的飞机坠毁事故中丧生，该事故很有可能是戈林策划的，他觊觎托德的部长之位已久。[8]但最后艾伯特・斯皮尔，而不是戈林，接管了托德的职位；瓦尔特・布鲁格曼是斯皮尔的得力助手，他还是太沙基团队在纽伦堡的主要建筑师。和托德一样，两年之后布鲁格曼也在一次可疑的飞行坠毁事故中丧生。

这次公休假期间的柏林之行，是太沙基第一次在德国长时间的居住，令太沙基印象很深刻。托德和柏林大学土木工程专业主任阿盖兹，太沙基以前的3位研究生——厄内斯特·戈斯坦、莱奥·瑞都里克和莱奥·卡萨格兰德，以及柏林和德国的朋友们，都劝太沙基多体验一下德国的生活。太沙基后来也发现，德国的社会生活果然热情昂扬。他觉得柏林很富有活力，德国的工作机会很多，民众脾性温和且富有智慧。[9]他把女儿薇拉介绍给了托德，并应女儿的要求，安排她与纽伦堡的纳粹党官员会面，她也渴望自己日后能成为一个有前途的年轻纳粹。

在太沙基看来，德国与奥地利形成了鲜明对比，后者失业率居高不下、经济社会各方面依旧很落后。“在德国，各项工作井井有条，社会繁荣，人民和乐。在爱国节日里，首都处处都是欢庆的人们。而在苏俄，我发现‘文化公园’里的人大都神情悲伤，而‘文化公园’又和工人们简陋的住处形成鲜明的对比。”

可是，这和著名的斯坦福学者戈登·克雷格笔下的第三帝国是同一个地方吗？那时克雷格就在德国，他写道：“德国的杰出文化给我留下了深刻而持久的印象，但我看到更多的却是对文化的践踏以及非人道的野蛮行径。我在慕尼黑度过了初夏，这是一个有着林荫大道和喷泉的美丽城市。然而，就是在这样一个城市里，商店门前到处挂着横幅，上面写着‘在犹太人商店里购物的人都是祖国的叛徒、人民的公敌！’慕尼黑的英国园林中也挂着横幅，上面明确地写着‘这里不欢迎犹太人’。”[10]

克雷格还写道：“很显然，曾经象征德国人智慧的大学如今也已败落。我曾热切期待的关于作曲家理查德·瓦格纳的课程，也已沦为民族主义和纳粹政权的宣传阵地，课堂上讨论的不是作曲家瓦格纳，却是黑格尔和希特勒，大致内容无非是说黑格尔首先建立了德国，瓦格纳为国家运转出谋划策，而他们做的其实都是无用功，直到阿道夫·希特勒掌握了实权，国家的种种计划才得以落实。”克雷格继续写道：在大学的讲台上，一个暴徒[11]口喷“污水”，滔滔不绝地“以‘科学’证据来证明犹太人善于掠夺的本性……台下观众神情专注，认真地做着笔记。”

在戈斯坦家中吃晚餐时，戈斯坦告诉太沙基，“犹太人太高估自己了，他们应该从拉特瑙的命运中接受教训。即使他们的行政机构被破坏了，他们也应该保持沉默。”[12]①卡尔没有在日记里反驳戈斯坦的言论。他听信并吸纳了他们的观点，然后把人分成三六九等，就像地质学家对地貌或岩石分门别类一样。他对犹太人没有什么好感，尽管他很尊重艾伯特·爱因斯坦、史蒂芬·铁木辛柯，还有他的朋友拉撒路·怀特(包括后来的雷蒙德·明德琳，以及伊利诺伊大学的新秀纳森·纽马克)，他甚至还引用他的朋友冯·纽曼的话：“德国政府把犹太人从本国驱逐出去，无疑为其他国家的科学进步做出了巨大贡献；他们真应该为自己考虑考虑。”

尽管太沙基一家对反犹主义出奇的不敏感，但他们也开始担心希特勒的意图。从与在汉诺威的弗朗休斯教授的圣诞谈话中，太沙基意识到重整军备将有可能导致战争爆发；弗朗休斯对希特勒及其乌合之众贬低了一番，他认为德国和俄国之间的战争是不可避免的。太沙基看了莱妮·里芬斯塔尔的一部电影，电影讲述的是纳粹党在纽伦堡的集会。他觉得电影中那令人印象深刻的飞机和长管枪正象征着“希特勒及其军队对世界发出威胁之呐喊”。[13]太沙基发现，民众对财政部部长亚尔马·沙赫特持反对态度，而沙赫特后来被希特勒指控蓄意破坏

---

① 瓦尔特·拉特瑙(1867 年 9 月 29 日—1922 年 6 月 24 日)德国犹太实业家、作家和政治家，魏玛共和国外长，曾任德国民主党领袖、德国通用电气总公司经理、董事，被德国右翼民族主义分子暗杀。

重整军备。对此，太沙基批评道，“人们只顾喧嚷，却不关注外界的动态。”后来，弗里茨·托德提出要帮卡尔在德国谋得一个薪水丰厚的教授职位，卡尔断然拒绝了。

圣诞节期间，卡尔去汉诺威会见了弗朗休斯，为的是弄清8月在柏林中部一起事故的原因。地铁工程开挖作业导致赫尔曼戈林街道坍塌，造成20名工人死亡。为保持施工期间街道交通的畅通，基坑采用盖挖，内部加横撑支护。太沙基拟被请去查明事故原因，以备诉讼。但此时太沙基正准备去哈佛，因此拒绝了请求，但同意帮忙审核相关文件。1月，在去美国的轮船上，他就开始为此工作了。

太沙基得知，政府作为原告，其提供的证据是早已过时的库仑土压力理论，对此他十分生气。库仑土压力理论认为，支撑基坑挡土墙横撑上的荷载随基坑深度呈线性增加。然而，太沙基的理论研究、实践经验以及他发表的文章都明确显示：明挖基坑内支撑承受的土压力只是在基坑上半部分随深度的增加而增加，但在基坑下半部分，横撑承受的土压力随着深度的增加反而减少。

太沙基觉得仿佛是自己的研究成果在受审，因此改变想法，决定去替承包商辩护。在去美国的整个行程中以及抵达纽约后的第一周，他都在拼命地工作。1936年1月24日，他终于把调查报告从波士顿邮寄到柏林。[14]然而一切都晚了：在审判开始之前，也就是3月，弗朗休斯去世了。此后太沙基收到多封电报，请他回德国代替弗朗休斯进行辩护，但他没办法马上回德国。失去太沙基的证词来指出政府在土压力分析上的谬误，弗朗休斯成了政府的替罪羊。[15]

当时太沙基实在脱不开身，没办法回德国。他在哈佛大学开设了一门很受欢迎的课程，同时也在为亚瑟组织的国际土力学会议做准备，而他又是这场会议的重要嘉宾。亚瑟和他的团队已经为组织大会认真准备了很长时间，他和太沙基也曾就会议细节问题有过长达一年的书信往来。

他们希望与会代表都有丰富的实践经验，因此没有邀请纯理论家。亚瑟和卡尔对照世界地图，在世界各地仔细挑选了土力学这门新兴学科的领军人物，并让他们各自组建代表团前来参加会议。他们相信，此次会议一定会取得成功。亚瑟和卡尔都很了解世界各地有哪些合适的参会人选，比如，太沙基写道："A 先生是个令人讨厌的家伙；在德国，该领域的专家学者都互相为敌；B 先生是个中立者，但遗憾的是，他出身旧学派；C 先生品行不端、才疏学浅。"[16] 对于他们拟定的人选，没有人提出异议，即使有人提出不同的意见，最后也都被说服了。

大家都想让太沙基的学生尤尔·伏斯列夫前来参会，并贡献两篇论文。伏斯列夫确实也被任命为丹麦和美国代表团的代表，但是这个可怜的家伙有很多问题：参会之前，他必须完成博士论文以及论文答辩；他没有旅行经费，也不知道该怎么申请；他不知道该怎么缩减他的论文来满足参会论文的篇幅要求，而写一篇短一点的论文则需要花费比写一篇长论文更长的时间；用英文写参会文章对他的博士论文毫无用处；他把手指切伤了，伤得很严重，而打字员又只有在晚上才来；他患了重感冒，得了胃病，下巴还受了感染，等等。最后他没能参加会议，但提交了博士论文，还以优异的成绩通过了答辩。伏斯列夫的运气差是出了名的，这一点太沙基早就知道。有一次，亚瑟和卡尔要去阿尔卑斯山徒步旅行，卡尔问："伏斯列夫来吗？""他要来。""那我不去了——他一来就会下雨。"后来，果真下雨了，而且是瓢泼大雨。[17]

6 月 19 日，国际土力学会议在纽约洛克菲勒中心开幕，随后在哈佛大学举行。会议持续了一个星期，200 位与会者踊跃发言，积极讨论。会议期间，太沙基决定跟与会代表们一起在哈佛大学的宿舍留宿，并在此期间，收集了很多土力学方面的重要信息，记录在日记中。太沙基在会上很活跃，毫无疑问，这次会议取得了圆满成功，《工程学新闻纪实》称之为"工程史上的里程碑"；大家一致认为，无论是太沙基的演讲、文章，还是他就整个学科领域所做的论述，都是此次会议最精彩的部分。

太沙基为大会致了长篇开幕词，题为"土力学与基础工程学之间的关系"，他的演讲逻辑清晰、感染力强，在场听众深深为之折服。他追溯了土力学的起源，回顾了土力学研究中的一些失败案例，鼓励与会的工程师们要勇于"超越我们的极限，去完成我们未竟的事业"。早期的土力学研究，包括他自己的研究，都是闭门造车，研究者们都错误地认为，土力学就是一门研究土体特性的学问。太沙基把这一阶段称为"盲目探索阶段"。

"然而，土体乃自然天成，而非人力所为。天然之物自有其复杂性……一旦我们的研究对象从钢筋混凝土变为自然土体，普适性的理论便不复存在。"自然状态下的土体毫无同一性可言。"不同地点的土体，其性状也大不相同。我们对于土体的认识也仅限于几份取样而已。"此外，土体的特性极为复杂，很难一概而论，即使是土力学中最普通的问题，近似的数学计算也很难解决。"在土力学中，数学计算的精度并不会比粗略估算的精度高多少。理论的主要功能仅仅在于，指导我们在实地勘察中需要观察什么以及如何观察……因此土力学研究的重心已经从理论和实验研究转移到了施工现场，而那也将是土力学永久的研究场所。"

接着，太沙基分析了早期土力学研究中一些与事实相矛盾的理论，以及在第一次世界大战之前提出的一些证据不足的观点（当提到柏林地铁坍塌事件时，他列举了当时工程师们犯下的一些不可原谅但至今仍有很多人还在犯的错误）。土力学这一领域正在不断进行自我完善：在工程中大量采集土样，对各个重要的土体特性进行观测和分析，积累大量数据，并在此基础上形成一套可靠的土体结构特性的观测方法和普遍适用的土体量化的描述方法。“工程师要在土体的取样、测试和研究中花费大量的时间和人力，但这种花费是非常有价值的，它将促使土力学这门新兴的学科进入一个新纪元。”

一个星期后，会议结束。尽管闭幕晚宴上没有烟酒，主持人太沙基还是兴致很高，他向与会代表们致了闭幕词。与会代表们是来自 20 个国家和地区的工程师代表。施米特把他们分为三组：前来学习的业界人员、现场测试工程师和实验室研究人员，太沙基向这三组代表分别致辞。

他要求业界人员摒弃那些过于简单化的现成公式，“业界人员一定会问，摒弃公式以后的回报是什么。答案很简单，从土体的工程实践中，你能学到很多零碎但很重要的知识，犹如你摒弃巫医换回真正的治疗一样。”

对现场测试工程师而言，要取得成功，不仅要具备扎实的物理知识，而且还要“对试验目的始终有清醒的认识”，否则，试验研究将变成一种机械的习惯。就像一位虔诚的农妇，跪在山路边一块石碑前祈祷，当路过的游客问她这是哪个圣人的石碑，她却回答说：“我不知道，但他肯定在某方面能力超凡。”

太沙基告诫土力学实验室研究人员，在实验结果没有经过现场全方位的论证以前，一定要抵住诱惑，不能提出新理论。“过早地提出并发表一个理论，可能会迫使作者不顾事实、尽力主张自己的理论。就像当初大哲学家黑格尔为自己的一个物理推论辩解一样：一位实验物理学家发现，他所观察到的事实与黑格尔的推论相矛盾，于是在一个讲座上说黑格尔的推论和他观察到的事实相悖，黑格尔却骄傲地反驳：‘事实比我的推论更糟糕。’”

露丝给了太沙基最大的惊喜：9 月 5 日上午 8:30，她生下了埃里克・太沙基，昵称“小捏捏”。即使是儿子的出生还是没有改变卡尔的生活方式，仅仅 5 天之后，他就开始到世界各地进行为期六周的巡回演讲。这也不能怪卡尔，因为行程在很早之前就已经定下来了。更重要的一点是，太沙基选择公休假的时候在美国工作，是为此后举家移民美国做准备。不过，他现在得好好考虑，是否真的要定居美国。

在卡尔开始巡回演讲之前，亚瑟告知他，美国目前经济萧条，他如果在美国定居，生活水平有可能会低于在维也纳，这让卡尔很失望。他原以为，土力学会议的成功举办能让他有机会在哈佛留任，然而会议的成功却招致亚瑟同事们的嫉妒，他们甚至开始有些抵触土力学。此外，联邦政府的就业前景也不明朗。联邦建设工作掌握在军队工程部、田纳西河谷管理局以及农垦局手中。在罗斯福的领导下，尽管军队工程师的数量增长了十倍，但他们遵循的是西点军校模式，严格按照规范进行施工；而田纳西河谷管理局的工作内容似乎只涉及混凝土结构；农垦局也一样，他们的土体实验室只是水泥实验室的一小部分，况且他们也不打算进一步开展实验。总之，无论在哪里，工资都不高，无法和他在维也纳的工资相提并论。即便是菲利普・拉特利奇——美国普渡大学新建的土体实验室的主任，每年薪水也只有 3 200 美元，而当时伊利诺伊大学顶级教授的薪水可能也只有 1 万美元左右。

看来,卡尔得回欧洲,但巡回演讲还按原计划进行。与其说是巡回演讲,倒不如说是一场绝妙的旅行,卡尔好像又回到了 1912 年,但这次坐的一直是头等舱。无论他到哪儿讲学,总有大批热情的听众。他的行程安排是:去俄亥俄州的工程兵部队演讲;受工程师 V.D.西蒙斯的邀请,去芝加哥演讲;受哈拉尔德·韦斯特加德教授邀请,去伊利诺伊大学演讲;去丹佛农垦局;参观波特兰和巴纳维亚大坝(太沙基自己设计的哥伦比亚峡谷的大坝);参观西雅图的斯卡吉特河堤坝;去莫斯科和爱达荷州,那里的大学校园勾起了卡尔对罗伯特学院的回忆;勘察从格兰特海关通往萨克拉门托的高速公路地质条件;去旧金山参观新建的连接旧金山和奥克兰的金门大桥;去斯坦福大学;去洛杉矶参观大灌溉系统以及在建的防洪大坝;去帕萨迪纳的加州理工学院;参观博尔德大坝;最后,调查克利夫兰附近的山体滑坡。

每到一处,他都受到东道主的盛情款待,还去了当地最著名的景点游玩。在伊利诺伊州,他做了 3 场演讲,开了两场座谈会,每天的午餐和晚餐都安排得很丰盛。在西雅图,他在麻省理工学院的朋友迪克·泰勒——曾任华盛顿大学工程学院院长——带他去了雷尼尔山、奥林匹克半岛和大古力,并邀请卡尔与他的朋友们共同探讨苏俄问题。洛杉矶的杰出土体工程师 R.V.拉巴勒,派他的专车去旧金山接卡尔,途中还经过约塞米蒂国家公园和欧文斯峡谷。各地东道主曾多次为卡尔举办晚会以表敬意,其中就包括冯·卡门在帕萨迪纳市自己的家中举办晚会。初到丹佛时,农垦局的一个“旧学派”工程师告诉他的同事:“那人(太沙基)太理论化,太死板了。”但后来那位工程师又说:“那人的经验比我要丰富十倍都不止。”

10月19日，卡尔回到了家中，10月21日又和家人一起乘船离开了，“做出这个决定很困难，”他写道：“但好像我已经知道欧洲有什么‘惊喜’在等着我。”[18]

穆斯海德湖,缅因州,1929 年。太沙基计划在假期里绘制一幅威士忌岛的“地形、地质和节理图”

第 12 章
1936—1937：人生低谷——土力学受到质疑

韦丁博尔教授告诉太沙基，奥地利的象牙塔已经变成了“邪恶的社会团体”。11 月 24 日，太沙基刚回到维也纳之后不久，在奥地利建筑师和工程师协会里，他亲身证实了这一点。蒂尔曼教授曾作为奥地利代表团的首席代表，参加了在哈佛大学召开的土力学会议，回来之后，就会议内容做了一场精彩的报告。保罗·费朗格教授，一个留着黑密胡子、学者模样的男人，傲慢地从前排站起来，声称自己对于土力学持有不同的观点，并且很快就会写文章阐明自己的观点。对此，太沙基回应了几句，观众一笑置之。

12 月 3 日，费朗格发表了题为《土力学?》的文章，足足一本 47 页厚的小册子里充满了诽谤性言论。费朗格复印了一千份，在欧洲学术界和工程界分发。他对固结理论提出了质疑，意欲诋毁土力学这门学科，尤其要破坏太沙基和奥托·弗勒利希的名声，后者不久前曾与太沙基合著了一本固结理论实用指南。[1]弗勒利希、太沙基及其助手、沙弗纳克教授以及整个土力学界，都被费朗格歪曲事实、错误百出、庸俗粗陋的小册子激怒了。

费朗格在小册子里嘲笑道：估算建筑物沉降这类司空见惯的现象，竟然还用得着土体测试和计算；土体测试属于农学领域，不属于工程学。他声称，像摩擦系数之类的经验系数，早已被工程师用简单的方法给出，并用于计算分析，而太沙基却一再赘述、反复讨论，他没能够使土力学取得任何进展，只不过是为了赚取丰厚的薪水罢了；土力学理论简直是一派胡言。接着，保罗展示了如何用公式“正确地”表示固结理论，他采用数学方法，而不是物理方法，推导出一个非常复杂的微分方程，却没有给出合理的求解方法。[2]

在浏览这本小册子时，太沙基只得努力克制自己的愤怒，嘲笑“对手”暴露了自己的太多缺点。[3] 自 1933 年起，两人就成了冤家。

保罗·费朗格与太沙基同一年出生，父亲是个铁路工程师。和太沙基一样，他也接受过机械工程方面的教育，是维也纳科技大学毕业的。第一次世界大战前，他在维也纳的一个科技学院[4]教授力学和材料学。1922 年，他在母校谋得了现在的职位。后来，他成了弹性力学和塑性力学方面的专家，在数学方面也颇有成就。[5] 讽刺的是，在战争期间，费朗格也曾效力于阿斯机场。

从 1913 年起，费朗格开始把兴趣转向研究水作用在混凝土重力坝上的浮力。重力坝能够利用自身的重量来抵挡水库中水的水平推力，如果重力坝足够重且外形设计合理，这种大坝就不会沿着坝底面滑移，也不会绕着坝脚倾覆。但如果大坝下面的水在坝底产生巨大的向上力（上推力），大坝的部分重量就会被抵消掉，其抗滑移、抗倾覆安全性也会随之降低。因此，能否正确预测坝底渗水对大坝产生的上推力，直接关系到大坝的安全。

通常先假定坝基或者混凝土中有一条一定长度的水平裂缝，在这种情况下，可以很容易地通过众所周知的静水压力法计算出裂缝中水的上推力。费朗格称，混凝土不是防水介质，而是多孔材料，内部细孔能够储水，且水能在细孔之间流动。基于这种观点，他提出了一种计算水的上推力的新方法，该方法可以使上推力变得非常小，从而节约建坝成本。

在提出土的有效应力原理之后，太沙基开始对所有有关预测土体孔隙压力或空隙固体介质中水压力的研究产生了浓厚兴趣。同时，作为大坝设计与建设顾问，他也更加迫切地想要学习相关的知识，以确保大坝设计的安全。后来他得知，他的同事费朗格教授基于多孔介质模型，提出了一种计算混凝土中水的上推力的新方法，就很想去拜读和理解他的文章。然而，后来在太沙基看来，费朗格的公式并没有意义，因为该公式不是从物理现象中推导出来的，计算结果也不合理。

孔隙介质由固体颗粒和颗粒间的孔隙组成，饱和状态下，孔隙中充满水。根据阿基米德原理，如果孔隙水处于平衡状态（即没有超孔隙水压），介质（骨料）的湿容重为其干容重减去水容重。[6]这个作用被称为漂浮上升力，简称浮力。多孔介质骨料的浮力与孔隙所占空间的比例（孔隙度）无关。

太沙基称，按照费朗格的公式，混凝土中水的浮力是通过两者的乘积来计算的，这两者分别是水的单位体积的重量，和石块（骨料）及与混合骨料的砂浆（砂子和水泥）的孔隙度差异。[7]

太沙基推论，假设用坚硬的砂浆块取代岩石骨料生产一种混凝土，当这样的混凝土浸入水中时，按照费朗格的公式来计算，浮力为零，因为骨料与砂浆的孔隙度相同，两者的孔隙度差值为零。这种混凝土实际上就是砂浆，而砂浆也是一种孔隙介质，因此费朗格的公式毫无意义。更重要的是，这个公式偏于不安全，它低估了流体的静止上浮力，会危及大坝安全。1932 年 12 月 10 日，太沙基第二次尝试与费朗格进行沟通，但失败了。太沙基写道，他遭受了一次“不受欢迎的辩论，费朗格的理论疑团重重，谬误百出，拙劣而不切实际”。[8]

太沙基猜想，可能是混凝土的材料特性导致其力学性质和理想孔隙介质有所差异。他由此得出结论：就上浮力而言，只要测试出混凝土试样在强度上有多大程度遵循有效应力原理，就可以精确地计算出它与理想孔隙介质的相似程度。1933 年，在瑞都里克的帮助以及奥地利混凝土研究所的资助下，太沙基开始在实验室进行一系列测试。测试结果表明，混凝土试样基本完全遵循有效应力原理，因此，该试样是近乎完美的孔隙介质。[9]他由此断定，费朗格的上浮力公式是错误的。

太沙基觉得“自己有责任弄清事物的真相，同时尽量不去责备陈旧理论的提出者”。[10]他写了一篇文章准备发表，发表之前想请费朗格先读一遍并提些建议。他还建议费朗格提出一些不同的看法，并把他的看法添加到太沙基的文章中，两人共同署名发表该文章，但费朗格非常抵触这样做。在此之前，有个学者也质疑过费朗格的浮力公式，后来费朗格就拒绝与那位学者合作。[11]太沙基写道：“费朗格连想都没想就完全拒绝了我的提议，他把我的文章看成是一个向他挑衅的警钟。”[12] 11 月，太沙基又写道：“费朗格这个人思想顽固，这样很难求得真理。12 月 31 日，他以朋友的名义要求我撤回那篇文章，否则就和我势不两立。”[13] 1934 年 2 月，在奥地利的短暂内战期间，太沙基再一次试图说服他，但他还是“从根本上拒绝”了。[14]于是，太沙基和瑞都里克合作发表了那篇文章，再后来，一些言辞激烈的反馈讨论也陆续被发表；对这些内容，出版商向读者申明，出版社对文章内容概不负责。

保罗·费朗格明显失去了安全感，甚至病倒，而太沙基则风光无限。费朗格一定很嫉妒他：太沙基的研究工作备受重视，学院给他丰厚的薪水；他还得到了建造土体实验室的拨款。但太沙基也面临着严峻挑战，由于费朗格的上推力理论已被出版多次，而且被应用到了工业界，如果费朗格承认错误，必定会遭到很多人的抵触，现存大坝的安全性甚至也有可能被质疑。太沙基与费朗格研究的领域并不相同，他挑战费朗格的理论，就等于侵犯费朗格的“地盘”，即使是在当今学术自由的美国大学，这种行为也会引起轩然大波。费朗格肯定没有认真研读过太沙基的《土力学》，因为他没有弄懂太沙基固结理论的近似推理步骤。作为一个数学家，费朗格不能容忍不精确的估算，但太沙基《土力学》的读者对象是工程师，费朗格应该以一个工程师的心态去读《土力学》。

太沙基对数学以及数学家一直心存疑虑。在他看来，数学家们通过纯粹的数学计算提出假设，必然会偏离事物的真相，削弱自我批判精神，而且还会破坏他们对大自然局限性的直觉。[15]他常开玩笑说，“应该把数学家统统关进笼子里，通过窗户喂喂就行了”，因为“在工程学领域，数学家总是不受欢迎，除非他们甘愿只做计算工作。他们没有直觉，不善于发现问题；他们还缺乏判断力，不善于具体问题具体分析”。[16]后来，他形容数学家是这样一种人：一个解出所有的方程，却注意不到某个小数点位置被放错的人。他接着写道：“每隔几个月我就会收到一份文稿，上面写满了微分方程，描述的是理论土力学中某个理论的推理过程，让我审稿和评论。通常对这样的文稿，我有一个标准格式的回信，然后将那些手稿扔到一个名为‘疯人院’的厚厚的文件夹中去。”[17]如此看来，太沙基称费朗格为“精神失常的数学家”，真无异于往费朗格的伤口上撒盐。

因此，在1936年12月，费朗格出版他的小册子《土力学?》的时候，太沙基没有把它视为儿戏。沙弗纳克教授说，这将是一场生死之战，太沙基必须采取行动。太沙基和弗勒利希向他们最信赖的朋友——铁路工程师奥雷教授以及水力学弗兰奇·沙弗纳克教授寻求帮助，奥雷和沙弗纳克每人草拟了一篇回应文章。太沙基打算以诽谤罪向法庭提起诉讼，但法庭并不建议他这么做，因为这属于精神防卫，胜诉的可能性不大。最好的办法是，由学院管理机构出面，以太沙基的学术声誉被诋毁、正常的教学与科研工作被另外一个教授扰乱为由，向学校提起诉讼。

此时，奥地利的一所大学请了几位讲席教授来商讨此事，每位教授都是院系的负责人，要化解两人之间的恩怨并非易事。会上，教授们讨论得很激烈：校长宣布即将召开对费朗格教授的纪律听证会；但是纪律委员会要求，首先由学院里的专家组成一个专家委员会来评审专业技术问题。校长同意了这项提议，建议由当事人来选定专家委员会的成员。12 月 23 日，纪律听证会召开，由审查官戈尔德贝格博士主持。听证会对费朗格进行了 5 个小时的问询，费朗格向审查官保证，他很尊重太沙基和弗勒利希，并没有打算要诋毁他们。

彼时，太沙基的朋友已听到一些恶意的谣言，显然费朗格的伎俩得逞了。此前太沙基曾推荐奥托·弗勒利希去布拉格任教，但是布拉格校方听信了谣言，把弗勒利希拒绝了。钢筋混凝土领域的教授萨里格——费朗格的心腹，散布谣言说：太沙基在德国时，只要他的学生肯帮他做咨询工作，他就会授予他们学位。更糟糕的是，人们又重新提起维也纳帝国大桥成本超支的事，指责是太沙基造成了建桥成本超支；人们私底下还说，太沙基的基础工程理论上的缺陷，造成了当时在不适合的地基上建造起悬索桥。毫无疑问，至少最后一则谣言就是费朗格在圣诞节期间散布的。

在专家委员会的所有成员中，太沙基只能寄希望于沙弗纳克和奥雷。然而12月27日，电话那端传来抽泣的声音——奥雷病重去世了。奥雷是在医生到来之前离世的，这对太沙基来说无疑是个沉重的打击。幸而在奥雷的葬礼上，太沙基得到了一点宽慰：校长在致辞中说，奥雷“从不会因为私人恩怨而歪曲事实真相”。在奥雷的学生们组织的追悼会上，房间里挤满了人，却没有一个人愿意跟费朗格坐在一起，他所在的那一整排座位空荡荡的。很显然，大家在用这种方式向太沙基表示支持。太沙基受到鼓舞，声称如果费朗格不被停职，他就拒绝授课——“要么他被停职，要么我就辞职。”[18]但校长规定，太沙基必须继续授课。更糟糕的是，委员会置太沙基的抗议于不顾，仍旧任命萨里格为专家委员会的成员。

太沙基全神贯注地努力为自己的辩护做准备，尽力争取得到补偿。双委会（指纪律委员会和专家委员会）的诉讼程序包括司法听证会，按照法庭公约执行。尽管没有受过法律方面的训练，太沙基也能充当自己的律师，有力地为自己辩护。他有三大对策：收集来自世界各地的支持信；针对谣言和对方证词，草拟要做出的回应和反驳；发表文章阐明土力学的巨大价值所在。

世界各地的土力学业内人士对费朗格的行径极为愤慨，他们纷纷写信或发电报抨击费朗格。正如伏斯列夫对太沙基所说的：“费朗格企图诋毁关于地基基础这门新兴学科，不仅仅惹恼了您和弗勒利希，还激怒了所有相关的从业者以及对这门学科感兴趣的人。这些人有多少，从在哈佛大学召开的土力学会议就可以清楚地知道了。费朗格真是自讨没趣。”

亚瑟・卡萨格兰德给校长写信说，费朗格真应该亲自到剑桥来看看太沙基的研究工作如今受到了多么高的赞誉，看看他的研究多么实用。[19]随后，卡萨格兰德开展了一项行动，即收集美国土木工程师协会的高层领导们写给校长的官方信件，代号“小狗行动”，“小狗”是卡萨格兰德对露丝的昵称。[20]奥地利人一向喜欢昵称，太沙基称露丝为“瓦尔克维克斯”（缩写为 wwx），露丝称他为“熊”，就太沙基目前的情况而言，这个昵称最适合他不过了。

太沙基和弗勒利希合写了一本 35 页的小册子，题为《土力学和工程实践的澄清声明》，[21]于 1937 年 2 月 6 日由出版商弗兰茨·多伊蒂克以抽印本的形式出版。他们把这本小册子分发给了维也纳科技大学的 64 名教工、约 200 位当时世界各国有影响力的工程师、相关机构的官员、教授以及朋友们。这本小册子内容深刻，语调温和，耐心地反驳了费朗格的诋毁性言论，鼓励学者们继续进行土力学方面的研究。据小册子所述：当时有四个国家同时都对土力学的研究产生了迫切需求，土力学这门学科应运而生；在各个领域的施工建设中，它的实用价值都是毋庸置疑的；费朗格先生是纯粹的理论家，也难怪他的言论如此离谱。

起初，太沙基觉得专家委员会的委员们总跟他过不去，因此推荐帝国大桥的承包商古德曼博士替代奥雷加入专家委员会，但遭到萨里格的强烈反对。专家委员会并没有急于就费朗格给太沙基造成的损失做出评判，反倒认真地研究起太沙基的固结理论来。为此，太沙基还警告奥地利建筑师与工程师协会的秘书长：如果学院不能尽快发表声明谴责费朗格，他就赖在委员会不走。

专家委员会的委员们刻苦钻研，终于弄懂了太沙基的理论和成就。自此，事情终于开始朝着有利于太沙基的方向发展。1 月 20 日，物理学教授、光电磁学专家弗拉姆做了精彩的分析报告。报告表明，忽略一些不太重要的因素，费朗格的公式实际上可简化为太沙基的公式。随后，沙弗纳克教授用海绵代替饱和黏土构建了一个模型，有力地证明了荷载骤增会导致黏土中的水压力随之骤增。

1 月 30 日，费朗格和萨里格发生了激烈的争论。两人都很激动，即使办公室的门紧关着，在办公室外面都能听得到他们的争吵，学生们都闻声赶来，在走廊里偷听。四天后，费朗格再次出庭的时候，已没有了以往的傲慢，显得犹疑不决、十分虚弱。

2 月 14 日，沙弗纳克教授被诊断出患有肺炎住进了医院。太沙基很担心，实际上他的担心完全是多余的。3 月 8 日清晨，太沙基回到学院，媒体正想对他进行电话采访，想向他了解一些关于保罗·费朗格教授和夫人玛格丽特双双自杀的事。

费朗格和他的夫人先服毒，后又打开公寓里的煤气自杀。费朗格留下了一封遗书，遗书分为两部分：第一部分写于 1 月 30 日，笔迹工整，上面说：他认识到了自己的错误，很后悔对太沙基教授进行了诽谤；第二部分写于 3 月 6 日，笔迹很凌乱，上面说：他想改过自新的最后一线希望也破灭了，他盛赞他勇敢的妻子甘愿追随他而去。[22]

太沙基写道："这场准备仓促的针对土力学和我个人的攻击事件，最终却以悲剧告终，费朗格的生命就此终结，他真正的能力再也没有机会得以施展……就像在商业竞争中，有人会因贪欲而丢掉性命；在学术界，如果一个人渴望成名的欲望过于强烈，他就会产生心理不平衡，进而背叛科学，阻碍知识进步。"

太沙基对学术界无比反感，"学术界的人自认为是科学上至高无上的权威。他们中大部分人都努力追求创新，然后固守自己的创新成果，把它变成教条，最后就失去了创新能力……他们学习别人的成果，同时又视那些人为对手。他们一生都在追随那些富有创新能力的人，等这些人死了，就假惺惺地纪念他们。他们平生最大的抱负，也不过是只求忠于所学，不求举一反三，不管对错……若想真正学有所成，就必须拒绝科学官僚主义。”[23]

太沙基曾断言，费朗格真正的能力在他死后将再也得不到正确的评判，事实上太沙基错了。60 年后，德·伯尔、希夫曼和吉布森[24]仔细研究了费朗格的数学推导过程，最后发现：费朗格领先于他那个时代 30 年，用公式正确地表示出了孔隙介质的力学原理。

所有的教职工，包括太沙基在内，一开始都被费朗格的死讯震惊了，校长称之为“英雄行为”。太沙基开始神经衰弱，不得不去看医生。他向弗兰奇·沙弗纳克抱怨，费朗格当初一定是想拖垮他的身体。一周后，他身心恢复，开始着手挽回自己作为咨询工程师的名声。为此，他准备为奥地利建筑师和工程师协会就帝国大桥项目做一场公开演讲，澄清整个事件，为自己正名。

4 月 21 日，执行管理委员会就太沙基事件的调查结论做了一个公开陈述，调查结论都是有利于太沙基的。太沙基利用这个机会，为他即将要做的帝国大桥项目超支问题的公开演讲做了宣传。在陈述快要结束时，太沙基简要地解释了在建桥成本超支问题上费朗格的歪曲信息如何造成公众对他在事件中的误解；最后，他邀请在座的听众参加他在 4 月 30 日关于这个问题的讲座。消息散播得很快，那天来参加讲座的人很多，但许多听众对太沙基的态度不太友好。太沙基一开始讲话的时候，现场气氛很凝重。

“先生们！在讲座正式开始之前，我先解释一下为什么要安排这场讲座。可以毫不夸张地说，20 年来，我几乎把所有的时间和精力都花在了我自己选择的研究领域上，我基本上没有私生活。当初在1929年，奥地利教育部与奥地利建筑师和工程师协会一道为我在维也纳安排了一份惬意、安定的工作，我没有料想到，此后我的政治信仰和学术发言会成为人们议论的对象，而这些议论并不总是友好的。在1929年之前，我的政治活动仅限于偶尔读读报纸；但在几年前，我却被视为危险的政治分子。我的祖国给我贴了3个标签：纳粹分子、布尔什维克纳粹分子、布尔什维克保守主义者。3个标签中只有一个是对的，那就是布尔什维克保守主义者。”

接着，太沙基发表了精彩的学术演讲，给整个事件画上了圆满的句号。不久之后，他和家人一起去亚得里亚海旅行，回来后发现自己已被选入奥地利科学院。[25]太沙基教授回来了，但他并没有久留。

第 13 章

1937—1938：逃离维也纳去国外做咨询

从 1937 年中期开始，学术已不再是太沙基的主要兴趣所在。所幸他在奥地利、瑞典、拉脱维亚、法国、阿尔及利亚、意大利和英国有大量的咨询工作，由此他便可以逃离维也纳。

1937 年 9 月初，瑞士咨询公司瓦藤工程公司[1]邀请太沙基前往拉脱维亚的多瑙河，那里正在修建凯古姆斯发电厂和混凝土坝，地基为含有软泥灰岩夹层的白云灰质岩，地质构造为水平岩层。预期的基底渗流量较大，上浮水压力很高，因此工程师们准备通过注浆来致密岩层。太沙基赶到时，森塔布公司正通过钻孔向基岩压入水泥浆。

太沙基仔细观察了测试竖井的井壁，发现浆液没有渗入到白云岩的裂隙中，因为裂隙中已填满了土。他预测，如果基础注浆不充分，裂隙中水的渗流速度将会增加，进而把裂隙中的土冲刷出来。如此一来，基础的防水性能将会日趋下降，下游部分基底的孔隙水压力将会上升，威胁大坝的稳定。

为了解决这个问题，太沙基提出了一套全新的方案。他通过观察发现，把水泥浆灌入基岩之后，基础表面显著隆起。这意味着，砂浆并没有进入已有的裂隙，而是打开了一些新的水平裂隙，并将其填充，形成水平状的水泥浆脉。他提议将这种特性作为一种施工技术，通过水准测量来监测隆起情况，在大坝上游形成一系列水平浆脉。这样能延长地下水的渗流路径，在一定水力梯度的作用下，地下水的流速也会降低，从而降低基岩裂隙中土体填充物的侵蚀率。换句话说，他提议利用水力压裂基岩，再通过注浆形成一系列不透水的硬化水平浆脉层。这些措施能将大坝往水库上游延伸150米。这类技术现在常用于石油行业，但不同的是，石油行业是通过往水力劈开的裂隙中填充砂石来提高水流速度，而不是通过注浆来阻止水流。

在意大利时，卡尔为了提高内米湖的蓄水位，曾勘察了内米湖上的大坝。坝基的地质状况极其复杂，冲积扇与远古湖床黏土以及近岸砂土、粉土重叠交错。这种地质会威胁大坝安全，因为不连续黏土层之间可能含有透水层（导水层），能将水库水头直接引入下游大坝。太沙基进行了地下水钻孔抽水测试，并通过观察地层中地下水位在水平方向下降坡度的变化，推断出钻孔壁周围透水层厚度的横向变化。接着，他又运用福希海默的流网理论，计算出了不均匀含水层中的水压和水平流速。

这种地质构造极其复杂，没有人敢保证自己的地质推断是正确的；但如果地质推断不正确，大坝就可能出现设计细节上的缺陷，无法满足其防水功能。太沙基认为，在这种情况下必须采取观察法，即当水库水位第一次上升时，对大坝的运行情况进行密切监察。在给设计师蒙特卡蒂尼的报告中，太沙基借用马克·吐温的名言——“能提出假设固然是好的，但如果能够弄清事物的真相，证明假设的正确性，那就再好不过了”。[2]提议先假设后观察的方法，这也是他日后的一贯工作特色。

“对于建立在高渗透性基础上的蓄水坝，在设计施工方案时，我们通常先提出一些非常简化的假设，当然，我们无法预知真实的地质情况，也无法预知这些简化理论与实际情况之间的差异以及这些差异的重要性。因此,除非蓄水坝的地基是坚岩,否则我们就只能把水库的首次注水看作是一场大规模的实验,而没有人能够预知实验结果。为了能够及时发现我们的预期和真实情况的差异,同时避免产生严重后果,我们就必须在施工场地准备好所有的相关设备,以便在水库水位上升时,观察潜水面上升情况[3]以及大坝渗漏情况。在此过程中,一旦发生意外,必须立刻停止向水库中注水,采取防范措施,直到问题解决。"[4]

得知太沙基与罗迪奥关系破裂,罗迪奥的竞争对手——弗朗索瓦胶结公司打算聘请太沙基。弗朗索瓦公司的法国子公司通过太沙基的前助理卡尔·兰格(现居法国巴黎,为法国保险业经营土力学实验室)与太沙基洽谈聘任一事。最后,太沙基同意就最困难的两个项目——阿尔及利亚的格里布大坝和贝尼白德尔大坝,为他们提供咨询服务。

处理内米湖问题的方法也适用于格里布大坝。这座抛石大坝已基本建成,随着水库水位上升,一小股渗流从大坝下游的边坡流出。被问及水库可否蓄满水时,太沙基进行了初步调查,认为就大坝的现状而言,不可蓄满水,否则大坝可能因发生沙涌而毁坏。

格里布大坝高 60 米,与布哈尼菲耶大坝的地基非常相似,建在破碎页岩和砂岩上,内含无黏性的细砂层。格里布大坝的承包商投资了约 150 万美元,修建了一道注浆防渗帷幕。他们的整个设计方案都基于防渗帷幕能够完全阻断大坝下面及其周围的水这一设想。按照合同规定,如果该方案是可行的,承包商将得到一笔很可观的奖金;否则,如果防渗帷幕不能够完全阻断水,他们会受到严惩。

为了检验注浆帷幕的实际效果,太沙基让人在大坝上下游分别打了钻井,以便观察水位的上升情况。假定注浆帷幕如承包商所坚持的那么有效,那么大坝上下游观察井中的水位一定会存在差异。然而据太沙基观察，这些观察井中的水位并没有呈现出显著差异，地下水头在穿过注浆帷幕的过程中并没有下降。承包商所犯的错误，太沙基早在布哈尼菲耶大坝项目的模型研究中就已经指出过。

太沙基指出了承包商的错误，不仅使客户尴尬，更重要的是，太沙基暗示随着水库蓄水位的上升，大坝可能出现危险。若要排除危险，就得找到并堵住渗水口；如果能用过滤层截住渗水，并由排水管道排出，当然更好。通过在注浆区打探井发现，地层中存在一系列的厚达 10 英尺的细砂层，在这些细砂层中注浆效果不好，容易形成注浆空洞区。此外，有些砂层下游的出水口被大坝抛石埋住了。更糟糕的是，支承坝基的砂岩遇水就会失去黏性，变成散沙。太沙基推断，如果渗流水到达这个区域，将会发生大型滑坡。

在太沙基严格的指导和监督之下，终于找到了理想的解决方案，即修建一系列大规模的排水隧道、竖井和排水空心砖。后来他说："如果一开始就由我来设计大坝，我决不会指望注浆帷幕，而会用反滤层来保证大坝的安全，就像当初设计布哈尼菲耶大坝时一样。"[5]

在审查瑞士著名工程师斯塔齐设计的贝尼白德尔大坝方案时，太沙基一定感到很惊讶。因为斯塔齐的设计很大胆，大坝由多个窄而倾斜的钢筋混凝土圆拱组成。大坝位于一个不对称的斜谷上，坝基建在坚硬且陡斜的砂岩层和易受侵蚀的软黏土页岩层上。有个支墩上的混凝土出现了裂缝，斯塔齐请太沙基调查出现裂缝的原因。虽然太沙基在 5 个星期内只勘察了一次坝址，但他很快就写出了调查报告，报告言辞激烈，明确指出了大坝所面临的巨大危险。

设计师很担心支墩裂缝问题，而令太沙基更担心的则是大坝穿越过不同岩层内的高水力梯度问题。他发现，大坝下游的右坝肩很陡峭，与他之前见过的 3 个大坝很相似，而那 3 个大坝都毁于管涌。[6]大坝左侧坝基位于一个平缓的自然边坡上，更加危险。这个山坡是个“倾向坡”，也就是说地面完全顺着某个砂岩层的上表面倾斜，这意味着坝肩的重量完全由一层倾斜的砂岩柱来承担，而砂岩柱承载于下部页岩上。科罗拉多州嘉宝大坝的情况与之类似，岩柱在下部反力的作用下发生屈曲，最终导致大坝倒塌。

太沙基计算给出了随着基岩中水位上升而发生倾斜岩柱屈曲破坏的临界水压值，并且设计了边坡排水设施，以确保水压力永远不可能达到临界值。如果没做这些工作，贝尼白德尔大坝很可能会倒塌。这种情况经常发生，原因是负责设计大坝整体结构的工程师往往不能从全局出发，因此看不到这一点。

10 年后，当卡尔回想起这些成功的案例时，他向朋友坦言，那些案例其实都有一个共同点：他一到施工现场，就发现所有的现场人员都忽略了一些极其重要的细节。一旦找到了问题的症结所在，他就可以对症下药，很快找到解决方案。

太沙基认为，许多人与他一样精通土力学和地质学，但他们往往“对大自然的表征不够敏感……大多数工程师都看不到事物的本来面目。他们总是根据自己从教科书中和课堂上学到的知识来看待自然界的事物，因此他们充其量只是技术工程师，而不是艺术家。而科学是由艺术家创造出来，供技术工程师使用的。在未受到过科学影响的原始社会，每个人都称得上是艺术家。如今，我们大多数人都是技术工程师，艺术家则被认为是怪胎，让他们感到满足的不是工作带来的钱财或者荣誉，而恰恰是工作本身。”[7]

太沙基的过滤排水法使阿尔及利亚两座大坝的问题得到了解决。

卡尔·太沙基,1937 年 7 月

卡尔和灌浆工程承包商们，20 世纪 30 年代时，他们曾一起工作。（从左到右）伊奇、达克思霍夫、罗迪奥。摄于 1949 年，苏黎世世界各地的工程对这门技术的需求越来越迫切。此外，这门技术的设计和工程实施确实有利可图，有些公司迟早会买断这门技术的专利权并和他签署使用协议，如此一来，太沙基不用亲自参与施工设计也很快就能富有起来。果然，维也纳的一位工程师安东·戈瑞兹温斯琪提议与太沙基合作，但太沙基拒绝了，他解释说他的过滤系统只能消除大坝众多不确定性中的一个，过滤系统并不能保证大坝安全，而他决不容许别人的错误来破坏自己的名声。[8]

太沙基告诉戈瑞兹温斯琪，坝基可能会在没有任何征兆的情况下倒塌，那样的话，即便是参与工程的小角色的名声也会因此受损。于是，他提出一个硬性规定：所有与基础相关的前期准备工作必须由他来监管，只有这样，该施工方案才能冠以他的名字。况且，太沙基并不需通过签订任何特殊协议来获得咨询工作。对此他解释说，如果客户觉得他有能力提出更好的解决方案，可以随时向他求助，只有这样才能使客户获得最大利益。

1938 年 3 月，有个公司完全同意以上条件，请太沙基去英国。从北非回到巴黎后，卡尔收到一封来自柏林西门子建筑联盟的电报，问卡尔能否帮助他们在英国的子公司解决一个土石坝的施工问题。4 月 22 日，也就是周五的早上，他往伦敦打电话，想了解更多关于这个土石坝的信息；几个小时之后，英国清福德坝 2 号的施工作业工程师罗伯特·维恩-爱德华兹爵士便亲自登门拜访。

维恩-爱德华兹金发蓝眼，看起来和蔼可亲。他把施工方案、地质剖面图、钻孔数据等资料让太沙基一一过目。查看完数据之后，太沙基问大坝建在哪里，爱德华兹回答说在伦敦桥北部 14 英里处。太沙基于是说：“这座大坝的设计者一定和英国有仇，因为大坝必定会倒塌，而且还会把英国议会以及威斯敏斯特教堂一块儿冲进泰晤士河。”爱德华兹笑答，大坝已经倒塌了。太沙基又问，他的老板给了他什么指示。爱德华兹回答说：“老板让我仔细观察你看这些文件时的表情。如果你对方案没有表现出任何不满，我就立马戴上帽子走人；如果你显得很惊讶，那我就立刻带你坐飞机过去。”[9]

按照施工计划，清福德大坝包括一道长 5.5 千米的河堤，预计大坝将高出坝基 11～13 米不等。然而，当河堤只建到 7 米高时，一条水管破裂，坝脚已经开始隆起；两天后，大坝上中间 20 米宽的一段区域下沉了 70 厘米，向外移动了 4 米，大坝出现了开裂。之后，在同样的高度，另一个区域也开始坍塌。这种现象很典型：大坝达到临界最大高度之后，软黏土地基就会屈服。所幸在大坝坍塌之前，水库并没有蓄水，否则一旦水库决堤，伦敦市区的部分地区就会发生洪涝灾害，造成巨大的经济损失和人员伤亡。

在第一段溃坝以后，英国方面打算减缓大坝边坡。他们还提议推迟继续堆载，等待地基黏土的孔隙压力慢慢消解。太沙基指出，如果路堤太高，产生的荷载超过下面的黄黏土强度，无论其边坡坡度降低多少，路堤也一样会倒塌，和边坡的坡度无关。他还指出，无论等待的时间多长，黏土中的孔隙压力也不会消散多少。太沙基指出的这些错误，对英国来说是一个沉痛的教训。

更让他们痛苦的是，太沙基发现，位于清福德大坝上游的乔治国王水库，曾被视为清福德大坝参照模型，现在也快倒塌了。太沙基断言，乔治国王水库根本不能作为建造水库的标准模型，它倒塌与否只是运气问题。

太沙基对他的英国东道主虽然表面上很有礼貌，但他私下向亚瑟·卡萨格兰德吐露了自己的真实想法，[10]他觉得英国的设计方案十分荒谬，“除了在苏俄，我还从未见到过如此严重的错误，简直让人难以相信。”但这也正是体现土力学价值的良机，“我充分把握了这一机会。”英国人很配合，也很高兴能够得到太沙基的帮助。他们告诉太沙基，清福德大坝项目使英国的土力学至少进步了20年；他们甚至还讨论了举办下一届土力学国际会议的事。卡尔的一个朋友告诉露丝，英国人总是比别人慢半拍，但他们善于亡羊补牢，总不至于太晚。

为了检验清福德大坝的地基在其他区域是否也存在问题，太沙基提出了一个非同寻常的方案，即按照原计划把整个堤坝建起来，等到基础的各个部分都开始屈服变形，就能够确定每一部分坝基的强度，每部分坝基的承压能力可能差别很大，这样就能对症下药，重新设计大坝方案，从而大大节省建造成本。然而，事实证明这个办法并不可行。最终，在太沙基的指导下，施工方案作了精细化的调整。[11]

现在卡尔咨询工作的重心转向了法国和英国：法国人提出的理论总是不切实际，并且过度依赖计算结果，太沙基非常不赞同；而英国人，在太沙基看来“没有前途”。[12]事实上，英国有一些很有才华的工程师，包括宾尼（卡尔称其为匹克威克）、维恩-爱德华兹和其他人，太沙基与他们进行过愉快的交流，还跟他们成了朋友。他们还带卡尔去牛津大学和剑桥大学的俱乐部，这让卡尔回想起麻省理工学院的大学俱乐部。这里土木工程师协会的建筑虽然满是灰尘，有点陈旧，但非常庄重威严。卡尔一度认真地考虑过要在这里定居。

太沙基很快成为莫勒姆公司的长期咨询顾问。维恩-爱德华兹与太沙基一起费了一番功夫，把莫勒姆公司并入了弗朗索瓦胶结公司。维恩-爱德华兹还试图说服皇家学院，聘请太沙基为教师。沃特福德的建筑研究所曾为清福德大坝进行了土体测试，那是他们第一次进行土体测试；现在他们打算请太沙基做土体和基础方面的长期顾问。正是在建筑研究所，卡尔遇见了年轻的艾里克·斯肯普顿，他受卡尔的影响很深，后来成了英国土力学领域的领军人物。研究所的主任斯特拉德林告诉太沙基，研究所要找到项目并不难，但他们严重缺乏经验，希望太沙基能够弥补他们的不足。南方铁路公司一直没能解决福克斯顿附近路段的滑坡问题，于是斯特拉德林请太沙基来解决。

位于福克斯顿海岸和多佛海岸之间的福克斯顿沃伦，其滑坡问题早在铁路建成之前就已经存在，滑坡区域宽 300 米、长达 3 千米。巨型白垩板块的周期性运动导致滑坡发生，滑坡从未造成人员伤亡真是个奇迹，但造成了很大的破坏：第一次世界大战期间，该地段的滑坡阻断火车线路长达 3 年；近期发生的滑坡导致一个隧道开裂，而这个隧道是他们改道后线路必须用的，铁路公司正计划采取广泛的整治措施。

大型滑坡的坡脚处通常会出现压缩现象，但令太沙基惊诧的是，该路段此前发生滑坡时并没有产生压缩现象，比如白垩岩层下出现黏土逆冲断层，或者海岸沿线形成压缩脊。太沙基分析，滑坡主要是海水侵蚀造成的，也有可能是白垩岩碎片溶解造成的。因此，他同意铁路公司的看法，即加固海堤才是防御的关键。他还提议，对险峻滑坡的地形重整坡度并采取有效的监测措施。太沙基告诉铁路公司，这条铁路出现滑坡问题，就像是打仗时防线太长而兵力不足，这时就要调用侦察兵，保留一部分兵力来应对紧急状况，而不是把所有的兵力都分布在整条防线上，那样只会全军覆没。

1940 年 12 月，距太沙基第一次勘察滑坡已有两年半之久，这时他突然明白了滑坡产生的机理：整个海岸的不稳定一定是由于透水绿砂岩(称为“下卧绿砂岩地质构造层”)中超高的水压力产生的，这层透水绿砂岩位于透水性较低的硬黏土层(称为“重黏土地质构造层”)之下。白垩岩覆盖在重黏土层之上，并一起覆盖在绿砂岩的上表层，底部受到很大的水压力上推作用。在岸上无法观察到压缩现象，但压缩现象可能发生在海里，因为绿砂岩裸露在海中。

发现了这一点之后，太沙基兴奋得晚上睡不着觉。[13]他让人在一个既有竖井中安装仪器(“水压计”)来测量海平面下20余米处绿砂层中的地下水压力。测量结果证实了他的推测：绿砂层中的水是承压的，其水压相当于高出海平面8米的地下水的水压。因此，可以通过深层排水作业对整个路段进行防护，而且这样做的成本要低于铁路公司原本计划改道的费用。

太沙基写信给他的前客户——南方铁路公司的首席工程师，“福克斯顿滑坡问题很容易解决，早在两年前我就应该想到解决方案。周期性滑坡的原因也很清楚，因为滑坡周期恰好与某种气象周期吻合，而气象原因又会导致地下水的水位周期性地变得异常高，并从高地经由绿砂层流向海峡。”[14]

英国方面降低了清福德大坝当前的滑坡风险，却没有采取全面的防护措施，因为英国想要全力迎敌，在战争时期不可能修建昂贵的排水系统。[15]尽管如此，太沙基在1950年还是写道，这个案例是他的有效应力原理的经典应用。[16]此后很长一段时间，他仍惊讶于自己竟然花了那么长时间才想通滑坡的原因，也许是当时世事动荡、风云变幻的大环境扰乱了这位工程艺术家的思路，然而在这种情况下，太沙基还能够置个人安危于不顾，潜心研究，实在是难能可贵。

1938年2月12日，应希特勒之邀，奥地利总理库尔特·冯·舒施尼格抵达萨尔兹堡与他会谈。希特勒威胁舒施尼格无条件签署一份协议草案，如若不签，就下令摧毁奥地利。该协议实质上是要求舒施尼格在一周内将奥地利的政治和经济大权交给奥地利纳粹党接管。最终，舒施尼格被迫签署了协议，并且被要求 4 天内获得奥地利总统威廉·米克拉斯对该协议的批准。为了确保协议的顺利执行，德国开始显露自己的军事实力，同时希特勒向世界宣告：德国有权利保护奥地利 700 万"种族同胞"的政治和精神自由。受希特勒言论的鼓动，奥地利的纳粹分子在全国各地集会大游行，在格拉茨主广场，一个纳粹暴徒撕毁奥地利国旗，升起了纳粹党的十字旗。

为安抚德国，舒施尼格打算履行萨尔兹堡协议的部分条款，释放了被囚禁的纳粹分子，并任命其中的赛斯-英夸特为内阁安全部部长。一时间谣言四起，人们纷纷从银行取款、解除经济合同，旅游业也一片萧条。3 月 9 日，舒施尼格宣布，4 天后就是否接受希特勒的协议举行全民公投。对此，希特勒回应，德国将于 3 月 12 日攻占奥地利，要"在自己的故土恢复法律和秩序"。[17] 迫于赛斯－英夸特及其党羽的外交压力，奥地利总理像希特勒手中的木偶，被迫取消了全民公投。他除了辞职别无选择，但在辞职前就德国威胁奥地利的情形进行了一次动人的演讲。

意志坚定的奥地利总统米克拉斯拒绝让任何一个纳粹分子，包括赛斯－英夸特，来接管舒施尼格的总理职位，因此奥地利的纳粹分子上街游行。由于纳粹分子掌管的安全部完全操控了警力，"自发"的大规模示威游行并未受到警方干预。英勇的米克拉斯孤立无援，最终还是屈服了。很快，德国军队进入奥地利，希特勒本人紧随其后。3 月 13 日奥地利傀儡政府宣布与德国"联合"，自此，奥地利被德意志帝国完全控制。

舒施尼格会见希特勒之后，学生纳粹分子在维也纳科技大学组织了大规模的游行示威活动。之后，校园内一直很平静，3 月 10 日太沙基代表学院授予美国前总统赫伯特·胡佛荣誉博士学位。这是暴风雨前的平静——所有的市政官员、部长和职员都在维也纳科技大学装饰一新的大礼堂集会。在随后举行的教育部午宴上，胡佛故意问邻座的太沙基："希特勒把可怜的德国怎么样了？"卡尔觉得胡佛不应该这么问，因为是德国的形势造就了希特勒，而不是希特勒把德国怎么样了。[18]在美国大使举行的晚宴上，卡尔向胡佛解释了土力学是怎么一回事，他发现这位美国前总统很是怀念自己以前的采矿工程专业。

第二天晚上传出了舒施尼格辞职的消息。露丝非常高兴，因为虚伪的舒施尼格政权终于倒台了。德国军队越过奥地利边境时，太沙基一家还喝了杜松子酒庆祝。他们认为德国此举是驱逐害虫，却不知道这正是瘟疫的开端。

3 月 12 日，周六，广播上说希特勒很快就会来维也纳，但在此之前必须将 80 000 名"不良"的维也纳市民关押起来。3 月 14 日周一上午，维也纳科技大学发生了"政变"，萨里格接任校长一职。太沙基写道：这标志着奥地利的没落。晚上，全体教员被押送到街上去游行。

到处都是穿着褐色衬衫的学生，3 月 15 日，也就是周二，他们命令教授们前往新堡外的广场集会。据太沙基形容，广场上人头攒动，人们比肩接踵，有些人只得爬到帝国将军的雕像上去，就像葡萄藤上挂着一串串葡萄一样。人群中高呼："一个民族，一个政府，一个领袖。是谁拯救了我们？阿道夫·希特勒！"当希特勒出现在精心装饰的看台上时，人群欢呼了长达几分钟之久；希特勒发表演说时，人们站得笔直，全神贯注地听着。[19]下午,德国军队游行,再次造成维也纳街道拥堵。也是在同一天,卡尔的妹妹艾拉从格拉茨写信给他:“格拉茨的每一条街道都洋溢着幸福和喜悦,到处都是十字旗和拿着火炬的游行队伍,我忍不住流下了激动的泪水。”[20]

卡尔看见,学院变成了军事场所,学生们穿着军队制服掌管着各个岗位。纳粹党的拥护者哈斯教授,被任命为纳粹政党和学院的联络人。还有一个不起眼的博士后,被任命为全体教职人员的负责人。最可恶的是,有些学生表现得十分傲慢无礼,甚至还厚颜无耻的敲诈起教授们的钱财。太沙基从他的出版商多伊蒂克那里得知,大部分古典教材都将被焚毁。可以想象,纳粹党很快就会开始肃清异己言论,戈培尔早就在焚烧犹太人、左翼分子以及非德裔作家自 1933 年以来出版的书籍。甚至在德奥合并之前,出版社拒绝发表他的作品这样的事太沙基就曾亲身经历过两次:第一次是官方禁止维也纳和柏林的出版公司朱利叶斯·施普林格引进奥地利新发行的期刊《水利工程和土木工程》(*Wasserbau und Erdbau*),因为在施普林格发表作品的作者中没有一位不是雅利安人;第二次是《地质工程师》(*Ingeniour Gredogie*)的第二版发行受阻,因为该书的合著者之一雷德利希是犹太人。[21]

纳粹对学术自由的攻击出乎卡尔的意料。以前在麻省理工学院的时候,他学会了一项生存之道——对丑恶行为置之不理,现在他不能再这么做了。如今,丑恶行为无处不在。以前他一直无视犹太人的生存困境,现在却突然理解了。奥地利纳粹分子有组织的残暴行径表明,在反犹太主义方面,他们会比德国人更加狂热。现在一听到纳粹分子迫害犹太民族的事,太沙基便心生厌恶。他的朋友米茨在银行看到,一位犹太出纳员被德国纳粹秘密警察带走了,生死难料。犹太人的商店外

艾茨齐特在得知太沙基来访的目的之后，表示会尽力予以帮助。卡尔向艾茨齐特承诺，他会让托德写一封支持他两地居住的信，只要有这封信，在 8 周之内就能获得批准。

卡尔回到维也纳后不久，托德再次向莱奥·卡萨格兰德打听卡尔的计划。卡尔不得不接受任命，处理汉堡易北河上一座高桥的地基和锚固问题。这个项目将于 1938 年 8 月初开始，亚瑟·卡萨格兰德届时也会加入这个项目。太沙基以托德的口吻起草了一份同意书，寄给了艾茨齐特。

太沙基家里的情况有些不妙。卡尔发现米茨和埃尔娜合不来，而蹒跚学步的孩子埃里克，小名“小捏捏”，则跟着两头受气。在他离开期间，还有人试图从窗户爬进屋内。5 月 21 日，到处有谣言说德国将入侵捷克斯洛伐克，于是卡尔决定让儿子埃里克马上离开奥地利。但怎么离开呢？还有两天他就要去巴黎了，可露丝又忘了给孩子办理护照。

在他的实验室负责人 K.肯泽尔、机械技师森塔尔、埃尔娜以及奥托·弗勒利希的妻子玛丽的帮助下，卡尔最终解决了这件事。在上课的间隙，他几次抽时间去美国领事馆填写繁琐而苛刻的书面文件。他委托森塔尔去取护照和法国签证，然后送到火车站，而埃尔娜则负责把埃里克带到弗勒利希家中，然后由玛丽·弗勒利希把埃里克带到巴黎。卡尔和露丝在巴黎收到一封密电，电报上说过境时出现了问题，这让两人担心了整整一夜。5 月 28 日早上六点，埃里克终于和父母团聚了。

太沙基一家在巴黎郊区的圣日耳曼－昂莱订了两个房间。6 月 5 日，他们租下了一套路易十四式的房子作为临时居所，房子复古、舒适，外面有一个长满杂草的大花园。5 天之后，太沙基从伦敦返回，随后又乘东方快车去了维也纳。同月 18 日，艾茨齐特告诉他：“我跟一位很有影响力的人抽了一根烟,谈论了两地居住的事。”那人说,如果太沙基愿意立即支付 1 000 马克,他就可以安排两地居住的事;大约两周之后,等事情办妥,太沙基需要再支付 2 000 马克。这个数目几乎是卡尔 1935 年在柏林演讲所得报酬的一半。

太沙基从报纸上得知,犹太裔病人被医院赶了出来。其中有位病人沃尔夫,他一家的故事触动了太沙基:沃尔夫的祖先自 15 世纪以来一直居住在艾森斯塔德小镇;沃尔夫是著名的慈善家,曾出资修建博物馆;然而纳粹德国吞占了他们所有的财产,一家人不得不去街头乞讨;他的人身安全得不到保障,因为警方无力干预纳粹对犹太人实施的暴行。

在学院的入口处,卡尔看到犹太学生正蹲在地上清扫人行道,他还得知助教们准备罢工。这些事让卡尔简直无法忍受。卡尔去了一趟格拉茨,向年迈的母亲以及其他亲戚们道了别。他告诉艾拉,目睹愚蠢的纳粹政权一再对犹太人实施惨无人道的迫害,他再也不能忍受了,况且第二次世界大战即将爆发,德国注定会战败。他的女儿薇拉现在也变成了“希特勒”,负责德国女子联盟(BDM)的一个分队,对于父亲做出的选择,她感到很愤怒。

回到维也纳,卡尔在空荡荡的礼堂里上了最后一堂课,然后便开始整理文件、收拾行李。7 月 8 日,卡尔的公寓房间里堆满了木板箱和行李箱,他只好去米茨家借住。看到这间老屋,他回想起 13 年前,奥尔加离开后,他有时就逃离君士坦丁堡来米茨家做客。这是他在维也纳的最后一晚,从老屋的窗户向外望去,古老的教堂塔楼在月光照耀的云层下显得黑乎乎的。

卡尔在他的大皮箱里塞满了衣物,过海关时很顺利。他担心的是另外两个箱子，里面装满了他所有珍贵的日记和咨询报告，他通过海运把它们寄给了在曼海姆的奥托·弗勒利希。幸好在8月份，亚瑟·卡萨格兰德去汉堡时将那两个箱子带回了波士顿。但是卡尔没能够从银行取出他的25 000马克，也没能把家居用品运出维也纳。

1938年8月1日，卡尔·太沙基在日记中写道：托德拒绝写同意书给他的法律顾问艾茨齐特，他没办法两地居住了。托德明确表示，太沙基必须义务性地为德国服务。“如果拒绝，就会被关进集中营。我再也不会踏进德国半步，至少现在我们还在外面。”[22]

工程中，唯一有价值的参考数据来自波士顿地铁工程。伦敦的地铁工程对芝加哥的地铁修建工作并没有参考价值，因为芝加哥黏土要比伦敦黏土软很多（这是 1939 年春天太沙基在参观伦敦地铁时得出的结论）。因此，从一开始他就很赞同总工程师伯克的观点：初期阶段的建设是一个学习的过程。也正是因为这个原因，太沙基才坚持让佩克组建土体实验室，并进行大量的土样采集和测试以及现场测量。

伯克本人也颇有成就，他是波士顿科技学院（麻省理工学院的前身）的硕士，还学过法学，曾被一个隧道承包商临时聘为总工程师。在芝加哥地铁工程中，他对太沙基的建议给予了全力支持。

拉尔夫·佩克是太沙基的得力助手，他负责管理实验室的运行，同时作为芝加哥当局的雇员监督测量工作，此外每天还要直接向太沙基汇报工作（佩克形容自己的处境为“两头救火”）。[14] 为保证能把精力始终放在最紧要的工作上，卡尔制定了一套工作方法：每个月花大约一个星期的时间视察工作，并在每次视察工作结束之后，把自己认为最迫切的事情记录下来。整个项目下来，太沙基一共记录了 26 份备忘录，每份备忘录页数不等，有的是几页，有的则是一本完整的工程手册。这些备忘录对于整个项目而言十分宝贵，它们促使芝加哥当局开始关注施工细节，这些施工细节对工程安全和成本影响很大，而芝加哥当局原先的计划是给承包商很大的自主权，由承包商自己决定施工方法。

每次视察现场，佩克都异常兴奋，让人以为他很快就会有什么重大发现似的。太沙基也满腔热情，专注合理地解释测量结果和观察所得的现象。佩克说：“他交代给我的任务，我都会想尽办法去完成。”[15] 卡尔每次来芝加哥，佩克就会把他妻子晾在一旁，和太沙基还有其他朋友在各个餐馆一起谈论土力学方面的新鲜事。在这种场合中，卡尔总是焦点。

在芝加哥河北部，北州街钢板内衬隧道的开挖作业导致了大规模沉降。承包商声称地面沉降与他们的地下作业无关，但他们骗不过太沙基。太沙基让佩克和他的团队在隧道施工期间，从隧道内部测量黏土层向隧道内部的位移。他们很快就发现，尽管隧道内部受到气压和钢衬板作用的支撑，黏土还是从隧道顶部及周围慢慢地往内部挤压进来，甚至正在开挖的掌子面也在向洞内变形。此外，他们还发现，街道表面的沉降幅度乘以沉降面积所得的体积，基本等同于隧道内部由于黏土的挤入而减少的空间体积。[16] 因此，只要能减少隧道内的“地层损失”就能够相应地减少地面沉降。于是，佩克及其团队与承包商密切合作，研究出来产生最小地面沉降的施工方法。他们依据实地勘察而不是理论来指导，不断改进施工方式，从而将芝加哥河北部钢板内衬隧道的沉降幅度减少到了大约施工初期引起的沉降的三分之一。

土体实验室的累积测试数据清楚地表明，芝加哥河南部的关键地区——市内环地区的土体要比第一段隧道周围的土体还要弱很多，这引起了他们的警惕。以这些土体数据为参照，伯克组建了一个顾问专家组——包括太沙基在内，来探讨应对方案。专家组最后决定，市内环地区部分必须采用盾构开挖，芝加哥地区还从未使用过这种施工方法。采用盾构法，把一个圆形环（媒体称之为“曲奇刀”）推进黏土中，盾构机前方的泥土在曲奇刀前舱的保护下被切除。同时在盾构机的后方或尾部施作钢内衬，形成隧道。盾构机前部的舱壁会对前面的黏土层起到支撑作用，因此在开挖隧道时通过这种方法，就不会受到黏土挤压侵入的影响。

隧道开挖对建筑物的影响是很复杂的，正如太沙基提到 1928 年底特律的哈得逊大厦项目那样,开挖作业会导致建筑物以不同的机理产生位移。[17]如果开挖隧道导致黏土失水,黏土就会固结,进而导致上部建筑物加速沉降。此外,就像上面所提到的案例,如果允许开挖面上的土体挤压侵入开挖空间,地层就会变形,带着地表建筑物产生"地层损失"沉降。另外,对于地铁的盾构区段,盾构的向前推力会使前方地面隆起,土层变得松散,盾构穿过之后,上面松散的土层会重新压实、慢慢排干,然后固结,导致地面沉降。为了记录和控制潜在的地面变形,需要弄清导致地面沉降的机理有哪些。于是,太沙基再次提出对隧道沿线表面和地下的土层变形进行全面测量。

通常两条平行的地铁隧道以不同的掘进速度同时开挖,因此地面变形的规律和顺序注定会很复杂;隧洞开挖、施加临时支护、施作衬砌、注浆,各项作业以不同的速度、在不同的地点同时进行。此外,隧道不断向新的地区开挖前进,土体的性状也随之不断变化。把所有的因素累加起来后,结果测量数据显得有些混乱,但没有人会苛求工程师们把空间和时间的散点图用平滑的曲线拟合起来。然而,卡尔并不这么认为。他研究了在隧道开挖不同阶段的理想化的时间-位移模式图表,发现那些看似不规律的分散的点,其实都是有规律性可循的。[18]

并不是所有的地铁都是通过开挖隧道来修建的。有些入口和车站采用的是明挖法,即从地面挖起,基坑四侧由打入地下的木板或钢板桩保护,随着挖掘作业不断向地下深处进行,在基坑内安装横撑,顶紧坑侧壁的板桩。不久前,太沙基在美国土木工程师协会发表了演讲(此次演讲论文使他赢得了第二块诺尔曼奖牌,他一共获得了四块,创造了新纪录);他在演讲中证明,在柏林地铁工程中,砂土基坑中内支撑所承受的压力,并不像现有理论所描述的那样从开挖顶部往底部递增;事实上，压力大约从开挖中部起开始递减，到底部时压力会变得非常小。承包商们在很多年前就知道这一点，但在太沙基给出解释以前，传统理论与实际情况相互矛盾。但是对于塑性软黏土而言，上面所说的压力削减的规律就不一定适用。

这一发现具有重要的现实指导意义，因为基坑底部的支撑对于永久结构的浇筑有很大的施工干扰。因此，太沙基建议佩克的工作团队测量内支撑体系的受力情况，以及在基坑开挖过程产生的任何内支撑位移。测量结果表明，基坑底部内支撑承受的荷载的确在减弱。这一重要发现不仅节省了修建内支撑体系的成本，更重要的是，还为浇筑永久结构拓宽了作业空间。

基于佩克所测量的明挖基坑内支撑的荷载及变形情况，太沙基为芝加哥地铁项目编写了一本关于明挖基坑横撑的设计和分析手册[19]——这是第一次记录非扰动的软黏土在现场情况下是如何调动自身强度来减小横撑荷载的。[20]这次成功让卡尔明白了在何种情况下如何判断必须放弃施工成本低的钢板内衬开挖方法，而采用施工成本高的盾构法，即当土质很松软时，或者对临近大型建筑的地基造成荷载增加时或隧道埋深很深时，就要采用盾构法。在此之前，还没有人对这一工法的选用提供合理的决策依据。

卡尔的这个计算方法是通过类比法提出的。在某种程度上，隧道可以看作是明挖基坑，其内支撑体系由上部土体的水平压力自然形成。隧道的荷载由上部拱圈的端部来承担，正如明挖基坑的荷载传递到下部，由竖直板桩围护结构的竖直构件来承担一样。太沙基运用土力学理论，通过对实地观测的结果进行经验总结，建立了明挖基坑的合理设计方法，现在可以用这种方法来分析钢板内衬隧道的安全性。软黏土的隧道设计看似是不可能的事情,但太沙基把"不可能"变成了"可能",即把它看作是隧道拱圈底部地基承载力的问题;如果拱圈底部地基承载力的安全系数过低,就必须采取盾构法。太沙基写信给总工程师伯克说,这是他在芝加哥地铁项目中最重要的发现。[21] 对于当时在建的地铁项目来说,太沙基的这个发现来的太迟了,但在第二次世界大战后芝加哥扩建地铁时,他的这一重要发现发挥了很大作用,大大降低了施工成本。

隧道结构设计采用的是传统方法。传统方法认为,开挖或衬砌安装引起的地层变形不会影响隧道上的荷载。无论是钢板内衬还是盾构法隧道,采用这种设计方法都需要安装很厚、很重的钢筋混凝土永久衬砌。但太沙基觉得,施工时临时衬砌周围的地层变形可能会引起土压力的重分布,从而会永久性的减少衬砌所承受的荷载,并大大减小混凝土永久衬砌的设计应力。为了验证这一想法是否正确,太沙基征得有关方面的同意,修建两段隧道进行了实验,其中一段采用钢板内衬法修建,另一段采用盾构法修建。实验结果表明,太沙基的想法是正确的,而在后来的地铁扩建项目中,他的这一研究结果产生出了巨大的经济效益。

太沙基凭借他特有的幽默,成功地说服了当局,没让他们把这两段用于实验的隧道从预算中砍掉;在写给伯克的信中,他说:"依我看,在没有充分实验研究那两段地铁隧道,得到所有有用信息以前,就把它们从预算中砍了,那简直就是在浪费纳税人的钱,是极其不道德的做法。我巴不得看到工程部门的某些人被埋进混凝土里,那样的话,他们对这个行业的危害就会少很多。"[22]

在太沙基的监管下,芝加哥地铁每英尺的修建成本比伦敦地铁降低了一半多，且不说芝加哥黏土比伦敦黏土的工程性质要差很多。项目修建中的研发工作使得这7.7英里长的地铁“造价低且设计大胆”，[23]并且在施工期间没有发生重大工程事故，这一切都离不开佩克及其团队的辛苦工作：他们进行了25 000次土样测试、700 000多次水准仪测量，对既有结构的裂缝进行了详细调查，并且还对实验地段定期观测。这是一个开创性的工程案例，它极大地推动了应用土力学的发展。从此，太沙基和佩克也成了默契的工作搭档。

1941年6月，太沙基在芝加哥的工作即将结束时，达沃公司的工程指挥——阿道夫·艾克曼前来咨询蜂窝状围堰内部回填土含水量过大的问题，原计划该围堰用作弗吉尼亚纽波特纽斯港10号和11号船台的永久性围墙，而当时为了修建战舰和航空母舰，围堰草草动工并建成。太沙基向来喜欢挑战非同寻常的项目，因此他立即就被这次“令人兴奋的冒险”深深地吸引住了。[24]

围堰地基土和回填土的主要成分都是一种“泥灰土”，这种“泥灰土”由一种坚硬含碳酸钙的砂质粉土组成。在自然状态下，就其渗透性和抗剪强度而言，这种“泥灰土”与砂土无异。但是经太沙基在哈佛的实验室对“泥灰土”进行重塑，得到这种土的阿太堡界限值，其性能与黏土很接近，此前还没有人发现“泥灰土”的这一特性。他推断这种泥灰土实质上就是由钙质黏结的粉土和黏土颗粒组成的砂土。对泥灰土进行重塑就能打破钙质黏结，使泥灰土具有黏土的特性。

达沃公司的副总裁J.S.米勒兼任设计师和承包商，提出了一个可以大大降低施工成本的新方案：如果按照原来的方案修建倾斜航道，施工成本为1 000万美元，如果采用米勒的新方案，施工成本仅为300万美元。通过往水下的泥灰土里打板桩，为干船坞修建接近1 000英尺

达沃公司计划兴建的纽波特纽斯造船台。来自“下沉式船台，”达沃公司601公告(1943年)

长的挡墙，并用砂土和碎石把隔间填满。当时，用河道中拉起的泥灰土做填土材料很盛行，因为使用泥灰土能大大降低施工成本，工程师们还会向承包商保证，泥灰土能快速增加强度，并且板桩挡墙外底部的有机黏土也会很快硬化。

然而，在回填过程中，板桩隔间内的泥灰土并没有很快变硬，此外板桩围墙还出现了明显内移，因此，为了加速泥灰土的固化，从而增加其强度和刚度，在征得太沙基的同意后，承包商在围堰隔间内部的泥灰土里打入直径12英寸的砂碎石柱（被称为"砂桩"），并把砂桩一直打到地基的透水层。但这种方法最后导致了工期延长，项目管理委员会对此十分不满，在开会时吼道："你们为什么不早点找这个博士过来？"[25]砂桩大大提高了隔间的刚度，但是当回填土填满隔间时，围墙又开始变形，后续又打了一些桩用来承载起重机械，这个打桩过程产生了更大的墙体变形，最大达7英寸。

下一步的施工目标是泵出船台内的水，但太沙基认为不能这么做，因为抽干船台内的水会导致围堰墙体倒塌。为了弄清围堰地基内天然泥灰土的特性，太沙基在哈佛的土体实验室中，进行了约5 000个土样的含水量测试，以及大量的阿太堡界限测试和渗透性测试，根据试验结果找到了一个经济可行的应急办法：首先，在围堰外部挖一条沟槽，将上部的松散土层清除掉，沟槽一直挖到天然泥灰土层顶部（如此一来，围堰挡墙的外部荷载就只有水压力，没有土压力了），接下来用透水性很好的干净砂子和碎石填满围堰外水底的沟槽，在砂石层上面安放滤水层以防止粉细土被冲刷，然后再铺上一层泥灰土；最后，抽干砂石层中的水分，以减少对围堰挡墙的侧压力。

接下来就可以抽水了，但在抽水过程中，必须密切观察墙体的移动。应太沙基的一再要求，施工方在现场安置了大量监测仪器，以便在围堰内部水位下降时，监测墙体的负载变化和挠度点。

干船坞的底板是 8 英尺厚的混凝土底板，混凝土底板由几千根木桩支撑（两个干船坞之间约有 13 000 根），通过混凝土底板上的排水孔将板底上的水压力消散。设计过程中，底板当作一道横撑，以防止墙体内移。如果采用完全不透水的底板设计，为了抵抗上扬水压力的作用，底板要比现在的透水底板厚一倍并且要用钢筋加固。为避免潜在的上浮危险，太沙基提议在干船坞船台下的土层中安装压力监测表，用来监测水压的变化。

在围堰项目施工期间，美国加入了第二次世界大战，且规定若无特殊许可证明，敌国公民一律不得进入美国。太沙基申请了特殊许可证明，并于 1 月 15 日接受了司法部的采访调查，在调查过程中，他与亚瑟·卡萨格兰德的关系引起了司法部的注意。两天后，当他准备去工地视察 11 号船台的排水工作时，被告知当局拒绝他的旅行许可。他和艾克曼试图再次向当局争取，最终还是没有得到许可。于是，太沙基利用剩下的宝贵时间，向当局提交了一份个人履历表。在写给艾克曼的信中，他说："任何一个真正了解我的人都知道，我从来不曾怜悯独裁政府。那些关于我的与事实不符的流言，一定是某些别有用心的人散播出去的。"[26] 太沙基怀疑，可能有德国间谍故意向美国当局提供假情报，使美国方面以为，太沙基参与美国的工程项目是为了蓄意破坏美国的防御工事。[27] 最后，太沙基没能成行，只得派拉尔夫·佩克去施工现场视察，并和佩克通过电话联系。

按照既定计划，排水工作将于 1 月 19 日进行。10 号船台的压力计显示的数据异常，这使太沙基非常紧张和担心，于是他在办公室找资料试图解释这一现象，匆忙之中，他发现了为以后建造 12 号船台所做的地质钻孔记录，记录显示，泥灰层分布在高程为 30～35 英尺之间的砂床以上，而当初的设计假定泥灰层延伸的最高高程为 20 英尺，并且基本上是不透水的。据此，太沙基推断，由于砂床层是水平分布的，它很有可能会向南延伸到 10 号和 11 号船台，并且可能延伸到混凝土底板之下约 17 英尺处。由于砂层可能会携带很高的静水压力，太沙基又赶紧计算出在砂层高程上浮水压力的作用下，干船坞底板及其泥灰土地基的稳定性。计算结果显示，最坏的情况是：当水深小于 10 英尺时，底板可能会上浮起来。太沙基十分紧张，连忙给艾克曼打电话，让他停止排水，幸好艾克曼信任太沙基，及时制止了排水工作，当时水位已下降到离警戒线只剩 5 英尺了。

第二天，应太沙基的远程指示，施工人员在 10 号船台下面钻了两个孔。“这两个钻孔钻进了砂层，我猜测它们的高程分别应为 30 英尺和 35 英尺。”[28] 接着安装了 4 台压力计，在研究压力表的测量数据时，太沙基写了一份很长的备忘录给达沃公司的执行副总裁，解释说出现了紧急情况，需暂停排水工作。

压力计显示的数据很反常。在围堰隔间内打设了一个观测井，观测结果显示砂层的潜水面高程为 94 英尺，这十分危险，[29] 而船台底板下的压力计测量到的水面的高程却在安全范围之内，为 70 英尺。拉尔夫・佩克也从芝加哥被召集过来检查压力计的显示数据是否精确，他发现压力计一切正常；那么如此看来，在船台底板下面某个区域的水压力减小了。

太沙基推断，在刚开始排水时，墙体向内弯曲，使围堰隔间内侧与泥灰层之间产生了缝隙，水从缝隙中流失，进而导致水压力减小。然而,该区域水压力的减小只是暂时的,因为过一段时间之后,泥灰土会软化、变形,从而降低水从缝隙中流出的速度,促使泥沙又开始淤积,这种排水作用会逐渐消散,届时水压力又会上升,因此底板在安全运营一段时间后,可能会突然向上浮起。

于是,在 2 月 3 日,太沙基给米勒写了一封很长的备忘录:“调查结果显示……船台底板的暂时安全得益于水从缝隙中流失,这一点毋庸置疑。”为了确保底板的绝对安全,他提议在两个船台的四周打砂井。[30]但时间久了,砂井慢慢会被淤塞,所以明智的做法是先不打开砂井,直到压力计的测量结果显示需要排水降压时再打开。太沙基称这个为“放血系统”。项目管理层最初提议把混凝土底板加厚 3 英尺,相比较而言,“放血系统”要安全得多,而且大大降低了施工成本。2 月 4 日,太沙基给纽波特新闻船坞公司的经理费茨休写了一封信,信中有这么一段话,字里行间流露出胜利者的淡淡的自豪感:

“若不是去年秋季我在 10 号船台安装了压力计,恐怕没有人,包括我自己在内,会意识到我们面临的巨大风险,可您此前还瞧不起我的压力计……这则故事的寓意在于:如果医生让你吃药,你最好乖乖地闭上眼睛,把它咽下去……有人可能会说,监管船台建造的人有时也会判断失误,但在我看来,只要照我下面的办法去做,肯定不会出现失误。我注意到贵公司办公楼前有一块很大的碑,上面刻了这么一段文字:‘我们造船,旨在盈利,但如果亏损,我们也认,可无论如何,我们保证我们所造的都是好船。’我打算在 11 号船台也竖一块碑,上面刻上这么一段话:‘只有当压力计读数低于 8 磅/平方英寸 * 时,这个船台底板才是安全的。我们旨在打开既有砂井来消散超孔隙水压力,如果不能,我们会

---

* 1 磅/平方英寸(psi)≈6.895 千帕(kPa)。

修建新的砂井，但无论如何要保证水压力永远低于 8 磅/平方英寸。'”

因此，该干船坞采用的是轻型底板设计，而不是加厚底板，后者虽能抵抗上浮压力，但造价高昂。太沙基认为，干船坞项目的实施是对芝加哥地铁项目“边学边建”方法的延伸。[31]

后来，达沃公司向太沙基咨询 11 号船台码头的混凝土劣化问题。基于麻省理工学院的罗伊·卡尔森的建议以及露丝的一项研究，[32] 太沙基最后得出结论：混凝土劣化的原因在于，海水与地下水发生了自然混合，导致二氧化碳浓度提高。为此，他提议在地层中的钻孔里灌注氢氧化钙溶液，并维持溶液水头，使其流入混凝土，从而中和二氧化碳，消除水的腐蚀性。[33]

对于太沙基的这一提议，费茨休回应道，他们倒不如买一大批苏格兰威士忌，自己喝点，再往孔里倒点，那样的话，那些含有高浓度二氧化碳的水也就不那么讨人厌，而变成大家喜欢的酒了；即使这个办法行不通，码头最后坍塌了，他们也不用再担心什么了。[34] 对此挑衅，太沙基立马回应，嘲讽道，“在我看来，这个提议是到目前为止您对该项目做出的最大贡献。”他还请费茨休“下次在纽波特新闻发布会时请带些样品（苏格兰威士忌）过来，交给与会的各位专家，让他们品尝和检验一下。随后就可以立马开始实验了，我会全力配合您的工作的，这一点您尽可放心。”[35]

1942 年 1 月 19 日，结束了 11 号船台的排水工作之后，太沙基的首要任务是申请他的旅行许可。幸运的是，3 月 3 日，负责海上营救工作的美国海军指挥官苏利文前来拜访太沙基。珍珠港事件爆发一周后，法国的一艘豪华远洋客轮“诺曼底号”被征用为运兵船（被称为“U.S.S.拉菲特号”）。而现在，这艘船正陷在纽约港法国客轮码头的泥泞里。

太沙基还曾在这艘长达 1 000 多英尺的客轮上用过餐。这艘船被改造为运兵船之后,有个船员的火把不小心点燃了舱室里堆放的救生衣,当时海上风很大,火借风势迅速蔓延,仅仅几个小时的时间,上面三层甲板全都起火了。由于火势太猛,纽约消防局直到船倾翻也没能把火扑灭。最后这艘船沉入了码头底部,船身横倾 80°,船头搭在了礁岩上,船尾陷入了硬黏土中。

美国海军想请太沙基帮忙把船弄出来,他们通过各方努力,恢复了太沙基作为咨询师的行动自由。正因为这一敏感的项目,太沙基于 5 月 13 日获得了工作和旅行签证。他很乐意参加这个项目,项目包括两项任务:首先,获取船下的地层状况和土体特性;然后,制定出一套安全的方案,把船体从泥泞中解救出来。

太沙基通过勘察发现,船体斜穿了 25 英尺厚的有机软黏土层,绕着距离船头 275 英尺的一个中心旋转了一定角度,最后船头搁置在某处硬礁上;[36]现在船体就像一根横梁,一头搁在硬礁上,另一头陷在了一块有机沉积黏土中。太沙基认为,如果采用给船体充气的办法,使轮船浮出黏土,黏土可能会产生负孔压力,吸住船体,吸力将导致船体散架。如何在吸力慢慢减小时,及时预测并控制船体变形,这将成为土力学的又一新的应用。

起初,太沙基准备运用固结理论计算出黏土吸力的衰减速度,后来他突然想到一个可以进行直接测量的办法。他与麻省理工学院的应变计专家罗伊·卡尔森合作,设计了一台可远程读取数据的电子孔压测量仪,这无疑是土力学史上的首创。太沙基提议把电子孔压测量仪安置在船体下方的黏土中,用来监测船体的上浮速率。不久之后,太沙基把孔压测量仪应用到了另外两个项目中:克利夫兰的国家铁矿场项目和墨西哥的拿加沙大坝项目。[37]

早在 1942 年，在美国迫切希望提高钢铁产量时，共和钢铁公司就开始在克利夫兰建造新的双鼓风高炉炼钢厂。4 月底的时候，共和钢铁公司邀请拉尔夫·佩克前来解决铁矿场的桩基问题。佩克很快解决了桩的问题，但他意识到整个铁矿场都有可能滑入附近的河中。总工程师问佩克该如何解决，佩克所能想到的办法就是“给太沙基打电话”。于是，总工程师给太沙基打了电话，对佩克所下的结论只字未提。太沙基注意到，铁矿石本身很重，堆积起来可高达 70 多英尺，堆积区域的宽度相当于足球场的长度，堆积区域的长度约为宽度的 4 倍。铁矿石堆积在冰川黏土之上，当太沙基发现“在没有基础的情况下，铁矿石的重量得完全由这些可怜的黏土来负载”时，他十分震惊。[38]也许可以打很长的桩，把荷载传递到基岩上，但这个办法耗费时间长、成本高，况且施工费用还没着落。

太沙基观察到矿场西部和南部边缘悬崖上裸露的砂土层，随后又研究了相关文献，结果证实了他之前的推论，即以前伊利湖的水位比现在低 33 英尺时，湖底形成了沉积砂层；[39]而正是由于这个原因，在矿场地下 23～32 英尺处才会出现沉积砂层的残留物。长期的侵蚀作用在砂层中形成了山谷和山丘；太沙基据此推测，黏土层以前一定遭受了与矿场上堆积铁矿石相类似的预压作用，预压砂层后来被侵蚀了。为了查清以前的荷载是否已经对黏土结构造成破坏，太沙基画了一张黏土上表层的等高线图，并根据此图检查了以前是否有滑坡发生，结果未发现有滑坡的迹象。

虽然克利夫兰黏土与芝加哥黏土很相似，但太沙基推断，由于远古时期克利夫兰黏土埋在砂层以下，这种预压作用使其强度要比芝加哥黏土强很多。拉尔夫·佩克进行了土体测试——当时佩克正在克利夫兰附近参与国防工厂建设项目,测试结果证实了太沙基的推测:克利夫兰的黏土与芝加哥的黏土在相同的含水量下,前者的无侧限抗压强度是后者的 3 倍以上。因此太沙基确信,无需在矿场下面打桩基。

他认为最主要的困难在于,只要铁矿石堆在黏土层上,就会立即产生过多的静水压力,该压力与铁矿石的负载压力相等。此外,由于铁矿石经常被挪动,这些过剩的孔压就不可能完全释放出来。与砂土不同,黏土的抗剪强度不会随着荷载的增加而提高,因此铁矿石的堆积高度不会超过某个限值。共和钢铁公司建议,铁矿石堆积高限应为 72 英尺,但佩克和太沙基都推测该限值要远远小于 72 英尺。这个临界高度很重要,因为战争期间的高产品需求使得钢铁厂不得不定期储存大量的铁矿石。

为了监测铁矿石堆放和移走所产生的孔压增长情况,太沙基安装了一些孔压测量仪,即专门为营救"诺曼底号"而设计的卡尔森远程读取电阻应变仪。虽然有些测量仪表只使用几年就老化了,随后被更换为简易的测量仪,但在使用期间,它们揭示了孔隙压力变化与铁矿石堆积高度变化之间的关系。结果显示,两者的变化几乎完全一致。然而,实际情况比预想的要糟糕,因为测量仪检测到了承压水,这进一步降低了地基土的强度。太沙基的预想并不那么乐观。

起重机把铁矿石倾倒在由墙体隔开的区域内,墙与墙之间平行间隔为 280 英尺,由数百道钢筋连在一起。太沙基推测,如果墙与墙之间堆放的铁矿石太多,地基黏土层将会向两侧外移,拉伸钢筋,最终将其拉断。如果太沙基的推测是正确的,那么就可以通过测量钢筋的拉伸长度来监测黏土地基的安全性。这样,在每一步堆积矿石的过程中,都可以通过监测墙体的外移幅值，控制矿石的最终堆积高度，以保证地基的安全性，虽然安全系数可以低一些。炼钢厂的这个设计很大胆，储矿墙能够避免连环事故的发生，不至于给整个矿场带来毁灭性的灾难。虽然没有事故发生，太沙基仍然有些顾虑。

太沙基对这个项目十分感兴趣，对他来说，这个项目不只是意味着咨询工作本身。当时由佩克来监督现场的测量工作，太沙基给他写信说："在我看来，如果我不能从咨询工作中学到一些重要的新东西，那么这些工作就是在浪费我的时间。"他还催促佩克按照他的指示，及时完成所有的测量工作。[40]两人在工作上还像在芝加哥隧道项目中那般默契。周旋在这样两个要求很高甚至有时提出重复要求的咨询师之间，总工程师拉森给太沙基写信抱怨道："对于您本人或者佩克博士或者其他任何人提出的建议，我们都十分感激。我们想尽力做到让每个人都满意。但实际上，目前我们要取悦的人太多了。我可以向你保证再多一两位咨询师也不会有什么不一样。所以，请您和佩克把工作交还我们吧。"[41]不久之后，拉森就请了长期病假。

太沙基曾以书面形式提醒过项目管理层：地基土强度不足，但他们的解决办法却适得其反。监督项目施工的是战时生产委员会，他们没有遵照太沙基和佩克的指示，通过对施工现场加强观察来指导施工，而是听从了海军船厂船坞管理局工程师的意见，对原解决方案进行了大幅改动。他们认为，既然地基土如此不稳固，就必须对其进行排水加固。佩克和太沙基反对这种做法，认为排水基本上起不了作用，因为地下黏土层在地质历史上承受了相当于50英尺高的铁矿石的超载作用，已经变得很坚硬；因此，除非地面上铁矿石的堆积高度超过50英尺，否则排水起不了任何作用。然而，当时铁矿场可能已经接近坍塌了。况且这里的黏土原本强度就低,在里面打砂桩排水井只会进一步扰动它,使它的瞬时强度变得更低,这很危险。

政府官员高傲自大,且易受旁人建议的误导,他们执意违抗太沙基的建议,而这些人傲慢的理论依据竟然是太沙基自己创立的土力学理论,太沙基非常恼火。在帝国大桥项目中,太沙基也遇到过这种情况,当时他选择了退出项目来回应政府的无知行为,这回他也打算这么做。

1942 年 9 月 5 日,太沙基写信给共和钢铁公司的总工程师伦纳德·拉森说:"我认为,任何旨在巩固铁矿石堆场下面黏土层的做法,其实都是在进行一场大规模的人为实验,而对于实验结果我们却无法预知……普雷格指挥官提议通过竖直排水砂井的方法来加固黏土层,这个办法的理论根据正是我提出的固结理论。大约在 8 年前,我的一个助理应我的要求,推算出了竖直砂井体系的土层固结速度的计算公式。我之所以提到这些,就是为了说明,在实践中对这些理论或公式进行改进和完善是很有必要的。诚然,固结理论曾多次被成功地应用到一些小型项目中,而且都取得了成功,但当时的固结对象是非常软的新黏土或是淤泥,这些土层的强度很低。然而,把固结理论应用于固结坚硬的厚黏土层,这还是第一次。所以,我不赞同雷莱格的提议。"

"通过竖直排水砂井的办法也许能达到使黏土固结的目的,从理论上来讲,我不否认有这种可能性,但是我不会考虑做这样的一次大型现场实验。对于一个急需钢铁的战时国家而言,这种实验未免太冒险了。"

"我不会放弃我在这个项目中一贯坚持的方针。无论是贵公司还是贵国政府,都不能再在施工细节上耗费时间了;普雷格指挥官对原施工方案所做的大幅改动与我一贯坚持的方针相冲突。因此,我在此提议，如果你方不能确立我在项目中的权威，并完全按照我的建议施工的话，那么请允许我退出该项目。”

“就我个人而言，如果我的方案被拒绝了，我反而会感到很高兴，因为执行普雷格的方案就意味着要进行一场有趣的大型实验，而这场实验将会为以后的施工项目积累经验，因此有实际指导意义。然而，很遗憾，现实情况下，恕我不会发起这场实验；但如果实验成功了，我会第一个祝贺普雷格指挥官。”

面对太沙基的最后通牒，战时生产委员会当即就妥协了，同意按照原计划施工。到目前为止，太沙基赢得了两次胜利：第一次是与希特勒的争辩，这一次是与美国军方的争辩。如果换成是别人，肯定会在袖子上画上十字符号和星条旗，以此记下自己的“赫赫战功”。

储矿墙设计方案假定，当铁矿石堆积到 72 英尺高时，钢筋的应力为 17 000 磅每平方英寸。然而，让人费解的是，当第一批铁矿石堆积高度仅仅达到 22 英尺的时候，钢筋的应力就已经超出预想的一倍，进入了屈服状态。在首次报告中，太沙基预测当铁矿石的堆积高度达到 60 英尺时，地基就会失效。但是，他并没有考虑承压水的影响。此外，黏土层在低应力状态下就已经开始明显发生蠕变。从理论上来讲，如果铁矿石的堆积高度为 22 英尺，安全系数则为 2，而临近破坏时，相对应的安全系数必然为 1。在这种应力状态下，地基本应相当安全，但事实上墙体已经出现明显偏移。

从墙体变形与铁矿石压力的关系可以推断，当铁矿石平均堆积高度达到 31～35 英尺时，墙体就会倒塌。太沙基意识到，1913 年在苏圣玛丽，矿船卸货时就曾发生过类似的事故，当时的铁矿石堆积高度只有 40 英尺，但矿石表层突然塌陷，瞬间将码头摧毁并推离出 60 英尺远。

"因此,如果我们不够谨慎的话,谁也不知道会出现什么事故……由数据可知,当铁矿石的重量达到 2.5～3.0 吨/平方英尺*(即矿石堆积高度为 31～37 英尺)时,会导致矿石堆场、码头岸墙以及桥式起重机全部崩塌,崩塌范围会超过几百英尺。"[42] 此前在大湖区就曾发生过 3 起铁矿石堆场坍塌事故,事故地点分别位于底特律、布法罗和伊利湖,而这些地区的共同特点是都位于大湖区的岸边,地下都沉积着厚厚的冰川黏土层。

矿石堆场的气氛十分紧张。太沙基在给拉森先生的信中写道,"我能做出的最大让步"就是允许铁矿石堆积到 30 英尺高度。[43]"在工程学上,如果一个建筑结构的安全系数低于 1.5,该结构就不能保证安全。如果把每平方英尺的负荷增加到 2.4 吨(堆积高度为 30 英尺),矿石堆场的安全系数就会降低至 1.1。如此一来,克利夫兰高地的地下水水位基本不能再上升;此外,为保证矿场地基安全,铁矿石的输送速度也不可能提高到原来的两倍。如果按照常规的安全条例,在矿场堆积的铁矿石重量甚至都不能达到 1943 年冬至 1944 年期间所堆放的铁矿石重量。"太沙基要求有关人员定期用特快专递给他寄送工程记录,一旦发现异常情况,立即打电话通知他。"我参与这个项目已经好几年了,因此我绝不容许出现任何差错。"

由于对矿场进行了持续不断的监测,在整个战争年代及后期,矿船才得以正常靠岸卸货,而且从未出现过任何事故——尽管有一次铁矿石堆放得不均匀,险些出事故。炼钢厂的铁矿石堆积高度从未超过 37.5英尺,而且由于采用了太沙基和佩克的观察法,管理层从未担心过事故的发生,炼钢厂一直顺利运营。

---

* 1 吨/平方英尺≈15.19 兆帕(MPa)。

第 15 章

20 世纪 40 年代及以后：目不暇接的美国生活

1943 年 3 月 1 日，卡尔获得了民防工程批准的安全通行证，成为一名合法的美国公民，这天，他称之为“人生中最开心的一天”。[1]3 个月之后，卡尔拿到了美国护照。要是没有阿道夫·艾克曼的巨大努力，还有其他几位权高位重朋友们的推荐信，这一切都不可能实现。在国务院工作的约翰· C.威利就是其中一员，卡尔是在维也纳那段黑暗日子里与他结交的。现在，卡尔生活的方方面面都开始全速迈进，包括撰写文章和书籍、从事工程咨询、举办讲座和教学、积极保持和他人的联系，一切都有条不紊地进行着。纯粹的学术工作并不是卡尔想要的，卡尔现在从事着自己曾经梦想的工作——成为一名工程咨询师，看到自己在博斯普洛斯学院回廊的创新想法竟推动了整整一代工程师的发展后，他十分满足。

露丝终于为他添新丁了。埃里克从前还蹒跚学步，满地爬来爬去，现在已经能跑跑跳跳了。1941 年 5 月，他又有了一个孩子——佩吉；佩吉出生时，卡尔正在得克萨斯教书。他在温彻斯特租住的房子掩映在橡树荫下，四周环绕杜鹃花丛，环境优美。于是，他们决定在此定居。1941 年，他们在米斯迪克河边买了一块地，聘请了建筑师，建造了一座现代风格的房子。房子宽敞开阔，镶着木地板，螺旋式的楼梯顺着栏杆蜿蜒而下，透过巨大的观景窗，花园和湖泊一览无余。卡尔和孩子们相处时，心情无比畅快，他们一起游泳、散步，当孩子们足够大了，卡尔还给他们造了一艘船。那些日子，非常幸福满足。家人全部安顿了下来，他们甚至开始畅想退休后的生活：他们打算去缅因州的荒原上建个小木屋，因为那里秋天的颜色非常迷人，相比之下，维也纳的森林显得如此暗淡无彩。

露丝和卡尔一起招待同事、访问学者，这些人偶尔还留宿太沙基家。太沙基家的日常生活还是像大多数美国家庭那样，时刻留意战争消息，观看战争影片，他们经历过恐惧，再到饱含希望，直至最后终于解脱。卡尔的忠诚毋庸置疑，美国现在就是他的家。战争爆发伊始，气氛阴郁压抑，法国迅速溃败四野惧惊，人们不禁恐惧并担忧英格兰会被迅速侵占。卡尔预估俄国可能 6 个星期后会沦陷，但他转念，如果俄国能够奇迹般地顽强抵抗住德军，那么德国将注定失败。令他意外的是，美国小伙子在战场上表现非凡。得知德国军队溃败，卡尔守着广播，听着令人振奋的消息，等候着自己预言成真：德国人民终将反抗并终结折磨他们的精神恶魔。

罗斯福的离世带给卡尔很大震惊，但他也认为此事来的恰如其分。他写道：罗斯福“象征着世界的希望，在他辞世前，将很好地发扬传承”。[2] 1945 年 5 月，欧洲战事结束的欣喜没有持续太久，取而代之的是他对人类苦难、大规模屠杀和战争对人类文明毁坏的反思。更大的痛苦随着欧洲一封封信席卷而来。卡尔从来信中得知他撰写的《工程地质》在战事中被烧毁，而和他合作撰写此书的犹太裔教授也在被流放集中营的途中逝世。这一切的一切，在卡尔眼中都是“道德的癫狂”。

关于支持聘任纳粹教授哈阿斯[3]在奥地利担任政治领导一事，卡尔给出如下解释：哈阿斯是一个理想主义者，"他把纳粹党当成一个工具，用来联合奥地利和德国，以组成强大的家长式中央政府，这两个国家都认可这种需要。哈阿斯并没有预见到纳粹统治的残暴面，他也不曾在某刻怀疑纳粹外交政策会不满足于统一中欧的日耳曼人。哈阿斯关于纳粹党反犹太族的激进理论的态度，从他与前奥地利犹太裔州检察官霍夫内特·汉斯·瓦彻曼的深厚友谊和高度尊重中可见一斑"。[4]卡尔之所以能对这位老同事和朋友保有同情之心，或许是因为他自己也曾遭受了同样意识形态的陷阱。

卡尔在楼上书房花费了大量功夫撰写报告和书，书房里弥漫着浓浓的雪茄味，到处是烟渍。[5]完成土力学和地基基础工程的第一卷成了他心中一道执念，既然已经从费伦格尔和纳粹统治下的奥地利逃脱，就没有其他借口继续延误写书。这本书之后，还有应用土力学、硬岩隧道和软土隧道等著书任务等着。

亚瑟·卡萨布兰德提议卡尔应该将土力学与基础工程分成两卷写，太沙基在他建议的基础上，决定将卷一主讲土力学理论部分，卷二重点撰写工程应用方面，以避免繁琐的数学公式。尽管有艾尔·卡明斯和拉尔夫·佩克把关初稿，太沙基拟定把本书难度控制在适合学生层次的初衷还是没能实现。1943 年 5 月问世的《理论土力学》(*Theoretical Soil Mechanics*)，实际上是后来出版的《土力学》(*Erdhaumechanik*)的参考书，可谓是其"简单素描"版。该《理论土力学》一书出版不到 20 年，《土力学》付梓，终于提供一个完整画卷。[6]

卡尔的朋友 F.E.施米特文采很好，卡尔与之通信时特别注重措辞，他用萧伯纳式的自谦写道："我没有给你赠送本，是觉得这本书还不够重要有趣。这本书就是为自己写的，原本是想把知识体系中还没有

正在准备检查钻孔,1939 年 2 月

从太沙基的起居室看到的米斯迪克湖的景致，马萨诸塞州温彻斯特城

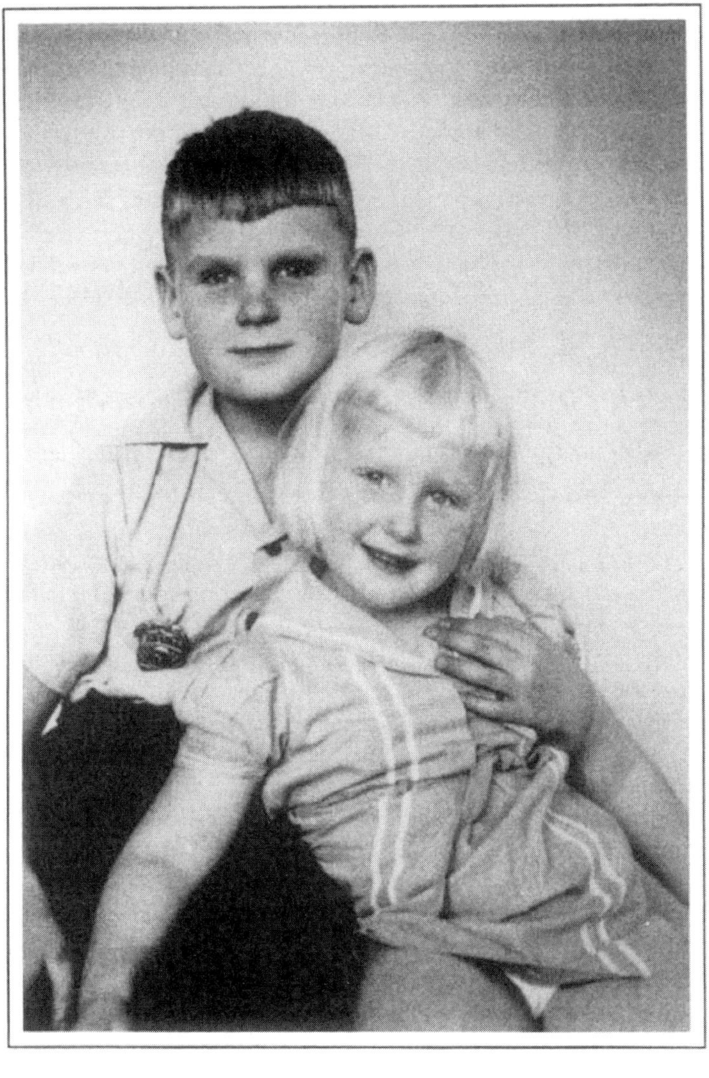

埃里克("队长")和佩吉·太沙基,1946 年 5 月

消化的部分理清，我没料到，这本书能获得如此成功……或许是钟鼎山林，各有所好。”[7]在太沙基那些建筑施工领域的朋友看来，这也算不上什么大成功。谈及太沙基偶尔运用希腊大写字母 Σ 做数学求和的事迹，菲茨林说道：“我记得这些字母代表什么，但已经逾 30 年没有使用过了，我现在又整天很忙，这辈子估计没有闲暇来重拾这些怪物了。”[8]

在《理论土力学》的前言部分，太沙基这样写道：卷二将讨论真实土体的物理性质及土体在实际工程中的性态；没有卷二，土力学这一主题的阐释是不完整的。卡尔跟施米特说：“理论在广泛应用过程中会与客观自然相冲突”，他承诺“真正重要”的卷二一定紧随卷一后完成。卷二的初稿《土力学介绍》已经送往年轻的合著者拉尔夫·佩克手中进行下一步的“编辑和润色”。此时，伊利诺伊大学海军课程正以油印专题论文的形式，教授本书。

太沙基对于“编辑和润色”的要求已在和佩克的合作细则里逐条写明。太沙基提供的初稿有许多内容空白和大部分的图表缺陷，亟待佩克补全，佩克还负责增添遗漏的细节，丰富实例，润色英文。[9]后来，太沙基又增加“不要太过偏离我的主题”的要求，这点颇为恼人。[10]

遗憾的是，太沙基的写作计划中并未标明需要他逐阶段审阅佩克的工作。1943 年 1 月 20 日，佩克将终稿交给太沙基审阅，心中满怀激动，胸中洋溢着成就感。让他委屈的是，太沙基居然打回了终稿，回信道：“这份手稿还不太完善，比较粗糙，有些章节的水平堪落在普通考试论文的水准上。”太沙基建议佩克多花点时间，要求严一些，就像他自己在撰写《土力学理论》时准备一样。太沙基称自己完成《理论土力学》前，总计 900 页的书，他平均花费 5 个小时润色每页原稿。[11]

太沙基的回应，让佩克备受挫折，但他还是振作起来继续开始校对润色工作。后来，卡尔严厉的态度也有所缓和。编辑润色工作进展缓慢了，因为他们讨论的焦点从英语语言的使用转移到土力学的关键知识上来。他们发现，耽搁进程更多的主要是因为土力学的理论体系不完善，而非语言问题。太沙基解释称："对我来说，写作绝不是对内心世界或多或少的梳理。它逼着我去检查每一项研究的细节部分，其中的大部分毫无价值可言，只能摒弃。"[12]重写、检阅和修改进行了一年又一年，太沙基和佩克显然困在了自己的观察方法里。

直到 1946 年，这本书才接近完成。那时，本书已经由初衷的土力学简介转变成了一部土体工程的纲要性著作，起名《工程实用土力学》(*Sou Mechanics Engineering Practice*)，它囊括了历史工程实例、前人的智慧和土力学的有用知识。本书于 1948 年出版，[13]很快成为岩土工程教育领域的支柱性书目。[14]

土力学领域的专家们相互信任，联合起来反对日趋理论化、艰涩化的大学土力学教育。就像拉尔夫·佩克在评价麻省理工教授唐纳德·泰勒书稿中写道："理论的生般乱用只会引发灾难。"他说："就是这种做法，差点毁了土力学，太沙基和少数几个学者一直在为扭转此趋势做努力，最近才取得了一些进展。"[15]卡尔这样形容道：泰勒啊，可怜的同僚，是土力学的牺牲品，而我，太沙基，应该对此事负责。[16]

现代土力学研究热潮再次点燃了太沙基的激情，这股疯狂的劲头激励他完成工程地质方面的著书计划。他写信给好友施米特："我希望在工程地质方面的涉猎不至于像在土力学领域一样，出现严重后果。"他声称："每每想到我在此领域所发表的论述，便觉羞愧。"[17]对另一位好友，他说："我认为工程地质很好地弥补了土力学对于实际工程问题处理过于理论化的不足。"[18]但是他继而发现，"工程地质像爬虫那样滑溜，难以捉摸。”他的著作和在哈佛作的讲座在一定程度上丰富了工程实践。地质学家并非是能预测未来的神人，而是能勘查工程场地、推断不同地层的属性和情况，为后续工作提供依据的人。

1945 年 1 月，商业剪切和冲压机公司副主席兼总经理，R.V.普罗克特，走进了太沙基的办公室，为太沙基撰写工程地质著作，至少是与隧道建设相关的工程地质，带来了福音。为了拓展岩土隧道钢支护产品的市场，普罗克特和公司的结构工程师汤姆·怀特(这位并不是拉撒路的亲戚)正在合力撰写地下工程钢支护的使用手册。过去的 20 年里，普罗克特和汤姆·怀特曾见证了钢支护设备在超过 300 个隧道中的应用，但他们在工程地质学方面一无所知。普罗克特原本打算向太沙基请教个问题，但两个小时的交谈过后，他发现有更多知识亟待学习。按卡尔的说法是：“我们都有一种感觉，尽管那么多年我们一直生活在同一个国家，但是仿佛有堵高墙将我们分隔在两边。”

次日，太沙基给他们提供了一个大体方案。他预备写本书，里面有一个主要章节介绍隧道的工程地质及其与钢支护设计的关系。隧道学方面，从过去的一个多世纪到现在，已经有了许多书籍和文章，但在不同地质环境下钢支护的应用与选择方面，没有任何系统性的资料阐述。他很乐意写这本书，在得知他们愿意以工程咨询师的名义，给他在写书和其相关的科研工作提供经费时，太沙基更加高兴了。

太沙基觉得他俩虽在写作方面比较糟糕，但怀特在“力学方面领悟敏锐”，而普罗克特有着非凡的洞察力和领悟力，好奇心强，观察力出色。“兵荒马乱中，第一本书完成了，详细描述了硬岩隧道在不同地质条件下的开挖施工”[19]，这次合作的成果包括公司准备出版的上下两册书，分别关于钢支护在硬岩隧道和软土隧道中的应用。[20]遗憾的是，由于太沙基严格的要求，第二本关于软土隧道书的出版被延迟了，直到太沙基离世后才出现在公众眼前。[21]

第一本书系统阐释了岩石隧道钢支护的选择问题，被认为是太沙基出色逻辑思维能力的最好证明。太沙基在书中没有长篇大论的关于岩石的概括性论述，也没有岩石力学理论的详细论述，他只是简简单单地寻求与地下围岩特性等基本问题的答案，如：没有支护结构，或是支护结构安装不当，隧道围岩的表现会如何？对该问题的研究不仅引发设计人员对隧道设计规则和流程的思考，也衍生了一种实用的隧道围岩分类体系，这个分类体系在半世纪后的今天仍在使用，而且延伸使用到非隧道开挖的围岩分类。可惜的是，太沙基后来未能完成本书的其他部分。

在芝加哥和克利夫兰工作时，那时战争还未结束，卡尔和佩克经常一起出入。后来在 1942 年，佩克成为伊利诺伊大学-香槟分校的教师，卡尔于是成为香槟分校的常客。因此，伊利诺伊大学想留住太沙基，以期促进学术发展。系主任 W.C.亨廷顿对土力学很感兴趣，1945 年 4 月，他聘请太沙基成为该系的客座教授，每年薪金 1 500 美元，并给他安排两个兼职的研究助手听凭其吩咐，每个助手任期两年。太沙基负责举办一些讲座，来丰富该校的教学体系，讲座内容可以涉及他既往研究的工程实例以及土力学和地质学问题的处理方法等。卡尔认为这项任命只是将他与该系过往 21 年的交情官方化的象征。但这一切在善妒的亚瑟・卡萨格兰德眼里，完全是另外一回事。

太沙基能回美国，过半是亚瑟的功劳，因此，亚瑟内心深处就觉得太沙基应该听他的调遣。而且，亚瑟在哈佛也很需要太沙基，不仅需要他来提升自己的科研，而且需要他教授应用土力学和工程地质学，可以这样讲，没有太沙基，亚瑟几乎是孤军作战。[22] 1939年，斯塔波涅夫力劝卡尔太沙基去普林斯顿做讲座时，亚瑟说道：这个俄国人忽略了太沙基与哈佛的关系，[23]要承担很大代价的。得克萨斯州对太沙基的邀约，似乎没有造成任何影响，但这次伊利诺伊的任命引发了争端，诸多工程师显然无视太沙基与哈佛之间的关系。

亚瑟·卡萨格兰德向卡尔抱怨他们之间的合作越来越少。[24]这样的抱怨不是第一次了。1941年卡尔给亚瑟的信中这样提到，他们还是互不打扰的好，不仅是因为他们都很忙，而且"我俩的思维方式完全不一样。你的性格对你的科研工作影响太大，你太保守，一旦有想法，绝不更改。而我还是如同20年前一样，思维活跃，唯一不变的是我永不满足的好奇心。"尽管如此，太沙基还是希望，至少他们能像曾经那样交流分享。[25]

他们之间关系的发展，就像是浪漫小说经典桥段中的三角恋关系一样。亚瑟对待太沙基有如父亲般的尊重。他私底下喜欢和太沙基分析时事、谈论男人、喜欢听他的德国口音、听他回忆家乡、听他分享自己喜爱的古典音乐、艺术和文学。亚瑟较内向，他或许曾希望卡尔与人相处能更加随和，少一点严肃。卡尔却始终端着教师和雇主的架子，这使他们之间的关系日趋紧张。有时，这种紧张关系趋于一种悲哀的幽默。当卡尔仍贴着敌国公民标签时，在没有获准批示的情况下，他居然还在哈佛招待25名军官，组织他们参加了一个特殊课程。这对于亚瑟来说是不可想象的，因为他的妻子当时也被认为是敌国公民[26]，他知道其中的利害关系。（系主任迪恩·韦斯特加德仅仅要亚瑟通知官员们，不要向她透露任何秘密）。[27]发生这些后，亚瑟斥责卡尔。尽管他们曾是朋友，但两人性格差异太大，他们之间持续发生一些令人恼火的事情。

另一方面，拉尔夫·佩克出生在美国中西部一个有着虔诚信仰的家庭，家中常备柠檬水和祈祷书。[28]他与众不同——诚实、友善，刚开始会有一些固执。卡尔对施米特说，他可以想象出佩克“身着高领，拘谨地向认真倾听的观众解释他如何设法在鸡蛋的顶部弄出个小孔来的样子，而不是简单直白地说在鸡蛋上敲了一个洞。然而佩克是迄今为止我最优秀的学生，他至少愿意倾听，努力学习，并且有反复认真思考”。[29]

哈佛的土力学教研组当时很有名，每年都有新的研究生加入，在这些研究生眼里，亚瑟·卡萨格兰德和卡尔·太沙基之间的关系亲密无间。这个组织有序的研究团队被认为是两个教授紧密合作的成果，尽管卡尔从未被正式任命为教员。在哈佛大学，卡尔的讲座都座无虚席，这些讲座不仅激励了哈佛工学和地质学的学生，也给一些麻省理工的学生带来启发。因此在 19 世纪 40 至 50 年代期间，虽然他只担任工程咨询师，学术界仍给卡尔以太沙基教授的尊称。

1946 年，太沙基申请成为应用土木工程学方向教授，获得了学院批准，因此他的头衔发生了变化。有了这个头衔，他可以名正言顺地在外做咨询，他经常不在学校，有时甚至缺席一整个学期。与此同时，卡萨格兰德担起了全部的行政职责，还一边备课教学，他的课程条理清晰、结构完整，他的忠诚也获得了盛赞。

卡尔每年都两次拜访伊利诺伊大学，他精力充沛，常常一次进行 3 个讲座，每个讲座长达 90 分钟。他的演讲极具感染力，旁征博引大量的工程实例，符合听众口味，他偶尔还会运用奇怪的装置来表达自己的观点。

这些年来，除了负责芝加哥地铁，诺曼底、慈善医院和钢铁存储仓库的地基工程接踵而来。太沙基还以岩土工程勘探者和设计者的身份，利用其专业技能拓展了工作领域。他帮助重建了哈特福德破坏的堤坝；让墨西哥失效的水力冲填坝重新恢复使用；他推测准确，预料到苏必利尔湖滨沿岸会因部分地基的滑坡而造成损坏。他解释了纽约一所高中地基破坏性沉降的原因，也解释了密歇根州一座盐矿地面下沉的机理。他研究出了常年冻土（永久性冻土）的物理机理，并应用于阿拉斯加机场的地基建设。瑞典的一座基础选址于黏土层上，他提出了反对意见。在魁北克省，他第一次处理了黏土滑坡问题；在墨西哥城，又第一次碰到了黏性土的巨大沉降；在加利福尼亚，还遇到了长滩地区无止境的地表沉降。他还在加拿大不列颠哥伦比亚省、法国、印度、北非和巴西等地开展了新的工程咨询。

1941 年 7 月，在哈特福德，为修建高速公路路堤，当时项目组正准备用水力冲砂填满在新旧两个平行堤坝之间的中空地带，却发现外侧堤坝突然向外移动了 60 英尺，砂土填充物随即流出。水力填充物覆盖在一层细砂和粉土层上，该层细砂和粉土下卧一层"纹泥层"（在冰河时代由粉土和黏土叠积而成的地层）。根据美国工程师联合团的土样数据，太沙基描绘出滑坡后的地质断面情况，并推断出滑坡发生的时空顺序。滑坡最先发生在"纹泥层"，"纹泥层"发生少量滑动后，导致穿过细砂和粉土层的地下管道接头处豁开，发生管涌。慢慢地形成了一个巨大的洞室，洞室最后倒塌，引发了纹泥层大规模滑动。

大部分黏土层都未受此次滑动影响，工程师联合团简单分析了大坝稳定性后提议重建大坝。而太沙基表示，路堤并没有工程师们想象的那样安全，他们并没有从大坝的实际破坏过程中受到启发。根据太沙基的要求，最终采用观测法，时刻测量地层中的临界孔隙水压力，对大坝进行逐步修复。[30]

在哈特福特大坝损坏后，位于滑动带边缘的科尔特兵工厂地表开始出现裂缝。太沙基认为地表出现裂缝并不是因为接近滑坡地带，他推断造成地表裂缝的罪魁祸首很可能是地下洞室的坍塌，可能是在地下水位较高的时候，一处地下污水管在接头处发生渗漏，致使管涌，从而引发地下洞室的坍塌。在遭到破坏的地表下取了 48 个土样的结果证实了太沙基推断完全正确。[31]

太沙基非常有天赋，在处理工程问题时，他通常能够根据收集到的信息，大体描绘出一幅接近实际的区域地质图，然后再做工程结论。他的这种天赋在 1946 年纽约市布朗克斯行政区塔夫特高中项目中得到了很好的体现。该校新建建筑发生了严重沉降，市政部门认为是因为雷蒙德公司的桩没有打到指定的砂砾持力层上。太沙基观察到，同一组桩能打入地下的深度（碰到坚硬地层或障碍物的深度）相差很大，根据桩端的深度，[32]可将桩划分为几个亚组。此外，桩沉降的时程曲线显示独特的形状，太沙基判断，这种形状的时程曲线只能是黏土的固结沉降造成的。他解释道，尽管这些桩大部分已经被打入到砂砾持力层中，但在一些桩尖下面必定存在局部黏土区。

卡尔拿出地质历史学家的想象力，重新演示了冰川推进、消退和海平面的升降顺序，详细解释了自己描绘的地质剖面图。根据地质剖面图，他发现学校塌陷地基部分刚好处于湖岸古水体地带，该水体填满了基岩中的峡谷。太沙基推测，80 年前修建大坝时形成了密斯迪克湖，沿岸被洪水侵蚀成陡壁状，洪水带走的砂粒和粗粒土在附近湖底沉积。布朗克斯湖历史悠久，湖的沿岸都是砂砾石，它们也会被冲刷到湖底。这一区域真实的地层分布应该是：有一层连续分布的砂砾层，但其

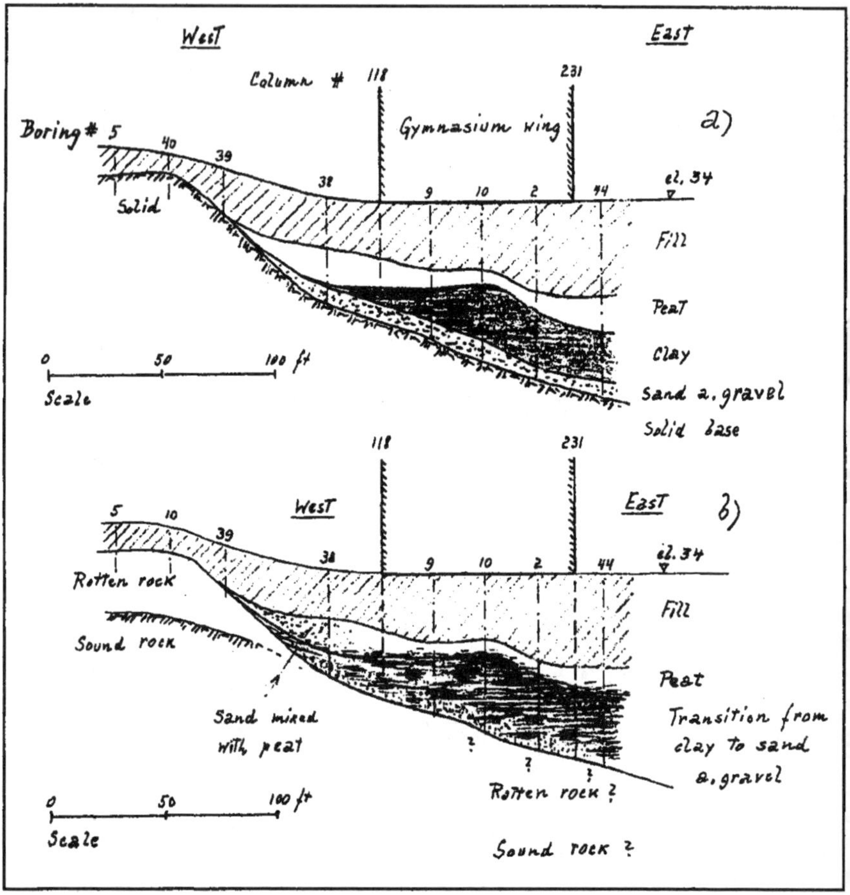

太沙基所绘制的图。图中是纽约塔夫特高中的地基比较图，对工程师绘制的图(a)和承包商在太沙基指导下按实际地质情况所绘的图(b)进行了比较。摘自太沙基的“纽约布朗克斯威廉霍华德塔夫特高中体育馆侧厅下沉原因备忘录”(1946 年 10 月 22 日)

边界极不规则，边界被小范围的砾石和黏土层打断，这些砾石和黏土层的构成极其复杂，且在水平和竖直向的分布都不均匀。从大楼的建造数据来看，此项论断非常正确。[33] 著名的冰川地质学家理查德·福斯特·弗林特，在给太沙基的地质推断写评论意见时表示，他在读太沙基的报告时，对太沙基无比钦佩。[34]

太沙基在为雷蒙德公司作法庭陈述时说，工程师没有采用必要的手段进行地质勘探，只是推测了地质情况，地质勘探上的疏忽导致了设计和施工规范编制的不到位。陪审团在审议半小时后，一致支持了太沙基的决断。

1943 年，卡尔和露丝一起前往墨西哥，去评估一个古老的水力冲填坝的安全性。1909 年，在大坝的工程完成 90%时，这个 60 英尺高的堤坝却已经遭受了严重损坏，后来做了些修复工作后，大坝又持续运转发电。但问题是，公司不确定往后是否还能使用该水库。但是，想要解释大坝发生滑坡的原因，还需应用地质学知识。从不同的采石场运来的两种不同的碎石，但只有一种密度足够大，能够通过水力输送系统到达坝堤位置，挤开淤泥，沉淀下去。完全了解大坝的结构后，太沙基向他们解释说，之前的大坝滑坡已经带走了易于产生滑动的软土材料。他断定大坝是安全的，能满足运营需要，他进一步向公司的人表明，他们甚至可以把坝高再增加 3 米。后来公司采纳了他的意见，成功增加了坝高。

卡尔拿到护照和墨西哥签证的时间有些延误，在抵达墨西哥之前，他决定选个墨西哥助手，代理他在内卡萨的工作。道森教授向他推荐了一个学生，这个学生还曾经在得克萨斯听过太沙基的讲座，但卡尔对他没有印象，于是向道森询问这个学生的详细情况时说：“如果他跟去年我雇用的那个受过大学教育的助手一般，既呆板、不切实际又毫无用处的话，我只怕要和墨西哥卫生当局起点冲突了，因为我会用我的双手掐死他，然后抛尸于内卡萨水库。”[35]太沙基在笔记里提到的那个“在大学里接受过专业培训的助手”着实惹恼了太沙基。一年后，太沙基还在嘲讽这个助手，就像他当初在克罗地亚嘲讽别人一样。“他接受的教育彻底毁了他，仅有的一点与生俱来的常识也荡然无存，他被我解雇后，他的母校倒是热切地为他提供了一份土力学讲师的职位，声称，他现在已经能把深奥理论和实践结合起来了。毫无疑问，过不了多久，他会接着祸害‘基础研究’领域。”[36]

因内卡萨项目，太沙基来到了墨西哥。但是，直到 1943 年，因为研究一个炼油厂的地基问题，他才真正对墨西哥城的地质状况有了透彻了解。[37]在这座伟大之城的现在位置，16 世纪初之前，一直居住着阿兹克人，当时这里还是一片小岛，四周环水，直到西班牙人入侵，开始排水填土，才慢慢演变成了现在的样子。一个钻孔在地表下面穿过了超过 300 米厚的“蒙脱石黏土”，这种黏土通常分布在火山地形附近，如有充足的水分渗透其分子结构，其质地会软化。在墨西哥地区，这种黏土层中水的体积超过黏土矿物体积的 10 倍。地表下深 100 英尺左右，黏土层中夹杂着水平砂层，随着软黏土层中的水通过砂层流出，黏土层产生固结，地层发生沉降。即使在地基下土层的超孔隙水压力消散以后，沉降还是以大致恒定的速度发生，这种现象被称为“次固结沉降”。

20 世纪之交，随着墨西哥城市地下污水管道的修建，建筑物下沉速度骤增，水井的修建，释放了砂土层的承压水，更加剧了沉降速度。此外，并非只有建筑物下沉，地层的沉降减小了污水系统的坡度，导致其无法实现重力排水。

在其他城市，可以通过开挖深基坑，修建地下室的补偿方法来减小高楼的有效荷载，从而减小高楼沉降。但太沙基对客户说，这种方法很难在墨西哥城实用。在地下室基坑开挖过程中，基坑底部的地基土可能会回弹 1 米，在地下室底板的边墙和中心地带会产生破坏性的不均匀回弹；然后，随着荷载的施加，两者还会产生大致相似的沉降量。

太沙基还曾担任帕拉西奥·德·贝拉·阿特斯歌剧院的顾问，剧院修建于 1900—1925 年期间。剧院动工初期浇灌混凝土地基时，场地就已经下沉了 8 厘米，后来在施工中，钢柱又下沉更多，以至于不得不采用千斤顶把钢柱顶起。1910—1920 年期间，建筑商试图采用注浆阻止下沉趋势，奈何一点也不奏效。太沙基认为，唯一可行的方案就是通过托换技术把建筑物的重量转移到深基础。1944 年，太沙基在报告中详细讲解了该方案的具体细节，并提醒大家："任何无前期调查的方案都是不负责任的赌博。这样的赌博，我已经目睹过太多次了，凭我个人经验来说，虽然不充分的前期调查实现了节省，但将造成更巨大的经济损失。"

6 年后，太沙基重新负责剧院的托换工程。这时，区域地下水位的下降已让下沉问题非常严重，建筑物也发生严重的变形。区域地层的下沉，也造成地面开裂，致使剧院周围一些恰巧在地裂缝上的建筑物遭受损毁。太沙基提议及时组织这些蒙受损失的物主联合向地区政府上诉该问题。[38]

太沙基在墨西哥遇到的地基问题中，最严重的或许是埃斯库埃拉师范大学。学校除了中央高塔座立于深 30 米的端承桩上，其他建筑物都建在浅(浮式)基础或浅摩擦桩上。学校的礼堂还恰好穿过张力区。埃斯库埃拉师范大学在竣工后的 2 年内，不均匀沉降非常严重，整个建筑物濒临崩塌，内部人员不得不排空疏散。[39]

形成条件特殊、工程特性差的黏土的区域性问题并非墨西哥独有。大西洋两侧北岸一些气候严寒的海湾和河口地区，填满了一种脆性黏土，这种黏土能突然软化成稠状流体状态。挪威、瑞典、魁北克都曾发生过大规模的流体滑坡地质灾害，就比如，原本结实黏土会突然从固体转化成流体状，然后奔流而下，带走整片农田。早在1941年，亚瑟曾向卡尔展示了波士顿蓝黏土的易脆属性，如果处理不得当，它非常容易软化成稠状流体。亚瑟还正确解释了这种特质的成因，是因为黏土在盐水中沉积形成。[40]

卡尔初次接触到高灵敏度的魁北克黏土，是在博阿努瓦附近的发电厂项目上，发电厂大坝从圣劳伦斯河取水，太沙基负责检查河边大坝系统的安全性。他发现，运河中高度超过20英尺的堤坝几乎每段都有开裂现象，随后会突然崩塌，滑移出去好几英尺。然后泥浆就会从堤坝趾部冒出，向前水平侧向流动至150英尺开外。滑坡一旦产生就会迅速水平向扩展，波及未受影响区域。卡尔非常坦诚地说，尽管自己在《土力学》一书已经给出了大致解释，但自己对这种土体还是不甚了解。伊利诺伊大学和哈佛大学很快就针对这种海相超灵敏黏土的起源和特性展开了研究。[41]

太沙基不仅擅长解决软土地层的过度沉降和地表塌陷问题，也擅长解决硬岩地层的相关问题，这些硬岩地层的问题通常是由人类工业生产造成的。19世纪40年代后期，他同时负责密西根怀恩多特盐田和加利福尼亚维明顿油田项目，两个项目都有严重的地表沉陷问题。

自1896年起，怀恩多特化工公司就开始从密西根地底深处的岩盐层采盐，他们在原地注水溶解岩盐层，然后抽取盐水。1947年，太沙基抵达当地时，采矿大楼的地表已经下沉了 5 英尺。拉尔夫·佩克认为沉降并非主要因为抽取地下水而导致的黏土固结造成的，太沙基不同意他的判断。沉降的范围太大了，而且，他从历史数据分析得出，以盐水洞室为中心的沉降跨度达到了 600 英尺。[42] 问题是，这一地区的持续沉降是否会像石灰岩地层带一样，导致地表突然崩塌？太沙基测量了一些填满碎石的地下空洞的孔隙度，然后断言，即使深达 100 英尺的地下空洞完全坍塌，也不会波及地表，只会简单地在基岩产生很多填满碎石的洞室。岩溶洞和地表塌陷不太可能发生。但是太沙基的合作顾问，拉尔夫·佩克和卡尔·贝茨并不完全同意他的观点，于是，他们联合向管理层写了一份报告，认为虽然可能性不大，但并不能完全排除在公司办公楼地下形成岩溶洞的可能。[43]

太沙基签署了此份报告，但是他不忍让他的客户担心发电厂大规模突发塌陷事故，所以他又认真思考了此问题，从索尔维公司历史案件中收集额外数据，因为索尔维公司的许多矿区产生了岩溶洞。他仔细研究这些数据，分析每个地表塌陷案件中的地质和力学特性，并将有可能酿成岩溶洞灾难的不同机理进行分类整理。结合这些材料和怀恩多特盐水工作区特定的工程地质条件，太沙基通知该公司管理层，此处发生岩溶洞的危险微乎其微。[44] 但是，1954 年，还是发生了岩溶洞灾难，直接穿过安大略省温莎市的河流。《生活》（*Life*）杂志在封面头条上对此进行了报道。

加利福尼亚长滩的维明顿油田的地表加速下沉，这是近些年来美国西部发生的严重地基问题之一。从 19 世纪 30 年代在此开采石油开始，地表开始下沉，到了 1952 年，已经下沉 16 英尺，导致地面每 100 英尺的水平距离缩短了 4.5 英寸。

《华尔街日报》(*The wall street Journal*)在1952年10月13日报道称每月为了防止海潮淹没码头和临水区的工厂，以及解决陆陆续续的问题，所需花费高达100万美元。“政府和私企必须承担起有史以来最大的海港救助作业重担”。每年，数百万吨碎石从卡特琳娜岛的采石场运到此处，用来建造堤坝，填补低洼地带。还有约150万吨的碎填料从海港底部被带走。原因是开采石油，从1932年起，已有约6亿桶原油，2亿桶水和大量的天然气被抽取。

城市街道和工业设施都有被潮水淹没的危险。海军修建了4.5英里的混凝土结构来保护船厂；长滩政府额外拨款3 000万用来进行维修或迁移桥梁、道路、码头和办公楼。此外，沉降产生的地表水平压缩造成一些建筑物的立柱开裂、铁轨屈曲、塔桥倾斜，同时，处于水平张力区的城市地下管道发生破裂。1949年，因为地层下沉导致一个断层滑移了13英寸，200个产油井的护壁钢套筒被拉裂；1954年，新产生的断层滑移又拉裂了68个油井。

南加利福尼亚的爱迪生公司饱受这些问题的困扰。这家公司在长滩海港的特米诺岛上有个占地43英亩的蒸汽发电站，恰好坐落于沉降槽的中心。到1952年，沉降产生的地层压缩迫使该公司更换冷却水系统。随着地层沉降幅度越来越大，发电厂面临着被水淹的危险，该公司不得不在发电厂四周修建防洪堤。[45]

堤坝高度的确定取决于地面可能进一步沉降的幅度。尽管长滩口岸机构对沉降影响发布了一个公众福利损失评估，但是他们的评估没有得到石油公司的通力协作，所以评估结果并不可靠。1948年9月21日，为了改善局势，在南加利福尼亚爱迪生中心召开了一次会议，石油公司、长滩市政府、联合太平洋公司以及斯坦福研究院的代表参加了会

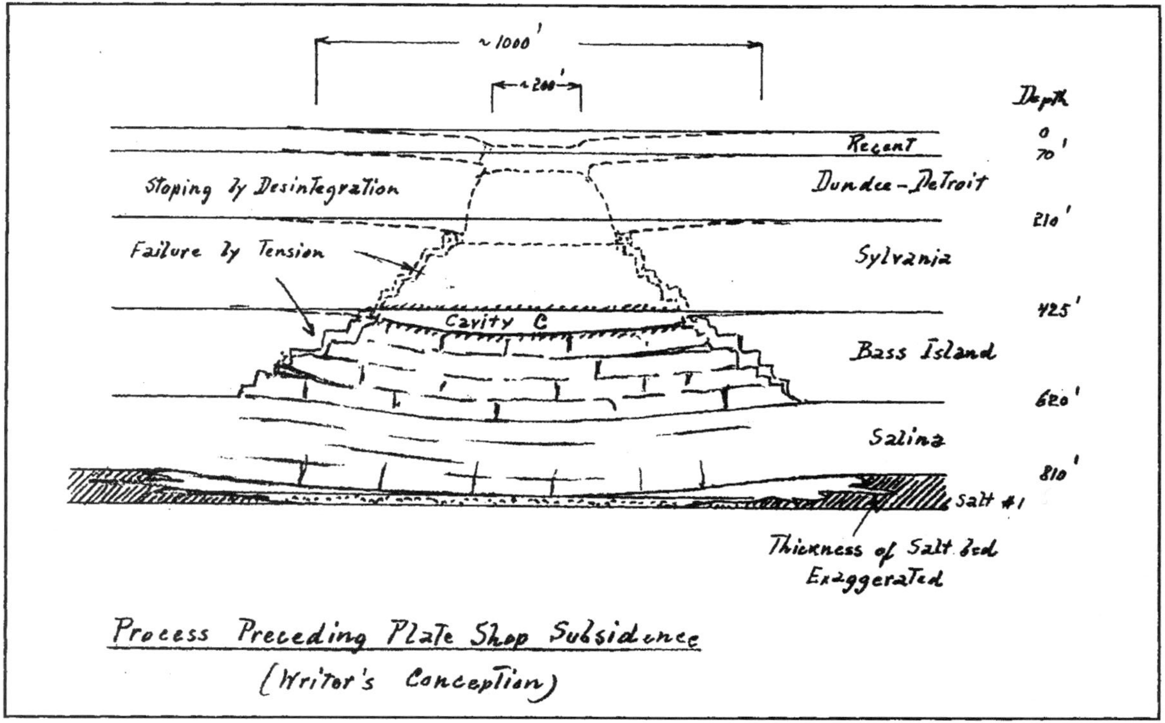

来自太沙基1950年12月30日提交给怀恩多特化工公司的”关于盐水田沉降状况的机密报告”,图中解释了导致地表大面积下沉的原因

议。斯坦福研究院邀请了一大批专家，其中就有卡尔·太沙基。太沙基为南加利福尼亚爱迪生公司准备了一份非正式报告，调查了可能导致地面下沉的原因。报告中，太沙基非常肯定地指出，特米诺岛上发生的一切，唯一能解释得通的是：不断开采石油，导致产油沉积地层内的液压降低。[46]

太沙基创立了土体压缩产生地表沉降的分析方法。他向业主解释说：有效应力是单位面积的土体重量和土体孔隙中的流体压力之差。因此，如果抽出液体后，孔隙压力减小而土体重量保持不变，有效应力必定增加。有效应力的增加就可能压缩和缩短减压层，导致地层下沉。

如果地层由砂土组成，地表的沉降可以通过获取不同地层的压缩系数，然后将各压缩系数和该地层中的有效应力增值相乘来预测。另一方面，如果石油区的降压减低了黏土层的孔隙压力，沉降将会产生一个滞后效应，这个沉降和滞后可经由太沙基的固结理论计算出来，这个方法现在已经成为土体工程实践中普遍应用的常规方法。

这样看来，卡尔·太沙基似乎在处理此项目上得心应手，游刃有余。真的是这样吗？维明顿油田不是从土体抽取石油，而是从上新世和更新世的沉积层中抽取的。尽管这些沉积层和土体很相似，却还没有在这种材料上运用固结理论的先例。此外，取样工具并没有深入产油层，因为产油层在地表以下 2 000～6 000 英尺处，太深了。油田被许多个正断层隔开，使之成为几个独立的地质体，石油开采仍在继续，开采的速度因为区域不同而不同。开采区域包含了体量很大的岩体，没有一处按照太沙基的常规要求采样测试过。虽然地面的沉降曲线图已被画出来，但对土体的水平应变了解甚少，对地层变形沿地下深度的分布更是一无所知。更糟糕的是，尽管关于地层中孔隙水压力在不同区域下降的采集信息常常填满几千页的报告,但压缩油层中的空隙不是由水饱和,而是由油和天然气饱和。

因此,1949年4月23日,南加州爱迪生公司副主席华莱士·查德威克在读完太沙基乐观的报告后,授权太沙基对此问题进行详细分析,摆在太沙基面前的任务非常艰巨。为了更好地开展工作,太沙基收集和消化了大量的报告,还让他的雇主雇佣了一个能干的石油工程师查尔斯·道森,他负责收集、筛选太沙基需要的数据。

太沙基面临的第一个决策是,究竟应该采用适用于砂土的简单压缩理论还是采用适用于黏土的时间滞后固结理论来计算沉降。毫无疑问的是,沉降随着时间的变化而变化,但这一事实可能由很多原因造成,如:场地区域太大、抽水速率随时间变化、以及天然气含量随着时间变化,而不一定是由低透水性黏土层的缓慢排水速率引起的。这个物理原理在太沙基的固结理论中有所述及。

观察分析种种沉降的数据和现象,太沙基确认时间滞后效应非常小,可以忽略不计。石油是从可压缩砂土层中开采出来的。据报告称,砂土层中夹有泥砂岩层。泥砂岩由风把砂和粉土吹落进海里,沉积变质而成,里面没有黏土,即使有,也很少量。这些泥砂岩基本上是不可压缩的。

地层的沉降由地层内孔隙压力的下降造成,孔隙压力的下降由很多原因产生,并且每处孔隙压力的下降在地层各处产生的体积压缩也不同。因此,地层总沉降的计算,需要根据道森提供的数据,在地层的每一处,叠加由不同原因孔隙压力下降造成的分个沉降。这本身就是个浩大的工程,太沙基的报告,算上附录和绘图,大概有400页。[47]他对不同土层的压缩率进行了合理的估计,并采用土体随深度变硬的常理,假定石油在某个特定的区域以某个特定的速率开采，太沙基预测地面最大沉降可能在17～20英尺之间。考虑石油开采周边最坏的发展形式，总沉降可能高达23英尺，但是，太沙基认为这是不可能发生的。因此，太沙基给南加利福尼亚爱迪生公司提议，大坝的防洪设计应考虑20英尺的地面沉降，并且应留有预备，在最坏的情况下，如果地面沉降达23英尺，大坝高度要能被加高。

太沙基并不是唯一预测沉降的人。斯坦福研究所也为长滩市提供了一个报告，报告基于一个复杂大胆的数学模型，引用了太沙基以前的博士生那波尔·卡瑞洛提出的新理论。斯坦福研究所的人信誓旦旦，认为自己预测的结果更为科学，因为他们运用了电子计算器以及一个精准的理论——卡瑞洛的"拉应力中心"理论。斯坦福研究所比太沙基有条件接触更多关于油田的运作信息，卡尔认为他们预测沉降的模式是有参考价值的，但他认为他们估计的24英尺的总沉降太过夸大。无论如何，他认为，这是一群"运行状态精良，充满自大情结的计算机器"，是采用应用力学中的错误力学理论计算出的结果。[48]

1950年10月，太沙基这篇皇皇巨著终于完成。到1951年9月，下沉速度并不像太沙基预期的收敛，而是达到了每月0.17英尺的新高度。别人问他，是否这片场地发生了些新的变化，你是否必须修正你的推测？南加州爱迪生公司正准备发放800 000股普通股的招股书，现在发生的情况让他们非常恼火，因为如果下沉继续增加，会在市面上引起恐慌。太沙基为配合招股书，发表了安慰声明：他2年前预测地面沉降不会超过23英尺，没有任何迹象表明沉降会超过23英尺。"但是，所有关于沉降的估算，包括太沙基自己的，都不可避免的是基于简化的假设，在获得新信息以后，先前的推测就可能要重新修订。"[49]他们的确修改了先前的预测。

1954 年 1 月,太沙基不得不重新发表报告,应对远高于自己预估的沉降速率的状况。[50]此时,太沙基能够很方便地进入油井深处进行勘查,他发现产油区顶部以上地层只是随着下部地层的沉降而下落,自身并没发生压缩。经过艰苦调查和创造性地设想,唯一能解释现状的就是,沉降是由真正的带有时间滞后效应的固结作用产生的。泥砂岩并不像先前设想的那样是不可压缩的,而是它们的低渗透性阻止了产油层内部以及产油层之间的排水。令人悲伤的事实就是,现在,真正的最终沉降可能要"远远大于"太沙基之前的计算,更糟糕的是,即使停止开采石油、停止抽水,沉降依然会继续。

在 1954 年 1 月份的报告中,太沙基提出了两种方案,一种有些乐观,一种彻底悲观。这两种方案实际上囊括了随着时间推移可能发生的沉降状况。但是,时间流逝,一年又一年,下沉的实际情况正如最悲观的预测趋势那样,甚至超过其预估的最大值。沉降速度急剧增加:1958 年 23 英尺,1970 年 33 英尺,或许到了 1979 年会有 38 英尺。多年后,拉尔夫·佩克对所谓的泥砂岩进行取样、固结和分类测试,发现这"岩石"实际上是一种典型的油性黏土,有着该类黏土典型的压缩和固结特性。[51]以前的地质描述显然误导了大家,对他们来说是个惨痛的教训。

1952 年 4 月,太沙基在写给道森的信中自嘲道:"等我再来到洛杉矶的时候,我在油井实践领域的知识将不会如现在这般了,应该是会有所提高的吧。"事实上,他确实在这个领域悟性越来越高,还提出了许多新方法。基于斯坦利·威尔森的研究,他首次在工程实际中应用钻孔边坡测斜仪来测量因油层下沉产生的应变。维明顿油田案例中,在认识到时间滞后这个沉降中的关键和必然的因素以后，他所做的预测，尽管采用了简化假设，后来被证明是极其精确的。太沙基为人处世极为出色，能与高层互通有无，他从标准石油公司的主席处获得了一条重要信息，即赛罗尔石油公司在委内瑞拉马拉开博湖下发生沉降的油田中尝试使用了高压注水技术。可以说，太沙基此后极力推崇该方法，即通过把水压进地层孔隙来恢复地层的孔压水压力，并最终用该方法制止住了沉降。1953 年，太沙基已经 70 岁了，这时，他仍然坚持学习，不仅仅学习如何处理沉降问题，同时也在学习如何调理自己的身体。

太沙基教授在哈佛举办讲座,1950 年

第 16 章

哈佛、印度和巴西

卡尔·太沙基刚开始担任工程咨询师时,乘坐飞机还得鼓起勇气才行,但这么多的咨询工作,没有一两个听凭自己调遣的工程师是不可能完成的。太沙基参与的纽波特纽斯港、共和钢铁公司、长滩以及其他公司的项目耗时多年,工作时间还相互冲突,他的行程安排十分紧凑。例如 1949 年 12 月,完成了巴西、土耳其、法国、英国和美国大部分地区的走访工作后,卡尔终于回到了温彻斯特家中,在此之前,他已经有 6 个月未着家了。这样紧凑的行程最终还是不得不中止下来。1953 年 3 月,太沙基犯了轻微心脏病,这头"熊"不得不住进了医院。早在 20 年前卡尔 50 岁生日时,他就在日记里提及自己的身体正在走"下坡路",但除了轻微的关节炎,他都没什么大碍,直到将近 70 岁时,他才抱怨有"一个微不足道的状况"[1]——他的心脏病——扰乱了他的日程安排。[2]他休息了一阵子,但是很快又投身工作、写作、娱乐和旅途中(每次长途旅行,他的行李中都装着 6 条香烟,这是他消磨时光的好办法)。

卡尔能高效工作还要归功于露丝的付出。露丝是地质学博士,也是这个领域的权威,但是为了配合卡尔的工作发展需要,她放弃了很多专业研究活动,几乎独自一人担负起抚养子女、整理家务的重担。她还是卡尔的商业助理,帮他打印一些信函和报告,负责编辑和评审工作,还充当卡尔的私人司机。卡尔曾经开过飞机,但却从未开过车。[3]

卡尔产出颇丰，即使在身受冠心病折磨时，也从未终止过工作，认识他的人都佩服不已。1954 年时，艾里克·斯肯普顿曾在太沙基家做客，住了 10 天后他注意到，卡尔会时不时的离开一会儿。卡尔对此解释道，这都是为了更好地工作，2 个小时的充分休息后，他又能精神焕发地重新投入团队工作中去。卡尔工作效率非常高，他写文、绘图很少需要返工。他通常在信纸上绘图，他绘的图一贯清晰、简洁、完整。斯肯普顿说："温斯顿·丘吉尔从不会看超过一页长的备忘录。"太沙基的绘图也一样。他说，你如果不能在信纸大小的纸上清楚表达自己的想法，说明你还没有想清楚。[4]

不久，哈佛规定退休年龄为 70 岁，这让卡尔的负担减轻了不少。但太沙基即将退休的事刺激了亚瑟，他们两人整理出一份名单，筛选一些有能力担任卡尔助手的教师，争取让卡尔能坚持工作到 1955 年 6 月。为了表明自己对太沙基的敬爱，亚瑟还成功说服院长麦乔治·邦迪和校长科南特，让他们授予卡尔荣誉退休教授的头衔，尽管之前有规定，授课时间不足一半的教授是没有资格获得该头衔的，但亚瑟·卡萨格兰德说："后人会发现，太沙基称得上 20 世纪上半叶最杰出的土木工程师了。"而且，卡尔获得的荣誉和奖项数量空前，是当之无愧的"哈佛之狮"。"其实卡尔付出很多，但只领取了约四分之一时间的报酬，"卡萨格兰德道，"哈佛真是捡到大便宜了，支付廉价的薪水，却得到如此丰厚的回报。"这样比较一番，行政机构没有别的选择，于是同意授予太沙基荣誉退休教授头衔。[5]

亚瑟是对的。卡尔的身体状况已经糟糕到了极点，但他依旧精神矍铄，思维清晰。他继续担任国际土力学协会的会长；还被都柏林、伊斯坦布尔、墨西哥、苏黎世和里海（后来还有格拉茨和柏林）的一些大学授予了荣誉博士学位；美国土木工程师协会曾 4 次授予他代表业界最高荣誉的诺曼奖及其他一些重要的奖项；波士顿的土木工程师协会也曾 4 次授奖给太沙基；此外，富兰克林学会、澳大利亚的建筑工程师协会和新英格兰工程协会也曾授予他奖项。在授予太沙基美国土木工程协会荣誉会员资格时，F.E.施米特致辞，“太沙基在教育界影响深远，他的门徒遍布世界各地，且成就非凡，由此可见一斑。”[6]

这些成就确立了太沙基在土力学和岩土工程领域的权威地位，必要时，他能果断发表声明，捍卫该领域的尊严。太沙基卓尔不群，难免会招致一些攻讦，这些人多半是太沙基刻意回避或是在不知情的情况下冒犯的人，还有一些是在太沙基专业领域发表不成熟作品的人。

有个杰出的地质学家，想请卡尔为他论述地质专家和工程师合作的论著初稿提出一些意见，卡尔回复道：“我不太推荐这本书，现在在这个领域出版概述性论著已经不合时宜了……工程实例总是比抽象概念更具说服力。”[7]在审阅另一本工程地质学方面的新书时，他认为作者在主题不相干的内容上花费了太多笔墨。“完全没必要精读此书，它无趣又无益。很遗憾我并没有发现此书有什么优点。”[8]

在评论美国农垦局工程师们发表的刊物时，太沙基写道：“我唯一想到的能改进刊物质量的办法就是更换作者。”[9]在评判斯克里普斯海洋学研究所的工作时，太沙基称，只测量深海沉积淤泥的含水量，而不同时测量其液限，就是在做无用功。他还批评研究所，根据土颗粒粒径的大小为沉积淤泥分类的方法太过陈腐：“真遗憾，你们现在还在坚持使用这种方法！”[10]

太沙基发现自己曾经的助手卡尔·兰格为了获得博士学位，伪造数据后，他给予言辞犀利的批评，不偏不倚。19 世纪 30 年代中期，在维也纳科技大学，卡尔·兰格还是太沙基的学生时，太沙基对他印象很好，并应他的邀请，为法国的赛瑞塔斯和维尔保险公司建立了一个土力学实验室。兰格在非扰动土取样的试验设置、提高注浆技术，以及在矿井中直接测量黏土膨胀等问题方面，成就突出，当时太沙基评价兰格是法国不可或缺的人才。[11] 1939 年，太沙基曾考虑让兰格担任他在欧洲的代表。1940 年底时，太沙基还试图帮助他脱离纳粹党，为他在芝加哥阿穆尔研究所安排了一个职位。让卡尔没想到的是，兰格未能成行，因为他当时仍在巴黎秘密地为纳粹党工作。战后，太沙基仍向兰格施以援手，甚至打算让他担任自己印度项目的注浆顾问。

可想而知，兰格的学术不端行为让太沙基大失所望。太沙基果断做出决定，和弟子断绝关系。他写道："我不打算干预你的专业活动，因为还有其他一些工程师和你一样，有违学术道德但也没人批评……我希望今后不再和你有任何牵连，也请你不要来打扰我。"[12]

另一个激怒太沙基的人是密歇根大学的威廉·豪塞尔，他是美国最早一批教授土力学的专家之一。他教授的那一套土力学理论系统摒弃了太沙基的固结理论。但在与太沙基交锋中，豪塞尔陈述乏味，比不上卡尔逻辑清晰、有说服力，完全不是太沙基的对手。佩克本想化解太沙基对豪塞尔敌意，但这种想法只能是徒劳了。

耶鲁大学的哈代·克罗斯、迪米特里·克里南和弗兰西斯·巴伦似乎也对太沙基和卡萨格兰德有些不满，觉得两人有些傲慢。克罗斯和太沙基在慈善医院项目中曾发生过一些冲突。连亚瑟都觉得克里南才疏学浅，而他竟然先于太沙基出版了一本英文版的土力学方面的书。[13] 太沙基在后来出版的书中，也从未引用过克里南的教科书。至于巴伦，他居心叵测，编写了一本美国土力学史，却没在书中提及太沙基。

巴伦写道，1914年之前的研究方法，表述"简单，语言质朴易于理解，没有赘述繁复的专业术语、符号使用和方法论等"。对此，太沙基援引伟大的自然学家、地质学家路易斯·阿加西兹的话进行反驳：科学真理必须经过三个阶段。第一阶段，人们可能会认为科学真理挑战权威；第二阶段，人们宣称早就发现这一科学真理了；第三阶段，人们觉得一直以来就相信这一真理。太沙基说："土力学正进入第二阶段。"[14]

普林斯顿大学的格雷戈里·斯彻博塔涅夫教授认为，土体工程学家其实从未到达第三阶段，而是又回到迷信圣经权威的第一阶段，只是如今，新的权威变成了太沙基而已。[15] 19世纪30年代时，斯彻博塔涅夫从维也纳引进太沙基的研究方法和设备，大大提高了埃及工程基础的建设工作，他十分钦佩太沙基的成就。但后来，两人之间又起了冲突，斯彻博塔涅夫受到太沙基学派的批评攻击，显得有些畏缩。为了还击，他指出了太沙基出版物里的错误。他还声称，太沙基故意将他提交给美国土木工程协会的论文（关于水下挡土结构）搁置一边。他振振有词，指责太沙基滥用职权，故意拖延他论文的出版，好让自己的相关论文先问世。

卡尔告诫这个不幸的俄国人："你真是善于歪曲真相、制造不和谐气氛的大师……接受事实吧，我们如今所有的发现，不论多么重要，都只不过是众多发现中的一小部分，况且今日之真理通常都成为明日之谬误。所有的真理都始于一个假设，真理是一点一滴不断积累而成的。每个人要承担的社会责任很重，但个人能够做的其实非常少。"[16]

卡尔如此直白地回击，是因为他不愿再卷入旷日持久的争论中。他责任心极强，对自己要求很严格。他通常会选择参观文化古迹来打发空闲时间，借着工作机会，他得以游览海内外知名的景点。比如墨西哥的帕里库廷活火山、尤卡坦的玛雅遗址、秘鲁的印加古城、泰姬陵和印度的一些景观，还有埃及的博物馆、考古奇迹等。每次项目，他都和客户们一起努力工作，好挤出时间四处游览。太沙基在一则写给负责其肯尼亚日程的工程师的信中写道："在内罗毕时，如果里奇先生 1 月 20 号星期六还在城里，我想去拜访他……如果下午有空能去狩猎区游玩一番，我会很乐意。"[17]

太沙基在海外的大部分工作都是修建水坝。那个年代，为了灌溉、供水供电，世界各地都在修水坝。不管你喜不喜欢，一座座水坝还是平地而起，也无法否认，修建水坝的工作极具挑战性，也可能对公众的安全造成潜在威胁。如果水坝的底部、两侧和内侧出现管涌或者滑坡破坏，供给一个大城市一年用电量的水源可能会瞬间耗尽。有时修建临时围堰是工程中最具挑战的部分，修建围堰是为了对河水进行分流以便建设主坝。相比于那些永久结构，人们对临时围堰地基条件了解甚少。此外，建设主坝可能需要 3～4 年甚至更长时间，在此之前，承包商的运气很大程度上取决于这几年当地河流和气候的变化情况。因此，当印度人决定在戈达瓦里河(河漫滩约有 1 英里宽，水量是密西西比河 4 倍)筑坝时，[18]太沙基正是他们的理想咨询专家人选。

1946 年秋，卡尔在印度南部花费了 6 周时间，为拉姆帕达斯加大坝和波拉瓦拉姆水库设计围堰，工作相当辛苦，但这也是一个标志性的工程。当时穆斯林和印度教徒之间的关系非常紧张，且英国统治日渐式微。卡尔发现，这里工作效率低下、一片混乱，卫生条件极差，回想起来，他觉得这是他到过的中亚最糟糕的地方。他向朋友 F.E.施米特提起这次经历时，他称"这让我自少年时期对印度抱有的那点憧憬几乎全幻灭了"。[19]

无论如何，这个工程确实无比壮观。为了把混凝土大坝坐落于基岩上，需要在河床的透水冲积层中开挖250英尺深。太沙基的任务就是修建围堰，为修建大坝提供一个无水的施工场地。围堰要有1英里长，并且穿过的河道在洪水期水位可能抬高50英尺，在洪水的冲刷作用下，河道可能深达100英尺或者更深。

卡尔起先不确定自己能否胜任，比较悲观，也提不起工作兴致，对周遭环境更是不满。在写给施米特的信中说："我和我的团队，还有一个带着香炉的本地人，围着那些压缩和液限测量仪，砸开了椰子，喝了椰汁，算是给建在荒地的竹屋顶土体实验室的落成庆祝了。蚊子嗡嗡乱叫，四处咬人（没有纱窗，周围都是死水潭，有近一半的工程师都患了疟疾）。"大坝施工现场，有数不清的钻机在工作。每个钻机配有30个施工人员，机械开挖和人工开挖一起，挖了很多深约17英尺或者更深的测试竖井，挖出来的泥土，装进浅篮子里，从一个女人头上传到另一个女人头上，直至最后被运走，整个传输过程像是"生命蠕动着"。土样最后都混在一起了，"每一次含水量测试都是个大工程"。[20]马德拉斯办公处没有绘图工具，没有平面图，甚至连像样的纸张和铅笔都没有。太沙基被告知，寄往美国的信没有送达，因为邮票被偷了，收到的电报残缺不全，下属们总是不能完成交代的工作，其他的工作也是一团糟。

但是，当太沙基看到有希望解决围堰问题时，他对这个地方的态度开始转变了。他铆足了劲儿，马不停蹄地工作，不断勉励自己："工程的发展有赖于工程师们的勇气和自信，坚持自己的判断。"[21]现在，他喜欢上了戈达瓦里河，它犹如"一个巨大的实验样本，周围风景绮丽"，月光皎洁的夜晚，猴子撒着欢儿，不远处有一群大象，白色的象牙依稀可见，仿佛一个个白色的指示牌，牛群的铃铛，叮当作响，吓走了眼镜蛇，老虎在丛林中觅食，一片好风光。尽管太沙基在医院里待了 3 天，独自一人，凄凉地忍受着痢疾的折磨，他仍然很享受这段奇妙的经历。在给大学和工程学会演讲时，看到大家都充满热情，踊跃参与，他更加感到欣慰了。

太沙基认为地基土主要是透水性很好的粗砂沉积层，下覆片麻岩。山谷的最西边可能会分布一些黏土(河流自北向南流)。围堰防护结构的布局由两个要素决定：一是洪水期河流侵蚀河砂的深度，即冲刷深度，二是岩基表面的细部条件。

围堰主要通过施打钢板桩建成。钢板桩的设计必须保证其在冲积层中有足够的下埋深度，以保证钢板桩不被河水冲刷裸露出来。钢板桩底部土体如果被冲刷得太薄，围堰很可能出现缺口，造成作业区被淹没，引发灾难。要确定冲刷深度首先要监测洪水流经前期、中期、后期的河床情况；然而，这远远不够，因为洪水期形成的冲刷洞可能很快会被泥沙填满，所以洪水期时，可能探测不出所有的冲刷洞。太沙基提议，在洪水到来前，用一个巧妙的装置(显然是他的发明)自动测量安放在河床上的配重钢筒的埋置深度，如此一来，就能知道河水的流动变化过程。但是，围堰使河道变窄，河流在变窄河道中的冲刷深度可能会更大。

太沙基绘制出了基岩面的等高线，依据此图初步规划了围堰的平面布局。马罕南迪山隆起于辽阔的河漫滩上，山上有一座约有 800 多年历史的庙宇；该段河流的航道在其东面。太沙基计划首先开挖山谷的西半边，在马罕南迪山的上游至下游，修建一段围堰，以保护山谷的西半边免遭东边洪流的影响。挖掘工作将深入地下 250 英尺，从砂层直达基岩，然后浇灌混凝土。按计划，一旦混凝土高度达到河漫滩原始地面（高程约 50 英尺），就可以移除围堰，使河流重新向西侧流去，然后在山谷东面修建类似的围堰，以便完成马罕南迪山东面大坝的施工。这是一般在大河上修建大坝的标准流程，但在像马罕南迪山这样巨大且水量不可控的山谷里修建大坝的情况几乎没有先例。

太沙基认为，一定要做好挖掘作业时的排水以及边坡的维护工作，因为场地下的土层主要是透水砂土层。为了能在去印度之前获得土体的详细数据，太沙基拟定了密集的钻孔和贯入测试计划。[22]他抵达现场时，勘探结果已经出来了。然而，土体调查结果与他之前的推断相去甚远。西面挖掘作业时发现，沉积的土层并非都是砂土，绝大部分是黏土，黏土层夹杂在砂土层中间。这些黏土和形态极不稳定的伦敦黏土一样，扰动后容易呈流塑状态，并且容易开裂，水能自如穿入土层，使土体强度降低。如果基坑开挖过程中排水工作做得不到位，这些弱化的黏土和流砂层可能失稳。所幸，黏土层整体呈楔形状，朝马罕南迪山方向越来越薄，基本上未达到山体，据此，才找到了排水、挖掘工作的突破点。

太沙基提议先在黏土层中进行试开挖，估测出采用不同坡脚放坡开挖时基坑的临界安全深度。太沙基保守估计，采用 1∶4（垂直高度为 1，水平距离为 4）的坡度开挖时，边坡的临界开挖高度可达 100 英尺，他依据此制订了相应的开挖计划。但结果证明，这个边坡的临界高度只有预期的一半。而且，在一次试验中，水被允许从集水沟渗入试验基坑，弱化开裂的黏土在水作用下，边坡的稳定性迅速下降，直至坍塌。这个项目确实难度非常大，但太沙基依旧相信项目能够竣工。

整个围堰系统包括长约 4 千米的水坝和堤坝，这些水坝和堤坝坐落在不同的地层上，但都设计承载于基岩上。围堰采用钢板桩格笼修建，即用钢板桩围起一个个小格笼，然后再在内部堆填砂土，钢板桩要尽可能打到基岩面。这钢种板桩最多只能打到50英尺深，再深入的话，相邻钢板桩之间的联结就会失效；而对于这个项目而言，要在透水材料中开挖250英尺的深度，钢板桩将悬空在下卧的200英尺透水层中，这样一来，开挖过程中就会有大量的水涌入基坑，软化黏土层，同时在砂土层中产生管涌，导致基坑边坡失稳。

为解决这一难题，太沙基提议，先开挖一个75英尺深的沟槽，然后从沟槽底部下桩，沟槽上游用黏土回填，下游用堆石和滤砂回填。如果采用这一方案，就需要额外开挖超过200万立方码*的土方，但是太沙基对自己的方案非常自信，坚持要求施工团队按他的要求施工。

还有更严峻的情况是河水冲刷造成的隐患。在东面围堰的第二个台阶与河流平行，这段工程的基岩上有一个很深的冲刷坑。太沙基推测板桩底部的砂土全都可能会被冲刷干净，如此一来，围堰必然会倒塌。

要使钢板桩在一侧底部遭到严重冲刷的情况下，仍保持足够的强度来保持基坑稳定，目前还没有可行的方法。但是，可以采取体积巨大的混凝土块来保护钢板桩底部的一部分砂土免受冲刷，混凝土块相隔几英尺，用钢索串连在一起，排列开来，形成一个巨型链状结构。这一设计要求沟槽的宽度增加一倍，还需要大量的每块体积约几立方英尺的片石，以及在混凝土块链顶部和侧面储备大量的碎石。水流冲刷作用会使混凝土块链产生滑动和旋转，进而在墙侧的砂土中形成缺口，这时，之前储备的碎石会自动掉落，把缺口填满。最后，由混凝土块和碎石形成的防线就能保护剩下的砂土免受冲刷。

---

* 1立方码≈0.765立方米。

为了确保万无一失，太沙基在设计方案时一般以比实际情况还要糟糕的土体条件作为参考。在波拉瓦姆大坝项目时，地层条件并没有比他最初预设的情况好，且每一次新出炉的数据都表明实际情况更糟糕，但他没有灰心，依然找到了解决办法。太沙基在建造围堰过程中，针对不同的地质条件，尤其是不同的基岩地貌，提出应对方案，足以显现他艺术大师般的设计能力。

卡尔回到美国3个月后（途中去埃及游览一番，还在圣诞节期间，挤出时间，开了几次讲座，最后才回家），他又应朋友阿道夫·艾克曼之邀去了巴西。库巴坦电力公司为了扩展变电站，对岩体进行了适度的采挖，不料竟造成山体滑坡。仅仅几个月的时间，滑坡已经扩大到600 000立方码，滑坡头部不断向前蔓延，甚至开始影响到山脊的稳定性，山脊上还建有7条高压输水管线（“引水管道”），严重威胁到了发电站的安全，情况十分紧急。

太沙基提议马上进行排水作业以阻止滑坡。首先在滑动土体边侧挖隧道和排水渠，等滑坡情况有所缓解之后，再向滑坡体内钻孔。[23] 为了能定位滑坡体的滑动面，太沙基提出采用曾在斯沃尔发电站使用过的方案：从滑坡山体顶部往下挖尽可能深的竖井，根据竖井边墙的错动情况，判断滑坡面的位置。[24] 同样还可通过隧道和排水渠的被切断的情况，来定位滑坡面的位置。

这样，土体的滑坡情况就被精准地描绘出来了，太沙基的排水方案也起了作用，阻止了滑坡的蔓延。为了增加安全储备，太沙基提出进行深层排水和加固工作，以提高高压水管所在山脊的安全系数，因为之前的滑坡很可能使风化围岩出现开裂，“根据以往经验，一条贯穿的裂缝，有可能迅速或缓慢地恶化很大体积的风化围岩的稳定性”。一旦出

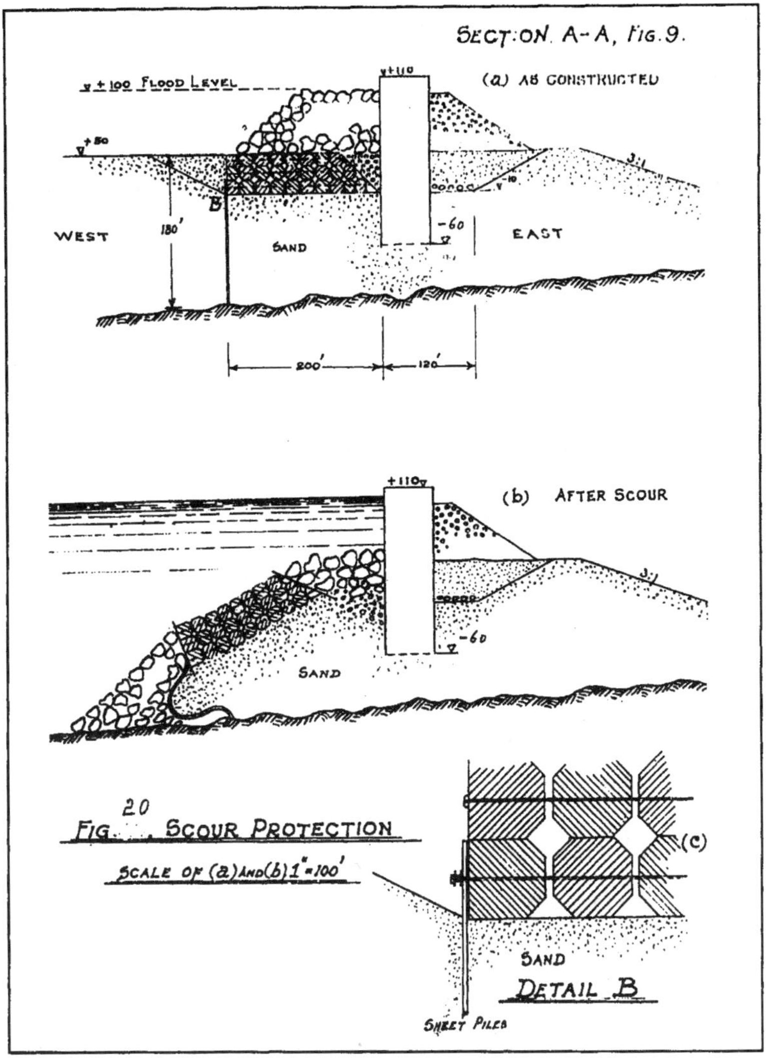

太沙基曾为印度哥达瓦里河上的博勒沃勒姆大坝设计围堰，此图是为围堰设计的防冲刷方案。摘自"印度马德拉斯省哥达瓦里河上的拉姆帕达萨加大坝(更改名)开挖施工情况和围堰设计报告"，卡尔·太沙基，《国际工程公司-马德拉斯省政府的报告》，1947年7月，(后又收录在《土力学：从理论到实践——太沙基作品选录》中，第359－393页)

现滑坡，横跨山脊顶部马鞍地形的压力水管就有可能遭到破坏。滑坡的发生提醒了工程师，他们迅速采取行动，保护山脊，并说服公司放弃对山顶的进一步开发计划。

成功解决山体滑坡问题后，艾克曼所在的巴西牵引机车、照明和电力股份公司（由加拿大多伦多控股）也想要留住太沙基，请他协助解决拉吉斯水库的水位问题。自 1908 年水库开始提高水位以后，水库周边很多地区就出现了渗流、开裂和滑坡等一系列复杂问题。这些问题由来已久。现在，湖水沿水库边缘的地势低洼处（被称为"鞍部"）向外渗流，致使下游边坡出现严重滑坡问题，危及水库的出水口。太沙基根据直觉判断，水是从鞍部左侧严重破碎的围岩中渗流出来的。于是，他建议在山体一旁修建地下排水渠道，收集渗入山坡的水流。[25]这一系统的成功应用使水头减低了 8 米。[26]

太沙基的这一系列举措，保证了水库和排水系统在现有 423 米蓄水位的正常运行，但是，电力公司原拟在鞍部兴建一座堤坝（拉吉斯 4 号堤），将水位提高到 430 米。太沙将水压和水流数据作了精巧的分析，定位了水库的渗水位置。随后制订出一个可行的堤坝施工方案。即在鞍部上游区域填置堆石，在下游区域开挖一条竖直的沟槽，内设滤水层，滤水层和堆石相连。这条沟槽必须穿过透水风化围岩延伸到下部的完整围岩，因为根据太沙基的分析，水库蓄水位较高时，水流主要通过透水性很高的坚硬风化围岩层渗入鞍部，这层风化围岩夹在上覆不透水土层和下覆完整的基岩之间。被竖直滤水层截获的水流会从一个新的排水隧道排出。

公司的加拿大管理层认为太沙基的方案成本太高，打算用不透水的黏土层替换在鞍部上游的堆石。太沙基强烈反对，因为他发现巴西

在巴西维加里奥堤坝：阿道夫·艾克曼(左)、奥勒·斯特兰德贝里(左数第三)，和波特兰·福克斯(右数第二)。太沙基在斯特兰德贝里和波特兰·福克斯之间

施工团队在土工结构的施工方面严重缺乏实践经验，并且他们也不能确定把堆石换成黏土层之后，大坝能否安全运营。

太沙基的建议非常有预见性。1952年公司发生了“政变”，副总裁阿道夫·艾克曼离职了，巴西牵引机类照明和电力股份公司变得资金不足，毫无市场竞争力。公司最终采用了黏土层方案，并且如太沙基所预料的那样，施工质量很差。更糟糕的是，滤水层没有像太沙基要求的那样延伸到完好的基岩，因此排水系统无法排干底部坚硬的风化岩层中的水。

拉吉斯堤坝完工时间被严重延误了。发现堤坝出现状况时，施工人员还试图通过集中灌浆来阻止渗流，但这也无济于事。临近1960年时，水库水位还没有提高到设计高程，但电力公司迫切需要水库来发电。公司只好放下身段，恳求太沙基出手协助。就目前的情况而言，如果仍想把水库水位提高到430米，就无法保证整个鞍部地区的稳定性，鞍部地区一旦失稳，湖水有可能全部流出，引发灾难。1960年时，太沙基再次出手为项目设计施工方案，尽管已经77岁了，他仍设计了挡土墙和下游排水系统。后来，事实证明太沙基的方案是经济、可行且巧妙的。

在拜访艾克曼期间，太沙基还负责了巴西其他一些难度较高的项目咨询工作。其中就包括万加格瑞尔堤坝（这座堤坝的建筑材料极差）、某个修建在地下岩层中的发电站的咨询、圣保罗地铁的初步设计、某个石灰岩采石场土边坡的设计以及某个建在黏土层上的铁矿石贮藏场的咨询。

这个铁矿石贮藏设施（隶属于矿业公司）的情况非常不乐观，总工程师十分忧虑，于是请太沙基审核公司下一步的发展计划。矿业公司的现场主管非常不信任工程师采用的土力学理论，同时又很迫切地想通过简单、不到位的方案赶快完成项目。太沙基发现此时贮藏场情况已经很危险了，在给该公司的报告[27]中，他建议该工程师辞职。该工程师接受了太沙基的建议，辞职了。

关于圣保罗地铁项目，太沙基认为隧道要穿过饱和的粉细砂层困难重重，无异于一场冒险。当采用压缩空气法掘进一个比地铁隧道小很多的隧道时，空气发生泄漏，地层变形严重，无法控制，地面也发生沉陷。[28]而此时，艾克曼私下告诉卡尔，他已经不自觉地卷入了同事捏造的一场公众丑闻中，卡尔就没有继续跟进项目了。

对太沙基来说，巴西是一个全新的国度，不管是当地的人们还是土体地质条件，总能出乎他的意料。但讽刺的是，他在那里经历的消极怠工事件都源起于外部政治压力。太沙基担任埃及阿斯旺大坝项目设计咨询委员会主席后，经历了相同的命运。

第 17 章
冷战政治与专家法庭证词

尼罗河是埃及的命脉，水量巨大，在阿斯旺每年平均水流量达到930 亿立方米，足够满足全国包括农业灌溉、工业和食品行业发展等在内的需求。但是尼罗河水流非常不稳定，可以说是变化莫测。在旱季，比如 1913—1914 年，整个国家都处于干旱缺水的状态，然而在涝季，比如 1878—1879 年，洪水吞没了整个尼罗河三角洲。人们为了驯服尼罗河而兴修水坝的做法可以追溯到 19 世纪，由此阿斯旺低坝得以建设。到 1950 年，为了满足埃及的发展需求，迫切需要修建一个更大的水库。与其毗邻的苏丹也想从尼罗河中分一杯羹。

这个巨大的水库不仅需要容纳尼罗河一年的流水量作为储备，还需额外容纳特大洪水期可能增加的 300 亿立方米的水量，以及水库蓄水沉积的约 300 亿立方米的淤泥。基于这样的想法，萨阿德-阿尔-阿里项目诞生了，项目核心工程是建造水库容量为 1 700 亿立方米（1.4 亿英亩尺）的阿斯旺高坝，此容量将是胡佛水坝米德湖水库的 5 倍。

修建如此大规模的工程需要国际资金的支持和世界顶级工程师的指导。欧洲一些大型设计公司获邀参与项目的初步设计，一些工程咨询委员会的工程师也被聘请参与项目的重要工程决策。[1] 1953 年，卡尔受到邀请，但由于心脏病的缘故，他不得不婉拒邀请。当时埃及政府一再坚持，希望太沙基能参与此项目，于是双方就此协商了酬劳问题，太沙基提出要有充足的工作时间且能提前获取薪金。协商达成一致后，太沙基于 1954 年 7 月在开罗开始着手项目工作。项目工程咨询委员会第一次大会时，卡尔被其他成员选举为委员会的主席。[2]

太沙基欣然接受了这一任命，并且也很快向同事们证明此工程最大的困难是水坝施工作业区的排水问题。在大坝施工期间，至少有一个冬季，水流量会高到每秒 14 000 立方米，因此必须采取预防措施。太沙基提议在花岗岩中修建 7 条排水隧道，它们直径 16.5 米、长 2.6 千米，以提供每秒 11 000 立方米的排水速度将水导向峡谷四周。然后，在上游修建一个高 40 米的围堰，在下游建造一个稍小的围堰，从而为主体大坝的修建提供一个无水的河床施工环境。

上游围堰的设计工作还有几处困难。修建围堰的一半材料来自阿斯旺湖水下沉积的淤泥，淤泥的使用高度需依据围堰地段而定，在 30～100 英尺之间。可以肯定的是，围堰修建期间，会有相当大的水流没过围堰顶部。因此，堤坝要有一定的斜坡，这样才能抵御住河水的冲刷作用。水坝和围堰地基下主要沉积的是细砂和粉土，深约 150 米（500 英尺），在围堰的端部地段，地下还有局部的漂石和圆砾层，圆砾层颗粒间空隙很大（透孔圆砾）透水性很好。这种局部地质很可能发生管涌，导致围堰坍塌。太沙基写道："在这样的水力条件下，把高围堰建在粉细砂河床上，是一项很艰难的工程，而且没有先例。"[3]

用来修建堤坝的材料有开挖隧道的碎石，河床的粉土、细砂和沙丘砂，以及邻近区努比亚砂岩层中的夹层黏土。工程咨询委员会提议，先在谷底的细粒沉积层上修建一层 23 英尺厚的砂滤层，然后在砂滤层上逐层水平堆填花岗岩碎石，形成围堰主体。为了避免管涌发生，延长渗流路径，砂滤层要一直延伸到下游主坝部分，还需在其顶部覆盖一层低渗透性的压实粉砂层。为了防渗，堤坝体的坝心由压实粉土组成，并施做黏土注浆帷幕。

工程咨询委员会的工程师都认为尼罗河阿斯旺大坝的设计是安全可行的。但是，1959 年 6 月，又突然出现了一个新的非工程性问题，工程师们不擅解决。纳斯尔主席与苏俄达成协议，苏俄宣称可以提供贷款，并且不附加任何条件，由苏俄负责阿斯旺项目第一阶段——排水阶段的工作。[4]

纳斯尔计划的 5 年工业化和土地开垦项目没有得到西方国家的经费支持，而且因为项目前期设备资金，已经欠苏俄的债了，因此，纳斯尔坦然向苏俄求救。于是，工程咨询委员会迎来了一位新监管。

新来的苏俄工程师们修改了原来的方案。他们建议在大坝压实粉土覆盖层下堆填碎石，从而增加堆石的数量。此外，他们还提议取消围堰堆石层下的砂滤层。苏俄人认为，在粉土沉积层上堆填透水的碎石层，或者直接在碎石层上铺放压实的粉土覆盖层，都有可能诱发土层内部的侵蚀，造成管涌；认为可以先堆放大块碎石，然后通过一项洗砂作业用沙丘砂填满碎石内部的空隙，这种施工技术为"冲填"。

苏俄方还有几项重要调整。在围堰修建上，他们提议从河道的两岸逐步填塞河道，先让河水从河道中央的低洼处通过，然后迅速填塞河道中央，合拢围堰；而太沙基之前曾明确要求在整个河道中逐层堆填和压实土层的方法来修建围堰。此外，苏俄方提议，将 7 条导水隧道的大部分地段改用明挖方法修建，这些明挖段需要在花岗岩中开挖深达 80 米的基坑。

这项调整在太沙基看来是相当鲁莽的，主要是基于苏俄方面特殊的机械和工艺的局限性才提出来的。太沙基认为，在组织大规模的泄

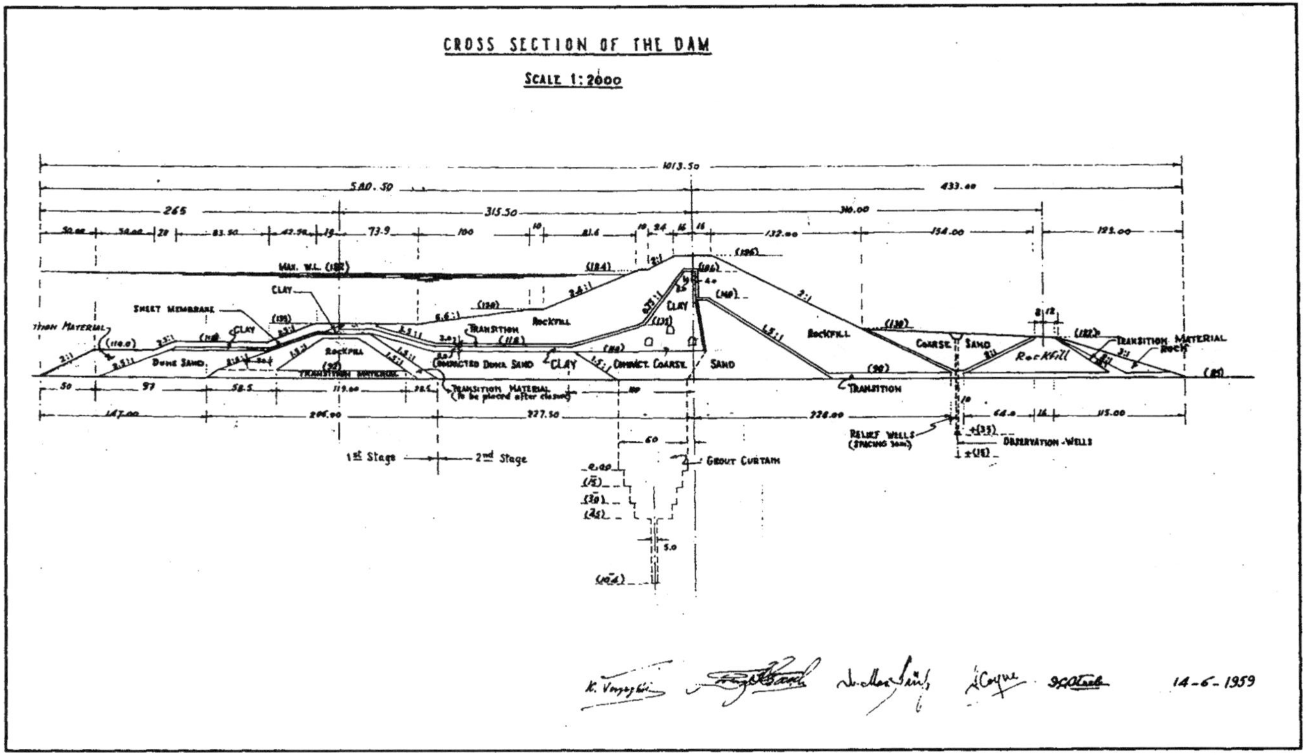

顾问委员会签署过的阿斯旺大坝设计初稿,1959 年 6 月 14 日

洪隧道工程建设方面，苏俄无论是在设备还是经验方面都相当缺乏，所以他们才会主张明挖，明挖会产生大量的碎岩，因此他们想当然地提议增加主坝工程的碎石使用量。

太沙基的工程咨询委员会一致否决了苏俄方面的设计修改提议。如果按苏俄提议的，围堰从两岸向河中间施工，河水会冲刷侵蚀主坝合拢段下方的地基，这种冲刷侵蚀很难控制，如此一来，主坝的施工就更为复杂了。而撤掉围堰的砂滤层，采取在堆石粗空隙冲填细砂的做法，让太沙基既担忧又愤怒。

他写道："采用洗砂方法填充堆石空隙的话，砂子填入空隙后，并没有一个切实可行的方法找出哪些部位仍未填满。因此苏俄很容易向埃及工程师们证明，他们的方案是完美无缺的，而工程咨询委员会的咨询师们的预测是错误的。事实上，在堆石的大部分空隙都未填满的情况下，围堰建成后，仍可以把尼罗河水引入排水坑道。苏俄工程师就进一步证明了他们的洗砂施工方案是正确的，如此一来，苏俄能胜任主坝（第二阶段）建设的呼声会增加。"[5]

太沙基接着说："直到主坝竣工，水库填充完成，上游围堰缺陷的影响也并不一定会很明显。第一阶段时，如果堆石层溢满了砂土但仍有空隙未被填满，或者填充的砂土没有着落到他们预想的砂滤层。水库第一次蓄水后，或早或晚，地下土层受到的侵蚀和冲刷会引起大坝的局部或者整体坍塌。"

当萨阿德-阿尔-阿里部门的埃及负责人哈桑·扎基强迫他们部门改变初衷，由支持工程咨询委员会改变为支持苏俄的方案时，局势已非常明显，埃及已不能掌控局势。这些苏俄设计大师没有意识到他们的局限性，这是相当危险的，太沙基不得已只能辞职。

在辞职信中，卡尔写道："第一阶段施工期间，即使是咨询委员会的所有建议全部被忽略，上游围堰也有可能，并且可能性很大，可以正常运行，以保证大坝施工作业环境。但是，大坝建成且水库蓄满水后，围堰的运行条件与大坝施工过程中的完全不同。围堰的运行条件可能开始恶化，或快或慢。但是到了这个阶段，所有挽救方法都回天乏力，已经无法阻止围堰的恶化了。咨询委员会经过深思熟虑，提供了可行的上游围堰的设计和施工建议，但没有被采用，这很可能产生灾难。为了我的职业声誉，我决定放弃继续参与(项目的第一阶段和第二阶段)，这个项目与我无关了。"[6]

在这一关键时刻，人们回想起发生在法国的一起惨烈的大坝坍塌事故，当时，由于工程咨询委员会成员安德烈・科尼设计的马尔巴塞水坝倒塌，造成至少 400 人死亡(事故发生在弗雷瑞斯，非常靠近 1939 年时露丝在法国里维埃拉的避难所)。溃坝发生在水库初次蓄水时，溃坝原因是坝肩基岩地质条件非常差，而此处的混凝土拱坝修得又很薄。卡尔知道后，对在地质条件恶劣的场地上选用这样的大坝结构，表示了严厉批评。但现在，他安慰起这些疯狂的同事，写道："不幸的是，随着工程领域的发展，这一类的失败是无法避免的，因为现在，也没有其他方法核验我们设计理念和施工程序的合理性……其他工程师会因能从你们大胆的设计里汲取经验教训而表示感激和同情。知道了这些，你的痛苦至少可以有所缓解。"[7]《工程新闻纪录》的编辑瓦尔多・鲍曼问自己可否保存卡尔信件的复印本，以"提醒自己，当一位工程师设计的结构出现问题而酿成悲剧后，另一位伟大的工程师是如何回应的"。[8]

卡尔之所以从阿斯旺水坝的项目中退出，是因为最终施工方案不是他想要的，他认为依此方案建成水坝后，安全隐患非常大。他绝不是因为和他人的争论而离开的，因为在之前所有的争辩中，论逻辑正确性的话，卡尔永远是那个胜出者。就像在法庭辩论上，卡尔经常作为专家证人。他准备充分，在法官面前，报告内容有理有据，还蕴含丰富的实例，十分具有说服力。

芝加哥地铁项目竣工后不久，发生了一场诉讼，反对派预料卡尔极有可能作为“最后的重要证人”出现，他们对于如何应付卡尔过于紧张，而没有作盘问其他证人的准备。聪明的辩护律师意识到这点，他只建议卡尔在家休息，不要再插手这个案子。“这种心理战术相当成功。陪审团最终判决政府方面胜诉。”[9]

卡尔的确是位令人敬畏的专家证人，但他并不总是咄咄逼人，其中有一个著名的案例就证实如此。事情发生在加拿大不列颠哥伦比亚省，1953 年 8 月，瓦特萨发电厂局部出现故障，最后决定此事采取公开听证处理。[10]故障发生 6 周后，太沙基被邀请到事故地点。太沙基得知 H.G.艾克尔设计公司参与了此项目，他原以为该公司负责项目的咨询工作。但是，该公司其实只被要求提供工程技术、经济前景的可行性研究以及项目早期阶段的设计布局方面的意见，当时还未决定压力管道是置于地下还是地上。艾克尔公司的工程师并没有进行实地考察，而是根据电力委员会提供的数据给出了以往一贯可行的建议。在最后方案定稿施工前，电力委员会决定自己制订设计方案，并和艾克尔公司于 1948 年中终止了合作。电力委员会最后采用了地下压力隧道的布局方案。

太沙基错误地夸大了艾克尔公司在此项目中的作用，他坚信该公司没有进行场地勘查，甚至连现场都没参观过就附和电力委员会的方案，这是危害客户利益的行为。太沙基认为没有把通过隧道和地下管道向发电厂高压输水存在渗漏的潜在危害告知电力委员会，正是这一重要疏忽造成了此次事故。

1951 年 4 月，在隧道开始输水不久，厂房向南 600 英尺左右(水向东流)的地表出现渗水问题；仅仅 3 个月后，水流明显增大并且还有其他东西涌出。在花岗岩峭壁底部地层软化，下沉了 15 英尺。不久之后，变电站地面开始有粉质泥浆渗出。28 个月后，在 1953 年 8 月 11 日，一场大规模的滑坡事故使变电站变成一片废墟。5 天后，在场地被慢慢清理后，又发生了第二次滑坡，变电站残余部分被泥石流一并扫入水库，使得 100 吨重的大石块冲破了发电厂的墙，这时，艾克尔设计公司再次被传讯。

在回顾这段地质灾害时，太沙基推断，项目启动后的几个月内，很明显地，隧道渗水问题变得严重。渗水本身不是大的灾害，而是渗出来的水无法自由地从山谷底部排出才引发事故。因为不透水的粉质冰川沉积物覆盖在破碎花岗岩谷壁上，犹如一条天然紧实的毯子覆盖在透水基岩之上，使水只能从隧道渗出，从而产生过大水压，掀起冰川沉积层。随后冰川覆盖层产生初始滑动、开裂，渗水的恶性循环，覆盖层不断软化，最终导致滑坡。

太沙基认为，在发电站设施设计之前，这些灾害结果从三个方面的调查就应该被推测出来。首先，任何合格的工程师认真审阅地质图就能推断出来；其次，这里曾经发生过滑坡(从倒下的树木的年龄来判断，最近的滑坡发生在 70 年前)，滑坡就发生在冰川沉积层和岩壁交界处，太沙基认为，这次滑坡是由于自然渗水引起的，通常积雪融化后水迅速渗入基岩裂缝，致使冰川层出现滑坡；最后，隧道渗漏出的水流、附近的泉水，没有汇流到谷底，反而上升到了海拔 180 英尺高的地方，水流始终高于粉土层顶部。这些水流水位的提高说明了冰川层下的水压也随之有所提高，至少与 180 英尺高的水头水压相一致（加上沉积层的厚度）。

太沙基观察到，如果管道内的水压致使混凝土隧道出现纵向裂纹（裂纹平行于隧道方向），水流会大量涌出管道。当管道无水时，这些裂缝是很难发现的，因为此时裂缝呈闭合状态。1907 年，太沙基做过的压力管道测试曾遇到类似的情况：虽然隧道排水后检查发现衬砌看起来完好无损，“然而，在隧道底部一处发现了一只青蛙，后半部分突出在混凝土衬砌的外面，而前半部分夹在了衬砌的里面”，[11] 青蛙钻进的这道裂缝是几乎看不见的。在听证会期间，太沙基讲述的这件事是媒体喜欢的题材，因此对整件事情的报道也生动起来了。

太沙基还发现像瓦特萨这样的事故并不罕见。比如，洛杉矶渡引水渠水的砂溪虹吸管也曾经历过类似的事，当时引水渠正进行运行前的灌水测试。另一个案例发生在瑞士堪德斯堡谷，1945 年 7 月 27 日堪德斯堡谷山体发生滑坡，导致滑坡的原因就是在谷底覆盖着几百英尺厚不透水的冰川沉积层。压力输水管就建在高于谷底 340 英尺的地方，与斜坡面平行，埋在山体深 560 英尺地方。有一天，突然有约 100 万立方码体量的碎石从斜坡滑落，许多房屋被掩埋，连河流都改道了 700 英尺长。

瓦特萨大坝坍塌后，艾克尔在调查报告中总结道：由于施工期间对岩石和土质条件了解不够清楚，所以没有预料到潜在的滑坡威胁。卡尔极力驳斥这种说法，虽然卡尔相信他们都是很负责任的工程师，但艾克尔公司仍然要担负主要责任。“瓦特萨项目里，地面有很多明显的征兆表示当时的水压条件非常危险……而工程顾问的一个主要职责应该是确定工程设计中的薄弱环节，及时将施工和运行期的潜在危险反馈给业主以引起重视。”

太沙基认为，艾克尔公司正像其他公司一样“太过自信”，应该承担责任。他在报告中给出的评语相当尖锐犀利：“很少有工程师熟悉高压输水隧道的工作特性，艾克尔公司的工程师也不了解。”在听证会前，卡尔的朋友拉尔夫・佩克和阿道夫・艾克曼看到太沙基的报告后，极力劝太沙基删掉这句评语，但卡尔很坚持，也很愤怒。他认为，一个工程师应该对因自己失误而导致的工程事故负责。卡尔说，他们如果没有能力发现危险，就应该带上专家才对。

太沙基的评论让公众对艾克尔公司更加不满，而随后艾克尔公司的辩驳更激怒了公众。艾克尔公司说他们并没有参与项目全部的咨询工作，只是在项目早期，远程参与了部分咨询；而且，公司过去在高压输水隧道的设计方面是很有经验的，甚至比太沙基还要专业。[12]太沙基的朋友汤姆・拉普斯是南加利福尼亚爱迪生公司总工程师，他说道：“也只有像你这么有权威的人，才能以如此强硬的态度对付这些人。”[13]

尽管皇家专员克莱恩认为艾克尔公司在此次事故中的责任很小，撤销了起诉，但艾克尔公司对太沙基的评论甚是不满，准备起诉他。[14]与太沙基的报告相反，艾克尔公司认为全部的责任应由不列颠哥伦比亚电力公司的总工程师和他的委员会承担，是他们忽略了电厂员工的反馈信息造成的。

太沙基之所以在瓦特萨项目上反应如此强烈，是因为他之前处理山体滑坡事故时，至少有两次和瓦特萨情况类似，都是由天然不透水沉积层覆盖了岩体饱水节理的出水口而造成的。一次是在西顿湖桥河电站，离瓦特萨不远的不列颠哥伦比亚地区（在第 18 章讨论）；另一次发生在安大略苏必利尔湖沿岸的马拉松纸浆造纸厂。[15]

马拉松造纸厂当时正在建造中,工厂位于花岗岩山下,花岗岩基岩一直延伸到湖底。花岗岩层上覆盖着一层砂土和一层黏土,顶层是砂土。为了平整工厂场地,在山体斜坡上开挖了一个平台,并由楔形状填筑体向着苏必利尔湖方向延伸。基础方案在太沙基来之前就设计好了,由 6 000 根桩组成,每根桩长 45～60 英尺,这些桩穿过表层砂土插入黏土层中。

1944 年,邀请太沙基担任顾问时,工地已经打好 3 000 根桩,太沙基要求钻孔穿过 40 英尺的黏土层到达更深的砂土层中。钻孔发现,砂土层中的地下水是承压水,承压水面高于湖面 23 英尺。太沙基要求在继续下一步作业前,排干砂土层中的承压水,但是,排水作业耗费巨大。当大家还在继续协商讨论时,积雪迅速融化成水,渗入花岗岩层节理处,短短时间,水压迅速上升,抬升了黏土层。这造成宽超过 350 英尺,体量为 120 000 立方码的土体滑移,造纸厂的地基遭到了毁灭性的破坏,完全没有修复的可能。

完成瓦特萨滑坡原因报告仅一周后,卡尔又在为萨苏姆阿大坝争端撰写报告。当时,大坝正在施工中,修建在肯尼亚茅茅党活跃的地区。[16]由英国霍华德汉弗莱斯森斯公司为内罗毕市设计的萨苏姆阿大坝是一个匀质的堤坝(具有混凝土芯墙),筑堤高 100 英尺,建造材料是夯实的黏土,黏土来自当地火山岩山上一层厚厚的岩石风化层。施工开始时,法国承包商发现这种黏土含水量特别大,建坝前必须要排水,花费很大。为了解决这个问题,他聘请了 A.卡柯特教授,卡柯特教授是土力学专家,在理论方面建树颇深。卡柯特教授发现黏土不仅含水量高,而且有些特性非常奇怪,比如黏土尽管塑性低,但是液限值很高,而且压实后密度仍然极低（低于每立方英尺 70 镑，仅略大于淡水的密度）。[17]

为了保证堤坝的质量，施工过程中尽量将黏土含水量控制在一个较小的范围内，即最优含水量，具体由业界普遍认可的室内轻型击实试验确定。对于一个特定的击实强度，每种土样含水量达到最优值时土样密度为最大值。土体工程方面的经验表明，当堤坝的土体含水量大于最优含水量时，土体的抗剪承载力会变低，且土体中会出现过高孔隙水压力。这些问题，可以通过平整边坡坡度，放缓施工进度，或者在压实前尽量排干水分来解决。但萨苏姆阿大坝土体含水量却大于这个最优含水量（63%∶50%）。于是卡柯特教授对业主建议道，如果不提前进行大规模的排水工作，采用这些材料建设汉弗莱斯大坝是相当不安全的。他建议业主重新设计方案，用堆石代替之前计划采用的黏土。

汉弗莱斯寻求了英国土建工程师古思拉克·威尔逊（通过他的非洲公司史葛和威尔逊）和伦敦帝国理工学院的艾里克·斯肯普顿教授的帮助。经过这两位专家的核实，他们认为建坝采用这种材料的情况实属罕见。尽管比起卡柯特的结论，他们对这种黏土的评价中性得多，但是，这两位专家还是提议改变设计方案。当时，承包商和客户就这一问题不能达成统一意见，内罗毕市称承包商失职违约，直接请太沙基前来对原方案的安全性和可施工性进行评估。

考察完大坝场地条件，审查完一堆数据后（其中包括斯肯普顿在矿物学方面的研究结论），太沙基提出了新的观点。[18]他同意斯肯普顿的分析，黏土材料确实是不同寻常的，因为这种黏土主要由一种罕见的矿物形成，学名为埃洛石黏土，这种黏土的颗粒不像寻常黏土是片状结构，而是空心管状结构。在这种黏土中，不仅土体颗粒的孔隙间含有水分，其颗粒的管状结构内部也存在水分；但由于这些额外的水分存在于管状颗粒里，它并不影响土体颗粒间的相互作用力，因此，这些额外的水分对黏土性质没有影响。此外，之前认为取土坑的土体主要是该黏土，但是土样的粒度测量表明：有半数的土体是由比黏土粗的颗粒组成的。太沙基认为这些土体是粉土和砂粒大小的埃洛石管状颗粒的混合物，这些管状颗粒由氧化铁黏合剂黏合在一起，形成稳定结构，因此尽管它密度低，却是很好的堤坝建设材料，所以完全推翻原来的设计方案是没有必要的。他说，黏土密度低本身不是个问题，在墨西哥市有一些非常高大的建筑物，所处地基的土体密度还不到萨苏姆阿黏土密度的一半。[19]

太沙基的观点以及一些其他设计改进措施，内罗毕市政府和汉弗莱斯都接受了，但承包商却坚持拥护卡柯特的意见。最后，大坝没有依照合同规定进行，而是根据实际的工期和材料情况，在政府工程师的指导下完工。仲裁听证会举行时，大坝已建成，水库也蓄满了水。

为了这次仲裁会，太沙基准备了第二份报告。[20]在最初的报告草稿中，他认为承包商已经对于堤坝采用的新材料作了合理的考虑，是因为市政府的工程师工作过程中的缺乏决断才造成工期延误，所以承包商应该从工期延误中得到补偿。但是随后，他又转变观点，这有可能是市政府律师的指示。[21]

不管怎样，卡尔认为无论是承包商还是市政府的工程师，都对这种材料的使用先例缺乏了解。事实上，有好几个大坝，包括在爪哇与该大坝高度、结构相似的大坝（基潘诺德将大坝），就是用几乎相同类型的埃洛石黏土建成的，而这座大坝结构非常稳固。

在法庭证词中，太沙基认为卡柯特之所以分析得出采用埃洛石黏土大坝安全系数低的结论，都是因为他做出了错误的假设，还追求一些毫无根据的细节，尽管这个法国人之前推测大坝可能会出现问题，但是目前，大坝毫无疑问是相当安全的。对于理论的可靠性，“我倾向于将理论比作行走于崎岖乡村小路上用的拐杖。虽然使用拐杖，减少了绊脚的风险，但走路还是要用腿才行”。[22]萨苏姆阿水库在第一次蓄水后仍安全稳固就是最好证明。太沙基认为，大坝“计算出的安全系数，无论是 0.8 或 2，关系并不大”。[23]

卡尔毫不留情地抨击了卡柯特教授，对他的专业性很是怀疑，他写道：“卡柯特先生在土力学方面发表的论文只是把别人探索出来的理论在程序上加以细化而已，所以，除了法语国家，他的理论成果很少被工程师采用……他未经实地考察大坝场地，就提出推翻萨苏姆阿坝原有的设计方案，足以证明他在该领域实践方面的态度。”

太沙基说，他自己没有计算大坝的安全系数，因为他早就知道这种土体的优良性能，还援引了爪哇大坝的实例加以证明。稳定性分析只是为了安抚政府工程师。“这些政府机构不愿意承担责任，他们总是想有些东西挡在他们前面，保护他们，安全系数这一数值作用就在于此。所以当领导问施工队队长：‘大坝的安全性怎么样？’——‘1.5！’（这是答案）。然后他就觉得很满意。”[24]

太沙基作为专家法庭证人的专横态度让承包商律师西里尔・西蒙大为恼火，他质问太沙基：“你如何看待黏土堤坝的明确规定——安全系数的理论值 1.5 是不是应该被认定为最小值？”卡尔回答说：“我总是告诉我的学生……安全系数 1.5 只是为了获得工程建设的批准，然后如何证明安全性这一点就是你自己的事了。”

西蒙道：“太沙基博士，你知道我问你的关于安全系数的规定是谁提出来的?”太沙基答道:“可能是我写的理论土力学的书吧。”

西蒙说:“我读一段你写的书给你听……是不是我可以认为,土力学和其他领域一样,各种理论观点总是变来变去的?”太沙基回应道:“没错。”“那自去年7月以来有显著变化吗?”“没有。”“在你书的第389页写道,由于我们对黏土堤坝的稳定条件依旧不够了解,同时黏土堤坝由各种原因引起坍塌经常发生,1.5的理论安全系数应视为最低要求。”太沙基回应道:“是的,这个安全系数是给政府工程师用的。”西蒙说:“好吧,那我得找找注释,你是不是说了这点。”

随着法庭盘问的进行,西蒙变得非常严苛,他经常在卡尔刚开始陈述时就打断他, 西蒙的气势咄咄逼人,以至于太沙基回答问题时出现口误,随后太沙基回答问题的声音越来越小,有时不得不重复自己的回答。尽管太沙基在气势上看上去越来越弱,但他逻辑能力极强。最终内罗毕市政府方面还是取得了压倒性的胜利。

太沙基为内罗毕市政府书写的证词非常有用,但同时,他却在一个项目上口头发表了对檀香山市政府毫无益处的言论,这个言论还无意中侵犯了他信任的同事拉尔夫·佩克。夏威夷欧湖岛的库劳山脉的隧道在修建过程中发生半英里长的塌方,需要太沙基给出指导意见。1954年7月,在隧道从优质的火山岩地层进入黏土和风化岩地层不久,在第18天就发生了两起塌方事故。15天以后,当时还在清理废墟,大量的半流体黏土涌入隧道,造成5人死亡,掩埋隧道施工机械,填塞了近400英尺长的隧道。

拉尔夫·佩克撰写了一份如何修复破坏和项目重新开工的综合报告,他主张提前做好排水工作,然后分段分区开挖导坑,佩克还建议项目组聘请太沙基。太沙基在调查完现场,又审查完各种报告后,直言不讳地指出，承包商要负全责。根据地质报告，隧道开挖作业在进入软土地层时，这个不称职的承包商仍采用岩石隧道的开挖技术，实行全断面开挖，没有采用多台阶法开挖。此外，支护结构本应该起到支撑作用，而不是只伫立在地上连接背后填土，像芝加哥地铁项目那样。卡尔直接建议相关部门采取措施，开除这个不负责任的承包商，让更有能力的机构来主持项目，否则，最后整个项目都可能因资金问题而搁浅。[25]

卡尔对项目组的一位地质学家也甚无好感，因为这位地质学家在关于隧道地质条件的报告中写道：西段部分是“一处非常难搞的隧道”。卡尔认为“这一句话可解释的空间太大了”。隧道发生塌方后，还是这位地质学家，在备忘录里给出了他“地质学家的专业观点”，称当时参与项目的，无论是谁都无法预料洞顶塌方和涌水冒泥的情况。太沙基反斥道“参与项目的工程师，要是有一点点在结构松散的硬黏土条件下开挖隧道的经验，他就应该知道该项目如果继续使用这种开挖方法，会毫无意外地引发塌方……他原本应该提醒施工方在局势还不太糟糕之前，改变隧道的挖掘方式”。

卡尔的报告直截了当，对佩克等人的评论，火药味十足。他觉得不仅要解聘隧道工程师，甚至市政厅的工程相关人员都应该被开除。市长此前曾透露出市政府另选承包商的意向，后来，他又出面否认了这一说法。拉尔夫·佩克很受触动，他写了一封信，措辞严厉，重申了太沙基给出建议的重要性，并提出辞去顾问的工作。然而拉尔夫·佩克正准备离开时，承包商以诽谤罪起诉佩克，并要求他赔偿 150 万美金。

佩克向卡尔诉苦，觉得自己受到了牵连。卡尔回应道：“我认为自己做的是正确的。”卡尔始终认为，为了清理干净房子，用坏鞭子也在所不惜，这些都是正确的，但太沙基却不必承担后果。[26]

太沙基在他 70 岁以后，主要以专家法庭证人的身份在处理一些工程项目。人们可能会认为太沙基已经到了安享晚年的时候，只会在项目的后期倚老卖老地对项目作些总结。大错特错！不论什么时候，太沙基都在追求更大的挑战，他也因此不断攀登职业生涯的高峰。

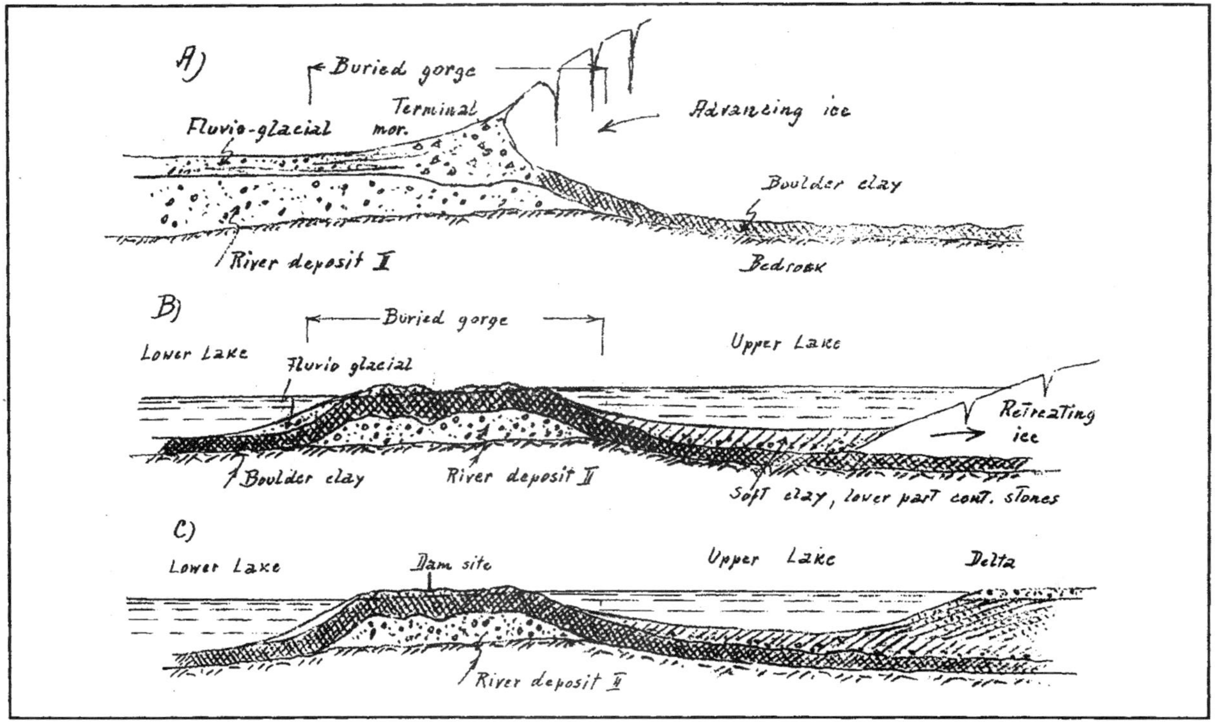

太沙基对纳奈莫河拟定建坝地址的地质历史条件的概念图，纳奈莫河位于加拿大不列颠哥伦比亚省的温哥华岛。摘自“关于上湖和下湖之间的纳奈莫河大坝地基地质历史条件报告”，卡尔于1948年5月27日呈递给H.A.西蒙

第 18 章
加拿大不列颠哥伦比亚省的挑战

太沙基以擅长解决地基问题著称。他这一能力在加拿大不列颠哥伦比亚省项目上一如既往，让著名工程师 H.A.西蒙斯印象深刻。当时，很多制造厂的地基条件非常差，在地下水位以下通常有黏土沉积层，很难被发现。但是太沙基知道如何观测和解决黏土地基问题，有时候他甚至决定在地基修好一半后另选厂址。

在太沙基职业生涯发展的成熟阶段，真正挑战他勇气的是加利福尼亚的冰川山脉，尤其是在加拿大不列颠哥伦比亚省地区的水电工程项目。不过，也正是这些水电项目使太沙基再次迎来了自己工程职业的春天，让他重拾起半个多世纪前曾碰到的难题。尽管当时，太沙基已经知道如何去确保工程的安全性，但在竣工之前，安全性还是无法百分之百地保证的。唯一的共识是，地质沉积层的边界和工程特性的难以确定是影响工程安全性的罪魁祸首。

太沙基在瓦米林大坝（1949—1956 年）上的表现能很好地证明这一点。瓦米林大坝位于加利福尼亚，坐落在内华达山脉的莫诺溪上，这个项目比起太沙基在加拿大不列颠哥伦比亚省的挑战来说，只能算一个序曲。[1]莫诺溪流经的峡谷沉积着深达 200 英尺的冰川沉积物，这些冰川沉积物大多是透水性强的砂土和砾石。但是，在地表以下只有 30 英尺的地层中，还存在一层连续分布的不透水淤泥层，这为地基建设带来了希望和方向，如果在此不透水层和地表之间通过挖槽回填的方式修建一个隔水带，就可以防止基底渗水，从而保证坝基的密封性。虽然，工程惯例是把隔水槽修建在分区建造的大坝的防渗坝心下方，但是太沙基还是建议把隔水槽修建在上游坝脚下，因为在这里能更经济地开挖到防渗淤泥层。

但是，在隔水槽的开挖过程中发现在坝轴东部，不透水淤泥层被一个长约 400 英尺填满砂土的河槽截断。钻了 11 个孔也没有发现下方存在可以和隔水槽相连的不透水层，这将成为坝基防渗线上的一个严重缺口。又钻了 15 个孔后终于确认，此处存在一系列的填满透水砂土的河槽，这些河槽可能形成一个坝下漏水的集水、供水系统。

来自贝驰特公司，负责南加州·爱迪生公司项目的工程师们建议在水库底部的砂槽上铺一层防渗层。太沙基强烈反对，因为据他的研究，这样的防渗层根本阻止不了渗漏。然而，最终还是铺设了防渗层。随着水库蓄水位的提升，果然出现了渗水的迹象，但是，后来渗水量又奇迹般地变小了。

这一现象的发生，让太沙基有些紧张，他搜罗到所有能用到的数据，坚持一个信念，即：如果我们无法弄清现象产生的机理，我们也就无法预测水位继续提高究竟会造成什么影响。最终，太沙基揭开了谜底，之所以渗水量逐渐减少，都是因为覆盖在砂槽上的淤泥层遭到侵蚀后，发生再次沉积作用，砂槽因此淤塞，变得不易渗透。“因此，尽管我们鲁莽行事，但运气很好，歪打正着地解决了问题的核心部分。”[2]

瓦米林大坝修建过程中未预见的地质条件给工程带来了很大的麻烦，但大坝居然自我调节痊愈了。在加拿大不列颠哥伦比亚省，卡尔就没有这么好的运气了，艰巨的任务接踵而至。有好几个大坝地质条件极差，那些坝址在工程修建前被认为根本不适合修建大坝。

从塞顿湖边的布里奇河发电站项目开始，挑战难度不断增加，来势汹汹。发电站施工开始后不久，发电厂房内的一个涡轮导向支架出现了裂缝。随后经观察，发现发电厂房发生沉降、倾斜，向湖边移去，导致向涡轮导水的压力隧道被拉伸而出现破裂。

负责项目地质咨询工作的专家维克多·道尔玛吉判断是由于发电厂坐落的区域在古代曾发生过山体滑坡。项目方邀请太沙基前来考察，但不得不等他把巴西的工作完成。1950 年底，太沙基第一次来到现场，经他考察，发现塞顿湖北岸沿着树木茂密的高台地伸展，台地下面的土层是冰川期间或者冰川期以后的沉积土，一直延伸到发电厂的上方区域为止。太沙基猜测，在史前时期，台地和部分下覆的黏土层曾被侵蚀和发生滑坡，滑动距离约有 500 英尺，直达湖底。卡尔提议进行大量的钻孔取样和现场测试，以证实这个假设。

从此前调查得知，电厂厂房下沉积着一层坚硬的蓝黏土，蓝黏土层中还夹着一些薄层粉土。此外，一大块覆盖在蓝黏土层上面出露的沉积土呈 45°角向岸边方向倾斜，而一般都是向着湖里倾斜。这种情况只可能是因为土层曾经发生过大块滑动，并曾在滑动过程中土块向后旋转。这个新的发现证实，发电厂地基下的黏土层确实发生了断层和开裂，且含有光滑的滑动面（岩土层由于相互滑动产生的光滑的接触面），因此，其抗剪强度大大降低了。

1950 年后，新的地质勘探在黏土层下面发现了透水性很好的含水粉砂层和砾石层。这些地层中有很高的承压孔隙水，相当于高于湖面 80 英尺的水头。而在破碎的绿岩基岩中，孔隙水压力更高，至少相当于高出湖面 200 英尺的水头。[3] 就像发生在安大略马拉松制造厂的问

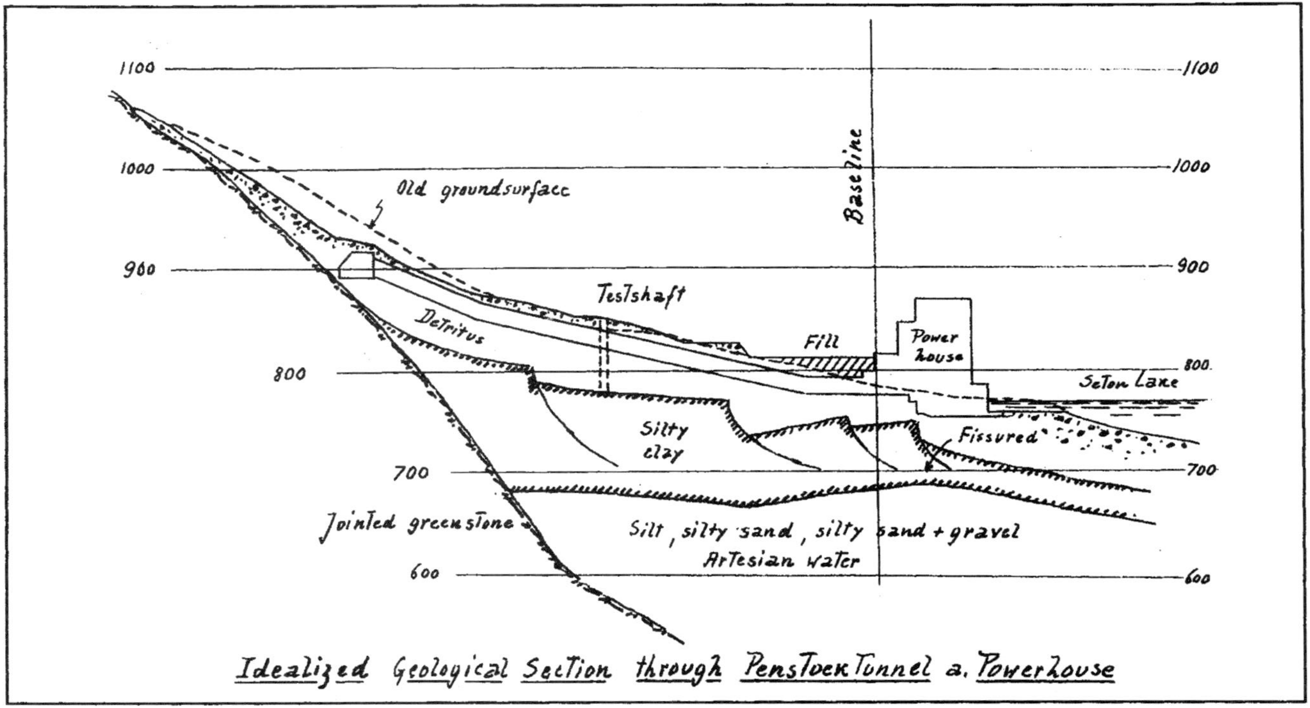

地质剖面图,展现布里奇河发电厂的地基地质状况。摘自“加拿大不列颠哥伦比亚省塞顿湖上的发电厂和压力管线的运行状况分析”,卡尔·太沙基,1951 年 8 月 18 日。原比例尺 1”=100’。高程单位为英尺。垂直向比例尺不放大题一样，水流顺着岩石节理流入渗透性很好的河床覆盖层，然后被上面的黏土层封堵住，从而产生很高的承压水头。

卡尔对湖边沉积土的平衡状态作了研究，结果表明黏土和覆盖在透水区上的沉积土的重量正好等于承压水产生的向上推力，因此，地基处于悬浮状态。此外，发电厂和配套的铁路路基填土产生的荷载，在土中产生的平均剪切力达到了剪切破坏的临界点，因此，整个发电厂的安全受了严重的威胁。

现在，有两种方法可以改善这种情况。一是在透水地层中钻孔，以释放水压。二是在湖底修建一个土堤，用土堤重力来平衡滑坡的驱动力。修筑土堤是最佳选择，因为砂砾层含有大量淤泥，排水井可能无法正常工作，更为严重的是，淤泥有可能从入水口进入排水井；而且在高水力梯度下，泥沙非常容易遭受侵蚀，这一点在地勘钻孔作业遇到困难时就被证实了：其中一个钻井，水从(钻井壁)裂缝渗出，短短 5 周时间就淤积了 160 立方米的泥沙。此问题最后是通过堆建反压土堤得以成功解决，发电厂厂房和压力水渠的变形趋于停止，随后，设计和安装了一个能有效工作的泄压井系统。

业主加拿大不列颠哥伦比亚省电气铁路公司迫切需要扩建，而发电厂厂房扩建的合理选址则是另一大难题。最初设计发电厂时，就预测到了发电厂将来可能需要扩建。显然，最佳选择是地基稳固的场地。但现场钻孔结果显示，发电厂拟选的“明显”稳固的厂址，土层中的孔隙水压力过高。据太沙基估计，在孔隙水压力这么高的情况下，进行地基挖掘作业时，还没达到预定深度就会发生坑底砂涌，而原厂址也可能受到波及而发生坍塌。

负责原发电厂设计工作的是蒙特利尔的沙威尼根工程有限公司，

公司恰好请了亚瑟·卡萨格兰德作为项目的专家顾问。意识到这层关系后，太沙基和他的客户感觉到，选择备用发电站扩建地址的事情变得相当微妙。卡萨格兰德认为，发电厂地基变形是由于黏土层在开挖回弹后再压缩造成的。他曾提醒施工方注意地层深部的孔隙水压力，但就此问题，他也没有坚持进行进一步的探讨。亚瑟曾在分层沉积的蓝色黏土土样中发现地层变形现象，但是，他当时以为这是由于打入取土器过程中对土层造成的扰动所导致的。听闻此，卡尔立马断定，土样中发现的地层变形是远古滑坡引起的。但是，鉴于对卡萨格兰德的公平，太沙基还是进行了更高质量的土体取样。

卡尔在此事上对亚瑟的态度相当绅士，他给客户的信中得体地写道：这里的地质条件仿佛是个陷阱，"估计只有不到 5%的工程师能发现……如果桥梁坍塌，设计师要承担责任，但是，如果工程结构的场地地质情况和预期偏离，就要另当别论了"。[4]太沙基认为将发电厂建在发生过远古滑坡的带有残留变形的软弱沉降层上，同时，还需要处理超高孔隙水压力，这样的场地非常少见，在他之前的工程实践中从未碰到过。虽然如此，发电厂还是决定换掉沙威尼根公司，聘请加拿大不列颠哥伦比亚省国际工程有限公司设计新的发电厂房。

赛顿湖发电厂项目地质条件非常恶劣，但其复杂性与加里波第火山附近的契克姆斯大坝相比，还是相形见绌，这是太沙基在为加拿大不列颠哥伦比亚省电气公司服务时遇到的另一个难题。[5]契克姆斯河下的山谷地层深处，分布着花岗岩，山谷还沉积着约 150 英尺厚的火成岩碎石，这些火成岩碎石来自 1 个世纪前出现的巨大安山岩流。安山岩流从山谷的左(东南)方流入山谷，向下游流去，流经路径长达 2.5 英里。岩石流经之处，掩埋了植被，覆盖了地表。因此，可以预见，火成碎石层与山谷右岸的花岗岩的接触区域含有许多孔隙，且透水性极强。除此之外，在火山岩流堆内部和下部，还有透水极强的柱状玄武岩和碎岩堆，这些柱状玄武岩和碎岩堆从地表一直延伸到基础部位。[6]

1954 年 4 月，太沙基第一次考察现场，他考虑了以下可能性。火成岩碎岩在岩浆流动过程中沉积，岩浆最初的黏度和稠混凝土差不多，以至于有些地方岩浆正好围绕着树木。“碎石流”正如它的名字一样，非常柔软，尽管有石块和巨砾，钻孔的护壁钢筒还是能轻轻松松地打入地下 50 英尺左右。

碎石层内淤积着丰富的粉土，原本发生管涌的可能性非常大。然而，由于碎石层中含有除黏土外的其他不同粒径的颗粒，经过压实后，碎石层反而变成了罕见的高强度、高防水的理想材料。如果能够解决含水量过高和巨砾比例过大（有 20%碎石颗粒的直径超过 3 英寸）这两个问题，碎石层可以用作理想的坝堤材料。太沙基建议，采用观测法来建座火成碎石大坝也不无可能。其实，筑坝材料选用火成碎石也很方便，毕竟这片区域分布最多的用来建坝材料也就只有它了。

但是，采用这一材料建坝还面临一个难题。火成岩碎石层下就是透水层，在这个相交地带极有可能出现渗水、管涌，这对大坝来说是最大的威胁。由于这个透水层贯穿于整个火成岩碎石层下，这种地质可能导致水流能从大坝底部或周围流走，尤其是在与右岸（西北）岩壁接壤之处，那里大坝底部的渗流路径非常短。太沙基移动坝址并重新定位了坝轴线，使之有可能堵住所有的渗流路径，或者通过排水井和过滤层来拦截渗流。与右侧石壁接触的透水层区域，如果处于水库下与大坝下游泄水点距离较近，就必须开挖沟槽回填以压实火成岩碎石。

在施工期间，太沙基共计 16 次来到工地，从 1954 年起到 1959 年

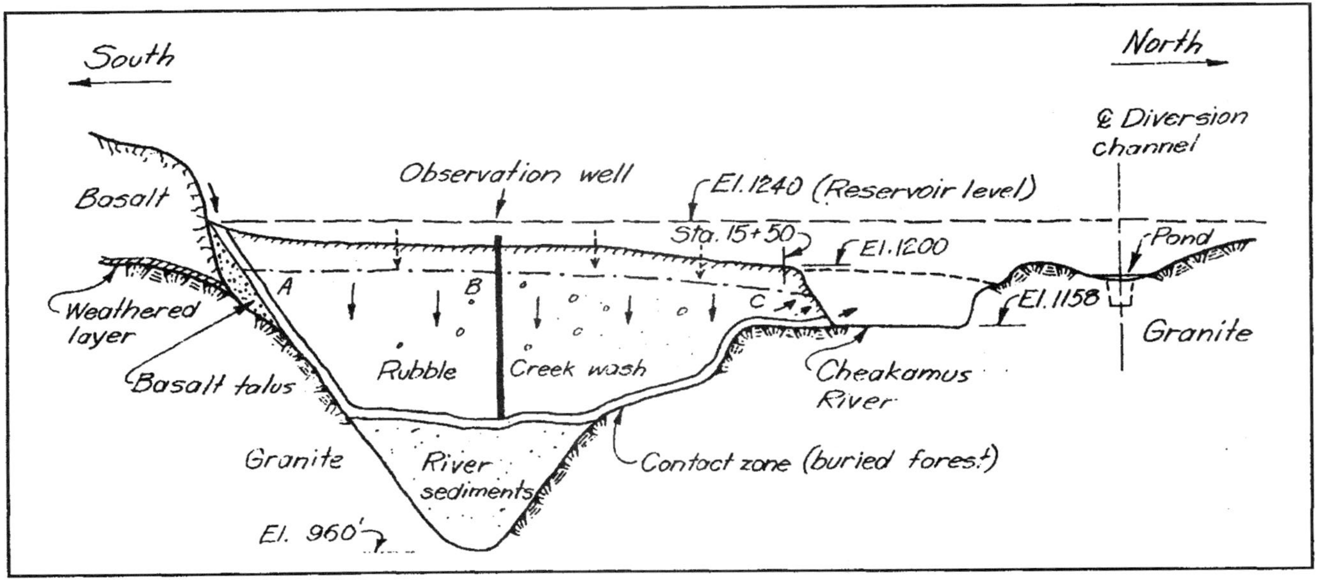

契克姆斯大坝在穿过被埋山谷地段的剖面图，图中清楚显示了和地基中“碎石流”的接触地带。大约在1955年绘，被收录到太沙基出版论文里，“建在滑坡泥石流上的蓄水坝”，《波士顿土木工程师学刊》，1960年，47卷，第64—94页。目前的比例尺：水平，1”＝310’；垂直，1”＝155’

间，撰写了许多报告和备忘录，为施工各个阶段的调整提出了许多建议。因为迟迟才揭开透水接触区的神秘面纱，项目方案不得不随时改进。另外，工程开展后发现，土层中巨砾含量比预期多了不少，不得不放大岩块尺寸标准，还需提高分层厚度（堤坝通过分层压实的方法修建）并放缓上游坝堤坡度。为此，太沙基不得不为自己开解："和有些项目一样，契克姆斯大坝需要在施工中不断更改设计，从而避免安全和经济上的风险。"

其实，该项目出现问题，不仅仅是因为场地地质条件，而且也有项目人员关系方面的原因。太沙基的设计方案毫无疑问能确保大坝的安全，因为这套方案是结合了前期勘察和施工开挖情况而详细制订出的。但是，除非施工方能达到太沙基制订的高标准施工规范，否则要保证大坝的安全，只能是个奢望了。太沙基认为承包商既没有相关经验又没有能力，所以他发起通知轰炸模式，就是为了确保承包商能高质量完成工作。他要求增加监理人员，夜以继日地检查，还要求监理工程师全身心投入，能及时发现承包商工作中的错误，并监督改正。

太沙基要求公司委派一名他的私人监理——马克·奥尔森，他每周需要向太沙基汇报项目进展和情况。太沙基要求奥尔森能"忠诚，可靠，富有责任心"，且能"抗住压力，收集有用信息，[7]因为加拿大不列颠哥伦比亚省工程公司方面会觉得奥尔森的存在就跟我一样，是个讨人厌的麻烦"。[8]太沙基要求奥尔森按他要求的量测细节向他汇报工程建设全面状况，他解释道："一个工程师最应该担心的就是工程建设中出现了自己未曾预料到的状况。工程设计图纸仅仅是一个美好的愿望。在我印象里，绝大部分溃坝源于施工疏忽，而不是因为设计缺陷。"[9]

据太沙基初步判断，在这样地质条件上建造大坝还是有可能的。

太沙基这么肯定，也有部分原因是他有信心漏水率能维持在每秒 15 立方英尺。后来发现，漏水率每秒不到 1 立方英尺。[10]结果证明，使用这种由山体滑坡堆积而成的，由潮湿的巨砾和粉质碎石组成的新材料来建造坝堤的决定是明智的。尽管这种材料中含有最大尺寸达到 6 英寸的碎石，它还是能达到击实要求，并且，它排水极快，从取土坑被运到施工现场的路上，水就已经排干了。[11]

温哥华市的水库建设项目对太沙基的能力是个很大的考验。1952 年 7 月，“克利夫兰水库”开始动工，正在使用推土机清理场地，但不知为何却引发了滑坡，造成了一次大规模的泥石流。太沙基那天刚好到温哥华的不列颠哥伦比亚大学做学术报告，当地温哥华水资源部门官员邀请卡尔来现场考察，希望他能给出建议。太沙基说滑坡本身“并不要紧”；但滑坡现象透露了一个信息，那就是左坝肩的材料可能有问题，这提醒人们要注意大坝陡峭坝肩下游边坡的安全问题。太沙基建议在水库初次蓄水时，要密切关注坝肩的情况。

太沙基的报告很简洁，报告中指出，滑坡的起因是管涌。在水库底部一段长 60 英尺的区域中挖出许多泥沼质土，泥沼质土被挖空的地方很快涌出清水，填满沟槽。几天后，下起了雨，不到几个小时，清澈的水流变得泥泞混浊，高处的边坡开始松动，泥浆涌出，滑坡带走了树木和大石块，造成了巨大破坏。

滑坡揭露出四周的地层由水平成层的冰川粉土、黏土层以及沉积在冰川溪流中的砂层和砂卵层组成。承包商在开挖过程中也发现了透水的砂层和砂卵层。雨水经由砂层和砂卵层往外渗流，渗流的过程中带走部分细砂和粉土，从而在砂卵层里形成一个地下通道，掏空了支撑边坡的地基。因此，边坡结构变得不稳定，开始滑动。太沙基指出，约

10年前，在爱达荷州的辛克大坝在滑坡前也曾出现过类似征兆。当时，一池清水骤然变得混浊，15分钟后，大坝便崩塌了。太沙基认为克利夫兰坝非常有可能出现同样的状况。

5年后（1957年），在克利夫兰大坝项目工程咨询师查尔斯·里普利的敦促下，温哥华水资源委员会聘请太沙基为特约咨询师。这时，大坝已经竣工，正如太沙基预料的一样出现了问题。太沙基立刻着手工作，为了进行系统的分析，他要求查理·里普利收集整理了一大堆数据。经过分析论证后，太沙基提供了一个"粗略却相当清晰的地质图"，[12]并拟发了一份具有里程碑意义的报告。[13]

克利夫兰坝位于卡皮拉诺河上，大约300英尺高，是混凝土重力坝，为一个陡峭的花岗岩峡谷蓄水。峡谷形成于后冰川期，穿越一道狭长的隆起的基岩，基岩顶部有土层覆盖，土层在峡谷中呈同一走向沉积。大坝下游，卡皮拉诺河道急剧向左流去；实际上，水库沿线，有超过1 000英尺长的部分位于狭长山脊上游的边坡上，边坡上的土层为易受侵蚀、透水性强的沉积层。

山脊下游陡峭边坡处，从水库往外渗流的水在此汇聚，导致沉积了许多淤泥，这片区域可能存在三大急需处理的隐患：管涌，由于粉细砂层遭到侵蚀形成一个中空管道，管涌朝两端发展；渗流，水库渗漏大量的水；滑坡，陡峭边坡下的高水压致使有效应力减少，产生滑坡。在这个工程里，滑坡是三个问题中最主要的，因为大坝泄洪管道沿着下游边坡的中部分布。

山脊左侧的潜在的渗流危害早就被意识到了，于是，在水库第一次蓄水、以及随后的运营过程中，工程师们都着重关注和研究了该部位的渗流情况。该水坝的设计公司——加拿大不列颠哥伦比亚省国际工程

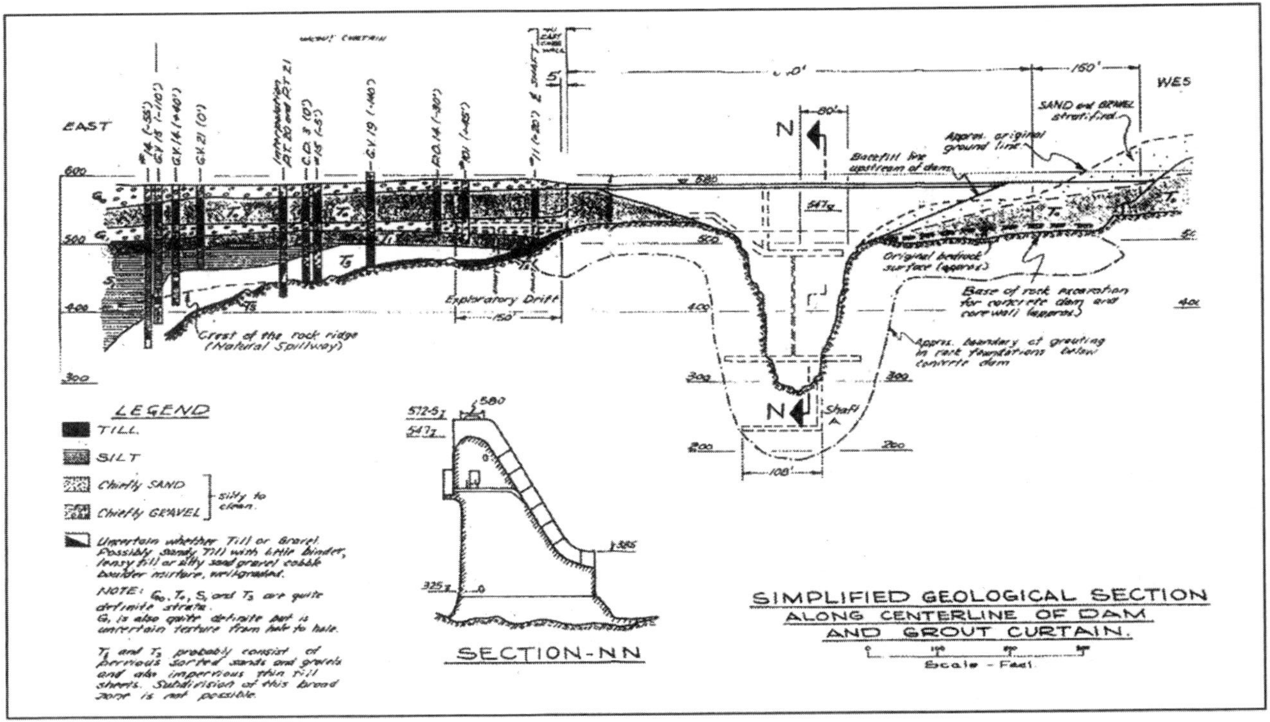

纵向地质剖面图:克利夫兰大坝以及拱坝肩,面朝下游方向(南)[13]

有限公司——在大坝混凝土坝坝肩核心墙一旁建造了约545英尺长的注浆帷幕，试图堵住左坝肩的渗流。通过研究，太沙基发现，注浆帷幕没有起到任何作用。事实上，起作用的是压实过的不透水层，它覆盖在水库入水处底部的透水砂卵层上，长约700英尺，沿着库岸铺陈开来。

复杂的土体条件让渗流问题更为棘手。山谷底部沉积着一层连续、密实的冰碛土，覆盖在一层透水的砂卵石层上。砂卵石层下是各色各样沉积物的混合物，这些混合物是在冰川融化时期由混杂变化作用形成的，冰川融化时期，各种沉积物被覆盖、混合、甚至发生再沉积作用。在以上提到的所有地层之下，基岩以上，是不透水的、密实的古冰川和间冰期的沉积物。[14]

经过大量的地质勘探和隧道挖掘作业后，大家对地层情况终于有了部分了解，绘制了一个更加精准的地层图。太沙基递交了项目报告，这个报告完全不同于他在1959年5月的汇报，报告扩充了地质的相关内容。[15]但是，还有更大的挑战等着他。

1954年，项目组决定在泉涌处或泛潮点等明显有水汇集的地带开挖排水隧道。其中一个隧道，编号为470，开挖于一层8英尺厚的冰碛土底部附近。但是，隧道在开挖了270英尺长，离注浆帷幕约60英尺的地方开始崩塌，而且隧道掌子面穿过砂卵石层进入粉土层，挖掘工作难以继续。隧道掌子面由隔水墙支挡住，随后又在26英尺后的地方修建了第二道隔水墙；然后将掌子面和第二道隔水墙之间填满了细砾。为了使水流排出洞外，还安置了两个排水管；水库中的水位只能任由其升高。

1955年6月，水库水位升高到隧道高程以上78英尺，隧道涌出的水流清澈，流速渐渐增加至每分钟40～60加仑。1955年8月8日至9

月 5 日之间，水库水位没有继续增长，但是，流速急剧增加至超过每分钟 140 加仑，且水流变得混浊。而此时，在边坡上海拔 442 英尺、距离隧道 650 英尺远的一处泉流，流量突然增加了 10 倍，同样泥泞浑浊。由于自然力的作用，这个隧道自动转化成了一个有效的排水渠。

分析完事件的详细记录后，太沙基断言，覆盖在隧道上方的冰碛土层由于渗透力的作用产生了开裂。这个裂缝，在高程约 500 英尺的砂土层和水库之间产生了水流通道，这个通道是新近形成的，隧道中的砂卵层原先是独立的、不连续的薄层。

由于隧道和排水竖井的成功作业，边坡稳定性暂时得到了保证，但是新的问题出现了，那就是侵蚀作用。隧道 470 每周随水排出的土颗粒有 5 立方英尺之多。这种现象要持续多久呢？侵蚀对隧道自身结构有直接的危害作用。但是，管涌会造成隧道的进一步塌方吗？

如果继续维修隧道，必定花费不菲；项目组提议，采用新设计方案，重新修建一条隧道。因此，水库的蓄水位被降低，在密实的透水砂卵层开挖了一条长 346 英尺的隧道，编号 505。隧道 470 的渗水大部分来自隧道 505 所在的砂卵层。隧道 505 的前 200 英尺大致与隧道 470 平行，随后在距离隧道 470 上游尽端上方一小段距离处弯转。

原本开挖 505 隧道的目的正是为了截住通往隧道 470 的水流，以减少隧道 470 上的细粒土流失，减缓侵蚀作用。当水库水位高程超过隧道 505 的高程时，隧道 470 的水流量有所减少，与此同时，隧道 505 的水流量如预期的显著增加，且水流清澈，直到最后 7 英尺的水位升高。当水库水位从 563 英尺提升到 570 英尺高时（水库水位的最高值），隧道 505 的水流量急剧增加，超过每分钟 500 加仑；并且，水流中含沙量显著增加，最坏的时候，一天能沉积 70 立方英尺的砂土。

太沙基“从未预料到事情会发展到这个地步，但是这也是一种警示”。

他仔细分析了数据，研究了水力学理论，旨在通过观测到的现象，区别管涌和内部侵蚀（冲刷）。前者会引发灾难，而如果是后者，当细砂从砂卵层被簸选冲刷走后，只会增加漏水量。尽管里普利忧心忡忡，太沙基还是坚信管涌是不会发生的。

而此时，水资源管理委员会已经没有耐心了，因为克利夫兰大坝排水渠道维护费用耗费太大，他们想知道太沙基所说的观测法是否真的能解决所有问题。里普利解释道：“在这种场地上修建大坝，太沙基观测法是唯一经济可行的，这里的地质条件太复杂，我们事先根本不可能完全弄清楚。而且，要提前想好所有问题的应对方案也是不可能的啊。”

1963 年中期，经过诊断，隧道 505 的土体侵蚀已经逐步稳定，但侵蚀量仍然很大。太沙基当时已经快 80 岁了，虽然他身体状况欠佳，但是态度依旧强硬，他坚持认为，根本不用担心。太沙基承认，管涌确实也有可能发生，但侵蚀产生和水库联通的管道的可能性微乎其微。最可能的情况仍然是砂卵岩层间的沙子遭到冲刷。他觉得，冲刷算不上严重问题，因为在某种情况下，只需收集渗流就可以将水重新泵回水库。

但是一旦发生管涌，其后果不堪设想。所以，为了安抚每个人，太沙基提议在隧道口加固一道很强的钢筋混凝土衬砌并设透水底板；太沙基的想法是，在排水渠系统能重新恢复平衡之前，衬砌能堵住管道口，过滤沉积物，发挥保护作用。太沙基打趣道：“安装钢筋混凝土衬砌的花费，让我想起了每次长途飞行前买的人寿保险，我知道这是浪费钱,除非遇到空难,幸好我从来没遇到过。"[16]

卡尔喜欢加拿大不列颠哥伦比亚省,他认为这儿有着全球最美最具挑战性的地质条件。值得一提的是,太沙基经历的种种考验,包括克里夫兰项目在内,都认可了太沙基的努力。他一生都在勤勤恳恳地工作着,他认为自己负责的最后一个项目,也就是米森大坝的建造,是他一生中遇到的最困难、也最具挑战性的工作。[17]

这也是加拿大不列颠哥伦比亚省电力工程公司的一个项目。为了最大限度地利用塞顿湖布里奇河的水能,他们公司打算建造高约 180 英尺的米森大坝,和现有的 60 英尺高的布里奇河的分流水坝一起运行。设计初步方案中,计划将原有的分流水坝和新建大坝合为一个系统:在新的大坝修建过程中,原有的分流水坝仍然需要继续运行。1945 年,沙威尼根工程公司负责设计了原有的分流水坝,当时,卡萨格兰德教授是该项目的工程咨询师。水坝竣工于 1947 年。1955 年,太沙基开始负责米森大坝项目时,力邀卡萨格兰德加盟。最后,亚瑟负责新水坝的初步设计方案,而太沙基则专心投入"这个项目最麻烦,也最具特色的宏观层面的工作上。"

"麻烦"这个词用在此处再恰当不过了。实际上,分流水坝已经使用逾 8 年,下沉了 6 英尺,水坝地表塌陷,形成了许多坑洞,坝心也遭到侵蚀。这还不算,更为严重的是水坝地基渗漏严重。一个 60 英尺高的大坝已经出现这么多问题,谁敢去建个 180 英尺高的水坝?太沙基发现,1928 年的新水坝设计方案有几处致命的错误。1954 年,休柏的加拿大不列颠哥伦比亚省工程公司提出第二套设计方案,招致了太沙基的辛辣讽刺,太沙基写道:(第二套方案)确实好了那么一点,只要水坝后面没有水的话,这个大坝还是很安全的嘛。[18]

这是太沙基所遇到的最糟糕的坝址之一。[19]就跟以往出现的问题一样，根源在场地的地质条件上。山谷的沉积层厚度大于400英尺，而且大多是高透水的河相沉积物；但是，在透水沉积层之间，也夹杂着一层几乎不透水的楔形纹泥层。[20]纹泥层厚度呈楔形变化，从在分流水坝下面的70英尺厚不断减少，到选定的新坝轴线位置时，只有不到几英尺的厚度。分流水坝的原设计者曾在纹泥层上方施打了系列板桩，想以此阻止地下水流通过上部河流沉积层。这一举措尽管暂时控制了水坝下方土层的渗流问题，但是纹泥层以下的高透水层的渗漏问题仍未解决。太沙基预估，除非将新大坝坝基到基岩之间的土层全部封闭起来——例如采用新型的黏土注浆法，才有可能解决渗漏问题，否则渗水量可能会超过每秒100立方英尺。

楔形纹泥层具有高压缩性，这使得地基问题变得更为困难。艾伯塔大学特别为沙威尼根项目开展了实验，实验结果表明，纹泥层非常柔软，这么软的黏土闻所未闻，可能引起分流大坝下沉几英尺。而后来，太沙基根据分流大坝的实际沉降做了一个反分析，计算结果表明，纹泥的压缩指数实际为1.0，[21]这比艾伯塔大学估计的大了好几倍；卡尔说，他从未遇到过这种情况，原位塑性自然黏土能有如此高的压缩性。[22]他推测，这么软的黏土层可能使新坝的巨大基础下沉深度达25英尺。最严峻的是，纹泥层呈楔形分布形态，它倾向山谷，这样大坝内部的不均匀沉降会很大，而且变化突然，进而产生坝体扭曲、剪切和拉张；这些都易致使大坝开裂，渗流集中，侵蚀洞室，在大坝地表产生塌洞。

其实，这种土质情况能导致塌方并不特殊，在以往的分流水坝中，就有类似案例。例如，1952年4月，在一个坝的坝顶发现了一个25英尺长、10英尺宽、4英尺深的洞。到9月时，洞深已扩大为8英尺，洞室

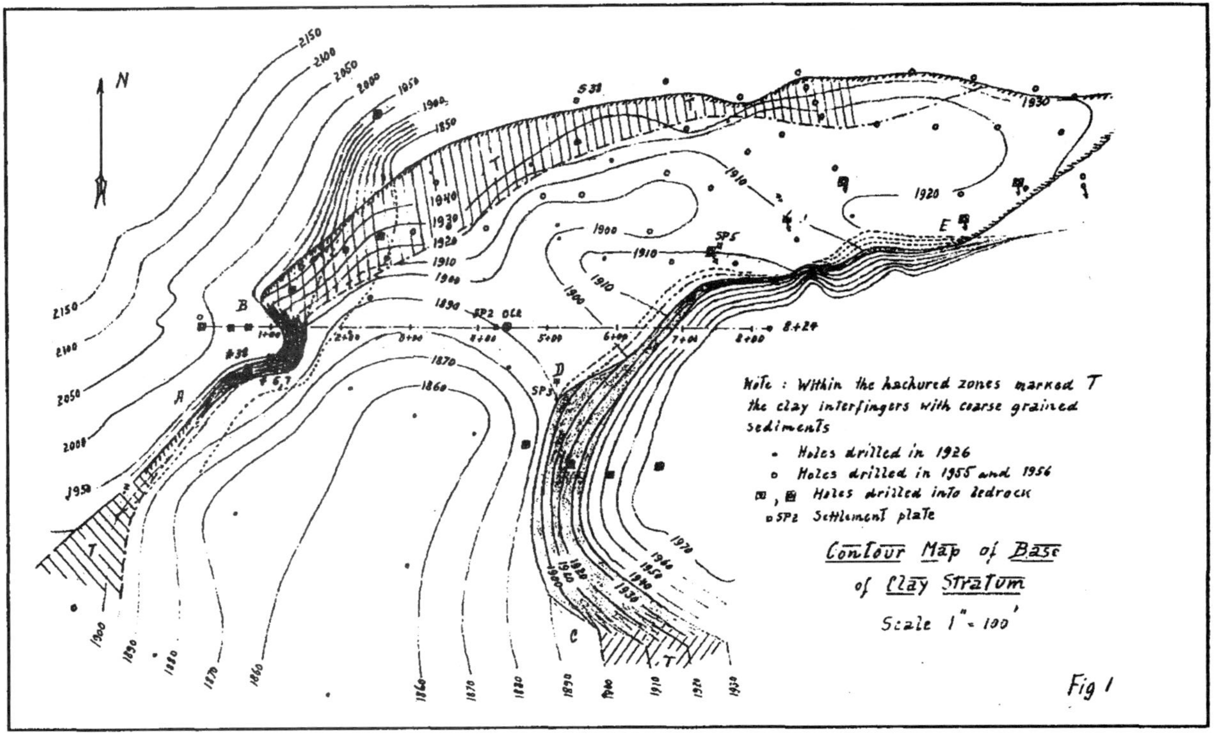

米森大坝:太沙基绘制的黏土层等高线图,根据这幅图,他推断出了古水体沿岸位置。摘自“布里奇河大坝拟选地基处理建议的初步报告”,1957 年 2 月 25 日

体积几乎翻倍。[23]

同样令人担心的是：峡谷左面斜坡的侧翼被一层厚厚的岩堆层（大直径的岩块）覆盖着。太沙基断定，这一岩堆层必定以同样陡峭的角度一直延伸到岩床，与河流地基的沉积层相互贯穿。在整体密封的大坝系统下，岩堆层内的孔隙仍为渗漏创造了极好条件。而且，如果纹泥层直接沉积到岩堆层上，黏土会被侵蚀进入岩堆的巨大的孔隙中，生成空洞和巨大的塌孔。最后，极有可能因为管涌的发生致使整个大坝崩塌。

在建造分流水坝时，也曾遇到岩堆层，但当时工程人员判断，想要在整个大坝地基范围内刨掉岩堆层，是不现实的。于是，他们把部分岩堆材料堆放在分流水坝的侧翼，作为“随机填料”。现在他们计划在此材料上修建新坝。要想在不损坏分流水坝的情况下完全移走这些填料是不可能的，因为在新坝施工时期，分流水坝仍需运营。太沙基要求在施工阶段，一定要弄清在新坝过滤层下情况最坏的岩堆层和堆石的大致分布状况，并且采用冲砂填满其中的空隙。具体措施如下：首先，在露出地面的漂砾层上覆盖一层砂子，用水枪将砂子冲入其中的缝隙；然后，再次重复上述过程，在漂砾层再次覆盖一层砂子，直到砂子再也冲不进去为止。太沙基在测试坑进行了跟进实验，发现水枪只能将砂子冲到漂砾层内部2～3英尺的深度。“在此深度之下，空隙仍非常大，对此，我们也无能为力。我们现在做的工作就好比给饱受天花之苦的病人的皮肤上涂上层薄薄的遮瑕膏。”最后决定，在大坝地基之下，铺设一层10英尺厚的高透水性的疏水层，目的是为了防止大坝中的细砂被冲洗到大坝地基的孔隙中。[24] 1957年的9月到10月之间，还没来得及往上面填放坝料时，滤层表面就出现了两处塌孔。经过详细的探讨，工程人员用夯实过的和被冲刷过的材料回填了这两处塌孔。

卡尔其实有很多可以从项目脱身的理由，要不是因为它非常具有挑战性，需要工程师敢于冒险，他本来就打算走的；但是，卡尔对自己的能力相当自信。项目能成功，首先必须要正确理解当地的地质情况。太沙基说，黏土层很危险，要想处理好，必须要精准了解黏土层在场地的形状和走势，以及它与其他沉积物和岩堆接触面的准确形态。为了解场地的地质历史情况，太沙基查阅了许多以前钻孔的地质数据，并重新绘制了地质图，这些数据数量庞杂，其中包括年代最久远的 1927 年时的 100 多个钻孔数据。[25]为了完成岩土工程的工作，太沙基再一次化身工程地质学侦探。

根据黏土层的外部轮廓及其内部结构，太沙基总结出如下论点：[26]黏土层在湖底至少沉积了 125 英尺深，这个湖是一个远古山谷表面的沉积物遭受冰川运动剥离形成的。这个湖至少有 3 000 年历史了，黏土层上的粗粒土层至少从 7 000 年前开始沉积。在左岸和右岸之间的某个地方，黏土层直接沉积在基岩上。在这个古老湖泊的上游和下游处，黏土与砂土层相互交汇，形成了一个"过渡带"，在透水层之间产生一个个条形或楔形的黏土区。[27]

太沙基留意到，黏土层过渡地带的土体和湖底沉积物很相似。湖水对岩堆层的波浪作用不可能将湖底沉积物冲刷到过渡地带，所以，太沙基认为，在黏土层沉积之前，肯定有层连续的河流沉积物覆盖住了岩堆层。基于这样的分析假设，太沙基在钻孔中发现有一处的黏土层直接沉积到岩堆上，很不幸，这个地段恰好是整个大坝设计中最困难的地带，即分流水坝坝肩的下游地带。[28]

分流水坝的坝轴横跨狭长的岩石山谷。太沙基注意到峡谷上游坝轴上的黏土层上表面高程在 1 925 附近上下波动。而其他地段的黏土层上表面的高程达到 1 960，当时，湖水深度至少有 35 英尺。“这么大容量的湖中，水的流速相对较小，所以湖底的大量的粗粒沉积物只能是随河流三角洲的缓慢扩展而来，沉积物最高点在湖泊最上游处。黏土层实际上位于三角洲河床的最底层位置。”后来发现，黏土层上部多为粉土，而有些地方的黏土层几乎全由粉土组成，这一点证实了太沙基推论的正确性。太沙基据此推论：“因为三角洲最前面地段临近接近湖泊底层，所以原来沉积在此处的细小颗粒沉积物变成粗颗粒沉积物。”

峡谷（接近分流水坝中心线的上游部分）的下游部分，黏土表层分布不均。太沙基认为此现象说明，随着三角洲的向前延伸，淤泥不断沉降到黏土层上，导致了黏土楔体不堪其上负荷，开始塌陷。在三角洲接近峡谷区域的地段，沉积的速度加快，导致黏土中孔隙水的压力激增，黏土开始受到剪切和软化作用。这部分解释了黏土矿物的高压缩性能，以及此处土层中含有黏土、粉土、砂石、砾石的原因，粉土和黏土来自楔形黏土层中，砂石和砾石来自黏土层上的河流沉积物。太沙基发现，从这一地质剖面图中，想要精准定位原状和扰动的黏土边界相当困难，所以，设计建筑物底部的沉降分布也很难预知。

对这些区域地质情况的理解，为太沙基日后关于此大坝的设计和建造提供了基础。区域地质情况变化很多，施工中的细微疏忽就可能酿成灾难。想要大坝完美竣工，太沙基需要绝对的指挥权力来指导工程，由于他不能每天都到施工现场，这就要求至少有一名专职人员（两个最好）能跟进项目，及时给太沙基汇报工作进展。太沙基指派马克·奥尔森为他的头号工地助手，又让工程师聘请了拉尔夫·佩克的优秀法籍学生耶夫斯·拉克鲁瓦协助配合。拉克鲁瓦想抓住此机会，撰写一篇以如何在恶劣地质条件下建造结构安全大坝为主题的博士论文。

这个项目隶属于加拿大不列颠哥伦比亚省电气公司，公司的总工程师F.A.拉曾比很支持太沙基的工作，非常感谢太沙基前前后后为公司所做的贡献，太沙基之前就协助了赛顿发电厂的建造，后来又为契克姆斯大坝工作，现在，又投入到如此具有挑战的米森大坝项目中来。但是绘图和相关行政人员隶属于加拿大不列颠哥伦比亚省工程公司，该公司归W.G.休伯所有，当时是加拿大不列颠哥伦比亚省电气公司的子公司。在契克姆斯大坝项目时，太沙基曾特别指派阿尔森跟进项目，现在，在米森项目上，太沙基又采取类似举措，休伯觉得太沙基这一要求实在太过傲慢，他受够了太沙基的不服从统一安排与特立独行，愤懑不过，居然开始有意为难太沙基，妨碍他的工作。休伯的这种嫉妒心理并非特例，工程设计师和施工监理人员之间的隔阂自古有之。后来，太沙基说：如果休伯继续如此不配合工作，他就辞职，才结束这一闹剧。[29] 太沙基在随后写给拉曾比的信中道："虽然加拿大不列颠哥伦比亚省工程公司的业务范围在不断扩大，但其机构的精神和对专家意见的态度仍是非常顽固，盲目固守从前。如此看来，该公司的职责和实际表现之间存在很大的差异，出现特大事故，这只是个时间问题，或许不久就能看到。我可不希望自己的声誉因为与此机构有关联而受损。"[30]

这封信使休伯被迫离开米森大坝项目，卡尔非常坦诚地对一个朋友说："我不喜欢他所谓的合作，这点我从不掩饰。所以，他不得不把工作重心转移到伊朗或伊拉克这些地方刚开工的项目上了。"[31] 休伯离开后，太沙基原以为个人问题已经解决，他对拉克鲁瓦坦言："工程以后的进展工作，我不用担心了，毕竟现在该公司的人都知道了，谁要是不能友好支持工作开展，我还是有点权力的。"[32] 太沙基还是高兴得为时过早，他和项目管理部的人冲突不断，在工程竣工之前，太沙基至少两次产生了辞职的念头。他年事已高，身体每况愈下，如果米森大坝想要安全竣工，大坝最好不要经过“那些愚蠢人的手”。[33]

和太沙基的紧密合作使亚瑟·卡萨格兰德心中又感受到了那份久违的温暖，对太沙基更加崇敬了。在他的备忘录里，他称呼“亲爱的卡尔”，在工作之余，还会和卡尔谈心诉衷肠。[34]他们不止在米森大坝项目里合作，还在南萨斯喀彻温河大坝（嘉丁纳大坝）合作。从 20 世纪 50 年代开始，一直共事合作，直到 1963 年初才结束。正是亚瑟在意识到嘉丁纳大坝项目的复杂性后，极力向客户举荐了太沙基。

亚瑟曾因为分流水坝的问题困扰很久，在 20 世纪 40 年代末，他在沙威尼根项目工作时，曾担任此分流水坝的设计咨询师。太沙基后来加入项目后，着手撰写了一份非常的报告，详细分析该分流水坝的缺点和不足之处，[35]亚瑟知道后，试图从他的导师那寻求安慰。[36]卡尔策略地在报告中指出，亚瑟关于坝顶高程应允许有 5 英尺的沉降的建议，非常具有预见性。卡尔·太沙基还一直为亚瑟鼓气，在米森大坝项目中，他知道自己身体状况不佳，不能亲自去现场考察后，还推荐了亚瑟担任首席顾问。

大坝的施工方案是太沙基一手设计的。他推荐索勒坦奇公司进入该项目，该公司曾在阿斯旺大坝项目中，在太沙基的指导下进行了大规模的注浆实验；他们的注浆帷幕技术世界一流，成功解决了黏土层至基岩层之间的透水层渗流问题（讽刺的是，当地政府还想对因此节省下的水征税。）太沙基提议使用 PVC 塑料膜，以避免黏土层因为高达 8 英尺的不均匀沉降而发生拉伸破坏，这是项先创性的举措。[37]

这也是北美首次应用泥浆槽壁法来提高分流水坝板桩的质量。[38]太沙基推断，尽管大坝会出现渗漏和塌孔现象，但是，如果处理及时，不会产生致命的问题。太沙基为大坝设计了一套精妙的监测系统，包括沉降板、测斜仪、水压仪、观测井以及测流仪等。通过密切关注测量数据的变化，能非常迅速地发现问题，以便高效采取解决措施。此外，1960 年，水库在第一次蓄水后，又全部排空，进行了一次修复检查工作（结果证明修复工作确实很有必要）。

在 1960 年水库第一次蓄水后，开始初次运行，加拿大不列颠哥伦比亚省的发电产业经历了一个动荡时期，结果以市场地区化告终，但是未来产业发展方向仍不甚清晰。克利夫兰大坝项目的事件再次上演，米森大坝竣工后，加拿大不列颠哥伦比亚省电气公司新上任的主席 G.M.施鲁姆了解到大坝后期还需不断投入经费后，表示费解：为什么工程师不能简单地写下所需的花费条目，这样，就不用继续关注它后续的发展状况了。太沙基回应道："想到施鲁姆博士之前是物理系的主任，那他对岩土工程的态度也就不令人意外了"。[39] 在给拉曾比的信中，太沙基写道："每每想到米森大坝，我非常担心，我非常清楚它的缺陷，我唯一能放心的是，我安装的监测系统还在充分发挥作用……我的时间所剩无几，只盼着米森大坝能尽快竣工，因为，在我'入土'之前，我还有许多其他重要的工作要做。"[40]

卡尔·太沙基，1958年6月

第 19 章

最后的拼搏

1953 年 2 月，卡尔认为他的冠状动脉血栓问题“在强烈地提醒自己时日不多”。[1]但是他解读这是在催促自己赶紧完成未竟的工作，于是，太沙基只偶尔回到缅因州的家里小憩。家之于卡尔，是恰如其分的“大熊湾”(“Bear’s Corner”，露丝给卡尔取的外号就是“Bear”)。比如 1954 年 9 月，结束了在加拿大不列颠哥伦比亚省公司和萨斯喀彻温省紧张的项目以后，卡尔回到了缅因州，但仅待了两周，和“孩子们以及他们的宠物一起嬉戏”，同时还撰写了一篇工程地质方面的论文，[2]就启程前往埃及、奥地利和英国。1956 年 5 月上旬到 11 月下旬这段时间，他和往常一样在家只待了 3 个星期。尽管现在卡尔还有很多行程和工作，他开始更广泛地传播自己的知识，举办了一些演讲，写了一些书，由此把自己一生的工作经验分享给业内人士。

1957 年，在英国召开的第四届土力学国际大会上，太沙基把主席之位交给了斯肯普敦教授。大会回顾了太沙基在担任主席的 21 年间土力学的发展历史以及他在其中发挥的作用。太沙基眼中的土力学，已经“介乎科学和艺术之间”，他解释称：“我用‘艺术’一词表达一种思维方法，如果掌握了这种思维方法，意味着你无须一步一步地逻辑推理，也能获得满意的结果[3]……要想在岩土工程领域有竞争优势，得时时刻刻和土体相伴才行。除此之外，还要真心喜欢土体，除了在实验室观察它的属性外，也需在野外认真观察和研究，这样才能真正熟悉土体的属性，这些属性仅从钻孔记录里是发现不了的……我一般会认真学习吸收相关知识，并将它们纳入我的知识体系中，加以整合，来培养良好的工程决策能力。现在回过来看看我曾用到的这些知识，我发现每一磅建筑结构力学和土力学理论中都包含有一盎司的地质学知识。[4]

1957年春，卡尔在哈佛开设的工程地质课上做了导论性讲座，瓦尔特·费里斯在露丝的协助下，将这门课继续深入开设。太沙基告诫学生们："如果你连工程地质的概念都没弄清，你还是远离土工学为好。"他写的书通常都会在序言部分阐明此书的内容，只是帮助读者提高判断力，"只可惜，现在大多数读者都习惯性地跳过序言"。[5] 4年后，太沙基仍为这一教育问题担忧着，他写道："我提出理论，然后开展相关实验来验证这些理论，但令我担忧的是，大多数人认为理论和实验能替代常识和经验。只要我还活着、能思考、会写作，我就要和这一致命的不良学风作斗争。"[6]

1957年10月，波士顿土木工程师协会举办了一场太沙基的讲座，主题为"工程顾问、业主和承包商"。在此讲座上，太沙基传授了自己的经验，分享了他自己对土体工程这一领域的职业道德和责任的理解。[7] 太沙基认为，他对项目最重要的贡献往往是从对工程场地的外围观察中发现的。他的演讲经常会引发公共讨论，为了扩充自己的观点，他经常通过书信和朋友们讨论，也邀请他们撰写讨论稿。太沙基这次的讲座非常受欢迎，就此次讲座主题，与会的工程师们发表了16篇后续探讨文章。其中一个工程师称太沙基是"土木工程学领域的福尔摩斯"。[8]

这些年来，太沙基拥有众多的追随者，但最热忱的当属挪威岩土工程研究所的主任劳里茨·比耶鲁姆，他非常年轻有为，才华横溢。

卡尔·太沙基和劳里茨·比耶鲁姆,1958 年

“大熊湾”，靠近缅因州的哈德逊

1954 年，太沙基读完比耶鲁姆关于挪威灵敏黏土岩土性质的手稿后[9]主动写信给他，因为太沙基曾在自己的工作中碰到过这种神秘且吸引人的土体。后来，他和比耶鲁姆书信往来频繁，两人迅速建立了友谊——这也间接促成了劳里茨成为麻省理工的客座教授。劳里茨经常拜访太沙基，是太沙基家的座上客。1957 年 9 月，亚瑟萌发了一个想法，他准备精选太沙基一些著述，重新整理刊印成纪念册，作为太沙基即将到来的 75 岁生日礼物，劳里茨・比耶鲁姆收到亚瑟的邀请，参与了计划。另外几位是艾里克・斯肯普顿和拉尔夫・佩克。但是，这个礼物还没准备好，太沙基的生日就到了。

1958 年 10 月 2 日，在一次峰会上，75 岁的卡尔对自己知识体系的发展作了一个全面的评价。他认为自己早期试验中的冒险和过失都是很有价值的："这使我从条条框框中解放出来，让我的想法不受任何拘束。心理学家也不见得能让我做到这点，更不用说找到一个痛苦更少的方式了。"后来，当他完全了解自己工作的性质和意义后，卡尔完全沉迷其中了，几乎完全忽略了个人生活。"我像是为主人服务的奴仆，他绝不容许我分心……主人很严苛，但对我回报却很慷慨，我对他很忠诚，他使我免受长久困扰人类的三大精神问题，即：成功的渴望，同行间的嫉妒，以及贪婪……人生路上，如能心态平和，就等于拥有了一笔宝贵财富，这种心态总让我很满足。所以，只要我还活着，我就会继续在这个领域努力下去。"[10]

卡尔生日到了，但他却未能收到纪念册，难免有些遗憾。卡萨格兰德的想法得到了很多人的热情赞同，信件纷至沓来，这四人成立了专门的工作小组，亚瑟担任主席，卡尔为特殊顾问。刚开始时，计划进展良好，但在纪念册的格式、内容和印刷出版方面需要花费很多时间。工作小组每个人都是这一领域的专家，他们在土力学方面都很有自己独到的见解。虽然他们对太沙基的成就非常了解，但是就其中什么是最大的成就产生了分歧。

因此，他们的工作进展如同龟速。他们觉得，太沙基的观点非常深刻，草率出版发表是种亵渎。但问题还在于，很难找到一个出版商愿意投资此项目。而如何商定出一个都满意的内容更加困难。他们都想更好地展现太沙基在工程领域所做的开创性贡献和对学科发展的指引性作用。但如此一来，就必须详细描述太沙基的每一步开创性成果在什么时候、什么地点，以何种方式融入工程历史的发展体系中。他们反复商榷、讨论，程序如同中世纪犹太法学博士辩论和起草犹太法典一般复杂。

斯肯普敦写的章节中，还有一个敏感问题，就是如何看待费朗格的试验。费朗格 1917 年发表的文章中的混凝土测试和太沙基发现的有效应力概念是相关的。在费朗格的这组实验中，发现混凝土的抗拉强度和孔隙水压力毫无干系。斯肯普顿认为这一发现"对有效应力概念的发展具有里程碑式的意义"。[11] 比耶鲁姆认为费朗格的工作就有效应力原理的发展来看，确实是历史性的，但把此项发现编撰进太沙基的纪念册中，是不合适的。卡萨格兰德提醒小组成员，费朗格曾经"指责太沙基关于孔隙压力和有效应力的概念是无稽之谈"。深谙世事的斯肯普顿最后折中写了如下评论："费朗格的实验出现的时机恰到好处，作为 1910—1920 年间有效应力实验中的一组，它隐晦地阐释了有效应力的原理，但开展实验的人并没有理解原理本身。"[12]

卡萨格兰德明显无法胜任这项工作了，小组的其他人渐渐对他失去了耐心。1958 年 9 月，太沙基写信给比耶鲁姆说[13]："事情发展到这个地步，我不得不插手了，因为我还没有看到任何进展……书的前五节，我都会写 3～6 页的导言，表明我对这些主题的看法。[14]其中一些导言让亚瑟和佩克签名。”（这些代署名的导言并没有放到终稿中。）他说卡萨格兰德撰写的题为《生活和成就》的文章，介绍了太沙基的生平，太沙基觉得“读起来像是一份求职简历。我删掉了，然后自己重写了 40 页手稿。现在读起来似乎丰满有趣多了”。比耶鲁姆回应道工作进程太慢了，他们这群年轻人都跟不上太沙基的节奏，自己很沮丧也感到很悲伤，他补充道：“我希望更多的学科带头人能够像您一样，一直充满激情和斗志，用自己的开创性精神去打破那些看上去光鲜的旧传统。”

纪念册最终于 1960 年 9 月 29 日出版了，采用了露丝和卡尔建议的标题：《土力学：从理论到实践》（*From Theory to practice in Soil Mechanics*）。出版两周后，在波士顿的一场规模空前的 ASCE 会议开始之前，亚瑟把书交到了太沙基手中。会上卡尔还发表了一个题为“土力学的使用和滥用”的回顾性演讲。太沙基首先致辞表达了对纪念册完成的感谢，他说这本纪念册的出版筹备过程，他并没有全程参与，只提前“偷瞄”了几眼当中的内容。[15]除此之外，大会宣布成立“太沙基奖”，以表彰那些在土力学上成就非凡的学者。太沙基还被英国土木工程师协会授予了奖章。[16]

评论家关于纪念册反响热烈，评价非常高。一位评论家说：“回顾过去的一个世纪，没有任何土木工程师可以像太沙基这样在这个领域影响力如此之大，可以毫无争议地说，是太沙基创立、发展了土力学，这是工程科学的一个新分支。”[17]《自然》杂志表示：“卡尔·太沙基教授是工程科学领域中最具影响力的人物之一，许多人认为，他绝对是我们这个时代最伟大的土木工程师……每一代人中，如此具有声望的人非常少。”[18] R.格罗斯普在岩土工程期刊发表的评论中写道：“在工程领域，除了那些与著名建筑物联系在一起的名字，还有一小群鲜为外行人所知的伟大工程师，他们深刻地影响了同时代人的思维模式，开创了土木工程实践的新时代。太沙基教授就是这样的一个人，他的声望可以媲美19世纪初的纳维叶和18世纪的欧拉。”[19]

《土力学：从理论到实践》一书发表后，感谢信纷至沓来，其中一封来自F.E.施米特，他特别赞扬了卡萨格兰德，感激他“全面、细致地讲述卡尔这位大师的职业发展历程”。[20] 有两件事很有意思。首先，太沙基是该书的作者，而不是卡萨格兰德。其次，施米特是唯一一个成功说服太沙基写自传的人。当时，一名英国高管曾建议卡尔把他一生的经历写出来，他说：“我认为，将来不会有人像您一样，解决过如此多的问题……当然，如果您能在书中增添些个人色彩，会更加有趣的。此书完成后会很畅销。”[21] 太沙基对施米特说：“我觉得我如果告知年轻人，生活和经验教会了我无法从理论分析和实验中学到的知识，这应该算不上自以为是吧。”

施米特回复道：“你不要因为快60岁了就失落沮丧，你仍然很年轻啊，不需要通过写回忆录来寻求安慰。”工程师的自传中，往往存在些问题，他解释道：“如何选择自传的内容，从而可以唤起更多读者的兴趣……如何取舍传记的客观性和主观性内容……想写自传的人，可以好好问问自己，是否真的想要一幅自画像。”纵使卡尔一直酝酿着“为了那些少数天生的工程师，记录下自己一生的经验”，[22] 最终他还是没有给自己写传。卡尔晚年时，以论文反思和讲座的形式分享着自己生活教训中的点点滴滴。

事出偶然，14年后，在奥斯陆的比耶鲁姆收到了很多关于太沙基生活和工作的资料，这些资料对全面了解太沙基的生活和工作很有帮助。当时正是 1957 年秋天，劳里茨正参观卡尔在维也纳的旧办公室。作为太沙基在维也纳工学院继任者的费勒利希教授正在清理办公室，准备退休。他让比耶鲁姆看了一个小档案室的一摞论文，“论文堆在墙角，落满了灰尘。”[23]这些都是 1938 年太沙基从维也纳外逃时留下的部分文件、报告、信件和备忘录。

在比耶鲁姆的鼓动下，9 个月后，太沙基拜访了费勒利希，发现那些材料“仍然安好地沉睡在一个安静的角落”。于是，太沙基安排人将这些材料搬移到比耶鲁姆在奥斯陆的挪威岩土工程研究所（N.G.I.）。1958 年 10 月，收到这些材料后，比耶鲁姆的工作人员将这些收集的材料进行分类和索引，比耶鲁姆浏览完这些材料后写信给卡尔，“读这些材料的过程中，让我觉得与 50 岁左右的‘你’一起度过了很多时光……我越来越钦佩你无上的人格魅力和卓越的工作能力了。”太沙基图书馆也应时而建，比耶鲁姆于是开始思索为太沙基撰写自传。[24]

同年，卡尔的视力开始减弱。在 1958 年 12 月 6 日，卡尔做了一个白内障手术，矫正了视力。1959 年，除了咨询工作，太沙基还在佛罗里达州、伊利诺伊州、哈佛大学、麻省理工授课，但到了年底，视力不断减弱和呼吸急促频繁发生，他不得不停下工作，欣赏欣赏田园风光。1960 年 1 月，卡尔第二次心脏病发作，住进了医院，暂时“进入假释期”，[25]卡尔被迫缩减了伊利诺伊大学的讲学工作。他向佩克解释道：“我的身体就像一台福特汽车，自打出生起，我就一直在使用它，现在这台福特虽然运行良好，但已经很老旧了，我可不敢提前保证几个月之后，它会不会在关键时刻掉链子……但这台福特的磨损仅限于电机和轴承（我的思维尚且清楚），工程地质学书的撰写不会因此受到任何影响。”[26]拉尔夫回应道，卡尔的身体不是福特，而是一辆麦克卡车。

1960 年 11 月，卡尔正在撰写工程地质学的教科书，这本书比原定的交稿时间已经推迟了很久。突然噩耗降临。卡尔在熬夜一通宵后，白天前往医院做了一个体检和 X 光透射。第二天，医院要求卡尔来复查，此时医生已确诊他患了主动脉瘤。11 月 17 日，经过 9.5 个小时的手术，卡尔破裂的动脉被换成了聚酯纤维人造管。5 天后，又进行了一次手术，因血管中血块不断增多，不得不对左膝以下部分进行截肢。手术后，太沙基回到家中，发现他醒着的大部分时间仅仅是为了生存，他真切地觉得自己毫无用处。因此，这头衰老的熊写了一篇关于伦理的散文，探讨是否应该延续一个毫无意义的生命。[27]

太沙基的手术可以称作"外科手术上的经典范例"了，但是，他却认为，这个手术不过是将自己死亡的时间延后了。"无论如何，病人的生命最珍贵，这一信条深深影响着绝大多数医生，他们也不遗余力地履行这一信条，在实际工作中不懂变通，盲目遵从。然而，对这一信条引发的后果却很少有人考虑，几乎没有。"

"一旦身体机制完全恶化，"他继续说道，"死亡只是迟早的事，可以想到的改善方法就是尽快结束这种状态，但医生并不会这样做，他们重提'生命无价'这一信条，觉得应该继续坚持努力，直到耗尽所有可用的方法为止。其实，这一信条找不到任何科学甚至是人道主义方面的支持。这就像一些宣传反对计划生育的教条那样，这些教条，早在人类进化出理性思考能力之前，就是人性中根深蒂固的一部分了。"

太沙基显然受到了一个朋友的反驳言辞的影响，他在一篇散文里写道："反证你的理论……充分显示出痛楚和苦难在人类种族发展中的巨大作用……我们生活中的这些不可避免的部分，具有创造性的力量，许多人类创造的价值都归因于此，就比如健康、生机和活力。”[28]

太沙基支持“安乐死”，但是不管怎样，在当时，无论是对整个社会还是对他自己，施行“安乐死”都为时过早。太沙基慢慢学会了如何先用两根拐杖，然后减少为一根拐杖，最后用一条假肢走路。他的病情开始好转，恢复了精神。太沙基精神状态很好，让他撑过了 7 月份的第二次白内障手术。根据当时耶夫斯・拉克鲁瓦的观察：“从你 7 月 23 号手写信件行距的平行度，和你提出的与我论文相关的问题来看，你的视力问题已经很严重了。”所以太沙基不得不进行了第二次手术。

卡尔再也不敢长途旅行，但他可以在家里与工程师——包括整个咨询委员会成员会晤，当然，他依然可以思考和写作。他知道自己时间不多了，于是将工作重心放在重点项目上：如指导米森大坝项目找到安全对策，撰写该大坝的最终报告和将大坝作为一个历史工程案例进行发表，出版一系列文章，阐发自己关于土体和岩体工程地质学最重要的想法。

太沙基还认真研究“岩石力学”这个新学科。尽管太沙基的主要贡献都与土体工程相关，他对硬岩的研究也很有热情，他通过远足、爬山和地质考察时认识岩体。太沙基经常参与“岩石工程”方面的咨询工作，而且他曾负责撰写了普鲁克特和怀特的关于岩石隧道书籍的部分章节，这些部分可能是迄今为止发表在该专业领域的最优秀的文献。因而，20 世纪 50 年代后期时，在岩石力学方向，一个全新的领域兴起，相应的国际协会出现时，他很难不好奇。太沙基给他在国际工程方面的朋友邓恩的信中，写道：“现在，我时间所剩无几了，我准备将全部的精力都投入到这个新的领域上——岩石力学。”

随着研究的深入，太沙基有些气馁。他私下对比耶鲁姆坦诚：“我在岩石力学领域研究得越深，越觉得有趣，也越感到惊讶。”[29]这个领域研究主题全都是些“理论废话”。法国人却还相信，“如果足够努力，就可以通过一把计算尺摸清岩石性质”，[30]他们居然还试图运用岩石力学的理论来设计隧道支护结构。其实，工程师无法预先获得需要的数据，因为围岩的表现主要取决于它最薄弱位置的工程特性，而除非已经打通隧道，否则是无法知道哪处最薄弱的。[31]太沙基在阅读名为《岩石力学》的专业书籍时，起初的热情退却了，他发现了本书许多“奇怪”之处，“觉得此书方方面面都糟糕透了”，看完此书后，他总结道“这是自己这么长时间以来看到的最肤浅、最混乱的书了，简直在误导读者”。[32]太沙基查阅了大量的关于测量岩体内部应力的出版物，却很少发现其中有对土木工程师有用的结论。[33]

太沙基指出，岩石力学领域有一些真正的成就，但更多的是毫无根据的愿景和“盲目的乐观”。[34]关于岩体的性质大多取决于地质细节，但人们往往不能确定这些细节。在土体工程领域也是同样的情况，但这种情况在岩石力学方面更为明显，因为理论方法在涉及岩石的土木工程设计中很少能适用；而且，岩石的勘探花费更多。仅仅基于假设而非核实过的数据可能会误导工程设计师，使之不能及时发现和填补知识的漏洞。因此，在哈罗德·哈丁询问他是否能引用卡尔关于“应该把数学家通通关进笼子里，通过铁栏杆喂他们问题就好了”的评论时，卡尔答复说，自从他第一次构思这篇文章的时候，“他已发现，有些土力学领域以及新近出现的岩石力学的一些成员应该得到数学家般的对待。”[35]

太沙基一个工程界的多年好友请他为自己撰写的关于一个超高混凝土重力拱坝的岩石地质勘探的推荐方案写评语，却得到了太沙基的

卡尔 75 岁生日时，卡尔和露丝在温彻斯特的家中

负面反馈。太沙基没有充分准备，从不妄下评语。他花了约 4 个月的时间，不仅仔细审查了这位朋友的原稿，还查阅了相关的文献，写了长达 28 页的评论稿，他对这份方案的评价非常低，此外，还附上了一份 15 天工作的薪酬单。收到来信后，这位朋友万分震惊，拒绝接受太沙基的评语。收到朋友的反馈后，太沙基认为这个朋友对他评语的反应“好比不可知论者和天主教徒的信仰之争。我开始是天主教徒，但是看清现实后，我很泄气，只能相信不可知论了”。

太沙基的朋友很苦恼，他不知道怎么处理太沙基的评论，因为太沙基认为他的推荐方案“一点价值都没有，甚至这个方案只会起反作用”，而且报告已经交付客户。他坦言，他原本并没有希望太沙基从专业角度给出评论，只希望太沙基看在两人交情的份上给他写些好的评语。作为回报，他会向太沙基分享一些他公司收集的关于岩石力学的数据资料，况且自己在过去的 15 年时间里，花了很多时间为太沙基收集资料，太沙基应该还他人情。这个朋友写道：“你的反馈很认真，都快和我的报告一样详细了，收到后我很震惊。”同时也坦言自己无法支付此次服务费。太沙基说，自己从来不介意费用问题，但看在老天的份上你的公司“还是应该从事你们在行的领域，在这些领域方面，公司至少应该有一个资深工程师是这方面的专家。不然，仅靠几个初级工程师，他们签署报告后，连报告质量都无法判断，只会损坏公司信誉。”

太沙基时间所剩不多，他决定发表一些岩石力学的相关文章，希望能“指出问题实质：实际上，以我自己在土力学方面的经验来看，我们从未彻底了解岩石力学，未来，也似乎没有可能弄清楚，我认为大家应该理智对待这股研究热潮”。[36]他在促进岩石应力测量[37]和岩石边坡等问题的解决上，[38]贡献颇多。除此之外，针对马莫斯普尔大坝项目，他还详细描述了岩体薄弱构造（花岗岩中的“席状节理”）是如何影响工程设计和施工的。[39]

1962 年初，亚瑟·卡萨格兰德向太沙基请教了一个敏感问题。慕尼黑理工大学授予奥托·弗勒利希荣誉博士学位，格拉茨技术学院也授予了他“金工程奖”，他原本就有点嫉妒。后来，《奥地利工程学报》还发表声明，声称这些荣誉是授予“土力学联合创始人”，[40] 亚瑟读到后愤怒极了。亚瑟略带讽刺地向卡尔说道：“看来我得从头学习土力学了，我很抑郁。这些年都白费了！”他请太沙基能够处理此事，太沙基还是像以前一样，在发表任何评论前，自己先详细调查事情原委。

卡尔认为此事是“极其不公”的，于是写信给了 4 个权威的德国学者，要求他们写信给《奥地利工程学报》，澄清事实。[41] 太沙基解释说，亚瑟·卡萨格兰德是他早期学生中最重要的一个，他帮助自己构建了土体测试技术体系和揭露了土体的物理特性，卡萨格兰德在土力学的贡献要比弗勒利希早十年，且不论弗勒利希仅在理论方面有所建树。[42]

与此同时，卡萨格兰德还向加拿大的休格·哥尔德寻求帮助，休格外交能力卓越，幽默风趣，亚瑟期望他能给《岩土工程》写封信“以正视听”。[43] 哥尔德表示愿意以卡萨格兰德的名义代笔一封命名为“父权的鉴定”的信。信是这样开头：“我最近浏览一些专业期刊文章，发现有人提到‘与太沙基一起创立土力学的人’。这个有趣事件让我思考了许久，宣称主权实际上是令人尴尬的，但是如果将来这个小孩出人头地，得到能成为一份渴望得到的荣誉。为了以后研究这个学科的历史学者着想，因为届时肯定有很多人对创始人身份弄不清，我们就不能对其达成一致吗？不要使这个领域的创始人身份有任何的模糊和不明，还好在土力学领域，母亲的身份——可能只有肥沃的大地是合适的。”哥尔德阅读完太沙基创建土力学"概念"和"起源"的关键出版物后，总结道，"弗勒利希"这个名字带有双关的含义："只有一人能荣膺此称号，没有人会同意其跟他人一起分享。"[44]

到1962年底，卡尔这头老熊很难高兴起来了，虽然他现在还可以四处走动，可以在楼上办公，甚至可以继续吸烟，但是他的背越来越痛，偶尔还出现昏厥状况。他不喜欢为自己特制的无盐餐。他没有了繁复的工作，但能自由选择工作的主题，他很喜欢这种感觉。

尽管如此，太沙基还是继续撰写报告、备忘录、文章、讨论、讨论总结，积极与他人通信，以及认真做笔记。卡尔继续担任加德纳大坝项目委员会的大坝设计顾问，这个大坝位于南萨斯喀彻温河，河谷两岸边坡和地基都非常不稳定。与此同时，太沙基还为克利夫兰和米森水坝忧心忡忡，为了米森大坝项目，他分析耶夫斯·拉克鲁尔的数据，不辞辛苦准备汇报，预测大坝今后的运行状况。[45]耶夫斯问太沙基，自己应该花费多少时间完成报告，卡尔建议道："尽可能准备充分，用最少的文字，把最关键的发现，以及大坝设施前期建设的最基本特征，汇报给读者。"[46]

太沙基还努力和拉尔夫·佩克一起完成了《土力学的工程实践》的修订工作，《理论土力学》的修订工作则移交给了在密西根州的理查德教授。1962年，卡尔的母校——格拉茨技术学院，授予他荣誉博士学位，重型机械承包商兄弟协会授予他"摩尔奖"（The Moles），太沙基曾经在此协会受益颇多。这些荣誉让太沙基感动不已。

虽然依旧保持很强的创作力，1962年10月，年近八旬的太沙基，感觉到他的末日将至，他写道："生命中让我满意开心的事越来越少：视力迅速减弱，每日三餐吸收消化能力也不行，左腿截肢，右腿酸痛，活动行走极其不便，呼吸急促，心脏要靠药维持，记忆力也衰退。但是，我没有被宗教所迷惑，并未生出通往终点是福佑的情绪，我知道终点便是终点，没有来生。”[47]

带着这种情绪，1962 年底，卡尔认为是时候给他的朋友写告别信了。[48]卡尔的问候信非常感人，此时，他已经几乎不能阅读和写字了，现在生命对他而言已没有那么重要，他只希望尽早结束。他的生命征程快走到了尽头，此时，他希望能道声谢谢，和大家说再见。太沙基写给每个人的信件内容都不相同；例如，给布鲁诺·桑德的信中，太沙基和他有 50 年的交情，他写道："他们一起度过的那些时光是他人生中最幸福的日子……再见，亲爱的伙伴，我的知音。"太沙基的真情流露收到了很多真挚的答复，太沙基的情绪愈加高涨。但谈告别还为时过早。太沙基对待生命的最后阶段犹如他对待水库的第一次蓄水一样，先做好万全准备以保证在接下来的极限测试中能安全进行。

卡尔抱着这样的心志，提前 6 个月给露丝写遗愿。他希望骨灰安葬在缅因州的沃特福德南部，靠近大熊湾(Bear's Corner)位置，只要简单的悼念留言："卡尔·太沙基，一位土木工程师。他活着时从不妥协，尽自己最大的能力为所选职业做贡献，死后也无遗憾。"太沙基还从书房挑选了些书籍，送往比耶鲁姆在奥斯陆兴建的以自己名字命名的图书馆。"没有什么好难过的，"他写道，"死亡本来就是生命的一部分，是不可避免的。"太沙基 80 岁时，他精神状态极差，卡尔在 1963 年的工作日记首页写下了个人墓志铭："从 1883 年到 1963 年——我在黑暗中摸索了 25 年，努力奋斗了 55 年。我在这个领域有了一些发现，但这个领域仍有许多未知的需要探索。"

正如他曾经过早地发文表示愿意安乐死一样，他的墓志铭也写得为时过早了，太沙基继续挣扎坚持着，此后近一年时间，他还就工程问题给出了最佳判断和敏锐的分析，尽管过程有些困难。1963 年 6 月，耶夫斯・拉克鲁尔，正忙着同卡尔一起完成关于米森大坝的文章，写信给比耶鲁姆说：卡尔饱受急性关节炎的困扰，不得不一直擦用镇痛剂止疼，还得戴着两个泡沫橡胶垫，其中的一个支撑他的身体，另一个支撑着他的胳膊肘，好用忠实的伙伴沃特曼钢笔书写文章。他坐在起居室的扶手椅上，扶手椅下有一小块地毯，当太沙基想到餐桌旁或卧室去时，露丝就拉扯这块地毯，帮助太沙基随着椅子移动到想要的去处，太沙基称这块地毯为“东方快车”，房间之间门槛称为“船闸”。太沙基一天工作大约 4 个小时，连计算尺都看不清了。“但太沙基还是能发现我带给他的草图的错误和不一致的地方。”露丝永远在他旁边，是他永远的护士、秘书和同伴。

1963 年 10 月，卡尔的 80 岁生日到来之际，各类问候，祝贺信件和电报纷至沓来。比耶鲁姆也送来了问候，他说，卡尔的著述将启发我们几代人的探索之路，从事我们这个学科的学者需要具有敏锐的判断能力和诚恳的科学态度，卡尔无疑是这些学者中的典范。[49] 卡尔发出了许多致谢信，其中有一封就发给 E.P.汉密尔顿和约翰・威利父子出版社，他表示自己可能没有时间完成工程地质学一书了，“因为这个领域现在变化太多，而我已时间有限”。[50] 这种“变化”应该犹如莫比・迪克这头白鲸在船尾造成的漩涡一般。

卡尔・太沙基一直坚持抗争着，直到 1963 年 10 月 25 日。“这个伟大的男人已经离开了我们，”亚瑟写道，“土力学失去了它的父亲，而我仿佛第二次失去了自己的父亲。”[51]

5 年前，卡尔曾做了场演讲，演讲内容事先准备好了。演讲中，他真切而诚恳地表达了自己生活中的实用主义哲学信条。[52]“我得承认，我取得成就的价值对我来说就好比苹果对于苹果树的价值一样，无足轻重。我们获取成就的过程是——也应当是——自然而然地按照既定模式发芽、生长、成熟。我们出生在一个精彩但也令人敬畏的世界，在这个世界里，我们能理解的非常少，我们生活的模式和生存的价值，要远远超出我们所理解的范围。我们能做的最好的就是按照我们的模式去生活、工作，不要浪费时间在无法回答的问题上。这些问题的答案也许不会有任何实际作用，因为，正如浮士德博士最后的人生顿悟一样，‘善人虽受模糊的冲动驱使，总会意识到正确的道路’。[53]如果你能够早早地发现属于自己的模式，并且忠于它，无论你的角色是什么，主人或仆从，母亲或情人，到了生命的最后阶段，你都会感到非常满足。否则，可能还没来得及弄清‘生活’这个词的含义，你就离开这个世界了。”

卡尔·太沙基，他在这个世上真正活过。

注　释

缩略词表

Anniv. Vol. =《土力学:从理论到实践——太沙基作品精选》,劳里茨·比耶鲁姆,亚瑟·卡萨格兰德,艾里克·斯肯普顿,拉尔夫·佩克编辑。(约翰威利父子出版公司1960年出版)

Terz. Mem. Lect.(1973) =《土力学和基础工程学国际研讨会太沙基纪念讲座会议论文集》,1973年8月14—16日。(土耳其伊斯坦布尔贝贝克海峡大学)S.S.泰兹詹和A.S.亚尔辛编辑。

Mein Lebensweg = 一篇未发表的自传性文章,题为《我的一生和我的目标》。

ENR =《工程新闻纪录》(麦格劳-希尔)

ASCE =美国土木工程师协会

M.I.T. and MIT = 麻省理工学院

I.C.E. =(伦敦)土木工程师协会

tsf =吨每平方英尺

psi =磅每平方英寸

前言

1. 前言中的两段引言出自太沙基的论文,(据瓦尔特·费里斯说)他曾在工程地质学的课堂上把这些论文当成讲义分发给学生。在"太沙基工作方法纪要"一文中,劳里茨·比耶鲁姆曾引用过这两段话,该文被选录在《土力学:从理论到实践——太沙基作品精选》中(参见缩略词表)。

第1章

1. 据奥地利帝国皇帝的爵位授予记录,安东尼奥·太沙基出生于1806年,但出生登记表上记录的是1805年。
2. 直到1860年,都是奥地利哈布斯堡帝国的一部分,现属意大利。
3. 1757年玛丽亚·特里萨皇后颁布了一项政令,为连续服役超过30年的军官授予头衔,后来这成为一项传统。
4. 在德国的头衔是中校(Oberstleutnant)。
5. 摘自太沙基于1962年7月17日、31日与米斯勒维克教授往来的信件。

6. 露丝·卡尔口述的"回忆卡尔·太沙基",收录于《土力学和基础工程学国际研讨会太沙基纪念讲座会议论文集》,1973 年,第 156 - 171 页。
7. 摘自《我的一生和我的目标》。
8. 这个年代的奥地利,10 岁左右的孩子完成义务教育后,有三种继续求学的途径:高等学术教育,需要阅读拉丁语和希腊语经典文献资料,称之为 Humanistische Gymnasium;中等学术教育,阅读拉丁语文献,但不要求阅读希腊语文献资料,称之为 Realgymnasium;实践教育,称之为 Realschule,如果家庭期望孩子能从军或者从事工程方面的职业,这条道路更受青睐。
9. 露丝·卡尔口述的"回忆卡尔·太沙基",收录于《土力学和基础工程学国际研讨会太沙基纪念讲座会议论文集》,(1973)。
10. 摘自太沙基 1901 年 9 月 18 日的日记。
11. 摘自太沙基《我的一生和我的目标》,第 3 页。
12. 摘自太沙基 1901 年 9 月 18 日的日记。
13. 摘自太沙基 1901 年 9 月 18 日的日记。
14. 摘自太沙基 1941 年给哈佛新生的讲座。
15. 摘自太沙基 1901 年 9 月 18 日的日记。
16. 摘自太沙基 1927 年在麻省理工学院做的题为"工程学教育"的讲座。
17. 摘自太沙基 1956 年 3 月 5 日写给儿子埃里克(船长)的信。
18. 摘自太沙基 1956 年 3 月 5 日写给儿子埃里克的信。
19. 摘自小说《休止角》(*Angle of Repose*)。
20. 古温特·赛文卡,"Fila hospitalis—Studenten, Hochschule und 'Kulturkampf' im literarischen Werk Ferdinand Wittenbauers (1857—1922)"(学生,大学和费迪南德·韦丁博尔文学作品里的文化战争) Schriftenreihe des Steirischen Studentenhistoriker—Vereines, Folge 21,1993(格拉茨)。
21. 他是阿莱玛尼亚"社团"的成员。
22. 摘自"工程学教育",太沙基于 1927 年在麻省理工学院的演讲。
23. 暂时还未发现手稿。
24. 1956 年 3 月 5 日太沙基写给儿子埃里克的信。
25. 摘自《我的一生和我的目标》,第 4 页。
26. *Anleitungzu Geologischen Aufnahmen* [《地质调查手册》(*Manual for Geological Surveying*)(《野外地质学大纲》(*Outlines of Field Geology*))] 阿奇博尔德·盖基著,卡尔·太沙基翻译成德文(Franz Deuticke 弗兰兹德意迪克出版,1906)。
27. 摘自太沙基翻译,阿奇博尔德·盖基著的《地质调查手册》的"Vorwort des Uebersetzers"(译者前言)。翻译后的书名为 *Anleitung zu Geologischen Aufnahmen of Geikie's Manual of Field Geology*。
28. Geologie der Umgebung von Flamberg in Sausal(绍萨弗拉伯格地区的地质情况) *Mitteilungen der Naturwissenschaftlicher Verein für Steiermark*, pp.131-146。
29. 1956 年 3 月 5 日太沙基写给儿子埃里克的信。
30. 摘自《我的一生和我的目标》,第 5 页。

第 2 章

1.《我最困难的地基工作》(*My toughest foundation job*)，卡尔·太沙基，《新英格兰建设》(*New England Construction*)，1936 年 7 月，第 16 页。
2.《我的一生和我的目标》，第 5 页。
3.《我的一生和我的目标》，第 7 页。
4. "Silo der Gipswerke in Egeres, Siebenbürgen"(特兰西瓦尼亚 Egeres 石膏工厂的筒仓) *Beton und Eisen*, vol. 7, no. 3, pp. 57 - 59；"Bau der ersten österreichischen Glanzstoff-Fabrik in St. Pölten"(奥地利的圣波尔滕的第一座人造纤维厂的建设) *Beton und Eisen*, vol. 7, no. 4, pp. 98 - 100；和"Bestimmung des Druckes auf die Wand eines Silotrichters"(筒仓漏斗壁压力的确定)，"Zuschriften and die Schriftleitung" *Beton und Eisen*, vol. 7, no. 13, pp. 326, 327, and vol. 7, no. 14, p. 350(所有文章都发表于 1908 年)。
5. 1909 年 4 月 17 日。
6. 来自太沙基于 1910 年 8 月 7 日写给韦丁博尔教授的信。
7. 来自太沙基于 1909 年 4 月 17 日写给韦丁博尔教授的信。
8. 来自太沙基于 1909 年 12 月 8 日写给韦丁博尔教授的信。
9. 来自太沙基于 1910 年 8 月 10 日写给韦丁博尔教授的信。
10. "Bemerkung zur Tektonik der Umgebung von Buccari"(关于布卡莱地区地质构造的评论) *Geologische Mitteilungen-Zeitschrift der Ungarische geologische Gesellschaf*. vol. 41, pp. 684 - 695；1910 年 8 月 7 日，他写信告诉韦丁博尔教授，旅途的第三天，他和福格尔博士就此事一路争论不休，随后，人们邀请他将争论的内容发表出来。
11. "Beitrag zur Hydrographie und Morphologie deskroatischen Karstes"(对克罗地亚喀斯特水文和形貌的研究) *Mitteilungen des Königliche ungarische geologische Reichsanstalt*, vol. 20, no. 6, pp. 230 - 321；这篇论文后来重新编辑，以"南斯拉夫加卡地区地貌和近地表排水研究"为题发表在《地貌学年鉴》(*Annals of Geomorphology*)，1958 年，2 卷 1/2 期(选录在《土力学：从理论到实践——太沙基作品精选》中，第 81—105 页)。
12.《我的一生和我的目标》，第 8—9 页。彭克教授在《小亚细亚西部地区地质构造原理》"Tectonic fundamentals of Western Asia-Minor"一文中很认可太沙基的论断；莱曼在关于阿尔卑斯地区的岩溶现象论文中同样表示了对太沙基工作的认可。
13. 该段所有的引用都来自太沙基 1910 年 8 月 7 日在基茨比厄尔写给韦丁博尔教授的信。
14. 该段所有的引用都来自太沙基 1911 年 8 月 7 日写给韦丁博尔教授的信。
15. 来自太沙基于 1911 年 8 月 7 日写给韦丁博尔教授的信。
16. 来自太沙基《我的一生和我的目标》，第 11 页。
17. 来自太沙基于 1911 年 8 月 7 日写给韦丁博尔教授的信。
18. 来自太沙基于 1911 年 11 月 30 日写给韦丁博尔教授的信。
19. 摘自太沙基 1911 年 11 月 6 日的日记。
20. 来自太沙基 1912 年的日记。
21. 博士论文的题目为"Berechnung der kreisrunder Behälterböden"(圆柱筒体地基的计算)
22. *Berechnung von Behältern nach neueren analytischen und graphischen Methoden*.施普

林格出版社，1913。
23. 采用里兹法在拉格朗日坐标中的函数变化方法。
24. 于 1911 年 8 月 7 日写给韦丁博尔教授的信。
25. *Zeitschrift des österreichischer Ingenieur-und Architekten Verein*，(1913) no 32，pp.509.
26. 奥尔加是艾拉丈夫弗里茨·白洛夫的妹妹。

第 3 章

1. 摘自卡尔 1912 年 3 月 10 日给外祖父的信。
2. 摘自卡尔 1912 年 2 月 19 日给外祖父的信。
3. 摘自卡尔 1912 年 2 月 19 日给外祖父的信。
4. 太沙基喜欢一语双关，喜欢玩文字游戏。
5. 维也纳《每日邮报》的"杂谈"版，文章题为《渡过大水塘》[太沙基开玩笑将大西洋称作水塘]。
6. 摘自卡尔 1912 年 3 月 10 日给外祖父的信。
7. 摘自卡尔 1912 年 3 月 10 日给外祖父的信。
8. 摘自卡尔 1912 年 3 月 10 日给外祖父的信。
9. 摘自卡尔 1912 年 5 月 13 日给外祖父的信。
10. 摘自卡尔 1912 年 3 月 26 日给外祖父的信。
11. 《我的一生和我的目标》，第 12 页。
12. 摘自卡尔 1912 年 3 月 26 日给外祖父的信。
13. 摘自卡尔 1912 年 3 月 29 日给外祖父的信。
14. 摘自卡尔 1912 年 3 月 28 日给母亲的信。
15. 卡尔于 1912 年 4 月 5 日在纽约时写给外祖父的信。
16. 没有找到这份报告。
17. 摘自 1912 年 4 月 29 这天的日记。
18. 关于泰坦尼克号的手稿在邮寄过程中丢失或延误了。让太沙基沮丧的是，波西尔教授为太沙基校对的稿子也在邮寄过程中丢失了(或许是泰坦尼克号船难事故的牺牲品)。
19. 摘自太沙基 1912 年 8 月 16 日的日记。
20. "Das Hochwasser des Mississippi"(密西西比河洪灾)：在维也纳《每日邮报》的"杂谈"版，1912 年 6 月 12 日。
21. 摘自"Das Hochwasser des Mississippi"(密西西比河洪灾)。
22. "Auch ein Kriegsschauplatz"(又一座战争的舞台)在《每日邮报》"杂谈"版，1912 年 6 月 1 日。
23. 1912 年 6 月 26 日卡尔写给外祖父的信，信中说这趟旅行的费用来源是匈牙利地质调查局为其研究喀斯特地貌的论文支付的 100 美元。
24. 摘自卡尔 1912 年 6 月 26 日给外祖父的信。
25. 摘自太沙基于 1912 年 8 月 8 日写给韦丁博尔教授的信。
26. 摘自太沙基于 1912 年 8 月 8 日写给韦丁博尔教授的信。

27. 摘自卡尔 1912 年 6 月 26 日给他外祖父的信。
28. 摘自卡尔 1912 年 8 月 10 日给他外祖父的信。
29. 1912 年 9 月 17 日的信。

第 4 章

1. 摘自太沙基 1912 年 8 月 16 日的日记。
2. 太沙基于 1912 年 12 月 24 日写给韦丁博尔教授的信。
3. 太沙基于 1912 年 12 月 24 日写给韦丁博尔教授的信。
4. 《我的一生和我的目标》，第 17 页。
5. 摘自太沙基 1913 年 1 月 24 日的日记。
6. 摘自卡尔·太沙基 1913 年撰写的散文，题为“流浪者”，但该散文未曾发表。
7. 摘录如下：“Die Industrialisierung der Freude”（娱乐的产业化），“Die neue Demokratie”（新兴民主），“Wahltag”（选举日），“Eine Totenfeuer”（围捕）；“Vagabunden”（流浪汉）；“An der Bai von San Francisco”（在旧金山海湾）；“Ein Veteran”（一个老兵）；“Sittliche Entrüstung”（道义的愤慨）；“Am Lake Kachess”（在卡奇斯湖）；“每个人的机会”；“Dissonanzen”（不和谐）；“Auch eine Sylvesternacht”（又到除夕）；“Einst und Jetzt”（过去与现在）；“Widersprüche”（矛盾）；“Fortschritt”（进展）；“Sarah Bernhardt im Variété”（多面的莎拉·伯纳特）；“Wer ist der Author”（谁是作者）；“Durch die Western Nevadas”（穿越西部内达华）；“Propaganda”（鼓吹）。
8. 来自太沙基于 1912 年 12 月 24 日写给韦丁博尔教授的信。
9. 出自“Einst und Jetzt”（过去与现在）。
10. 出自“Sarah Bernhardt”（莎拉·伯纳特）。
11. 出自“Sonntagsgedanken”（周日随想）。
12. “炸药——纽约灾难的一关键词”，出自维也纳《每日邮报》（*Tagespost*）“杂谈”版，发表日期不能确定。
13. 来自太沙基于 1913 年 3 月 6 日写给韦丁博尔教授的信。
14. 这个工程在煤气公司附近的里维斯液压有限公司的土地上开展。
15. 来自太沙基于 1913 年 11 月 5 日写给韦丁博尔教授的信。
16. 摘自太沙基 1913 年的 1 月 8 日的日记。
17. 来自太沙基于 1915 年 1 月 8 日写给韦丁博尔教授的信。
18. 摘自太沙基 1914 年的 8 月 14 日的日记。
19. 摘自太沙基《生命与生存》，写于 1923 年，太沙基过世后在《岩土工程》（*Geotechnique*）期刊上发表，1964 年 3 月，14 卷 1 期，第 51—56 页。
20. 摘自太沙基 1927 年的 8 月 21 日的日记。
21. 摘自太沙基 1915 年的 9 月 21 日的日记文章。
22. 依据保罗·弗赛尔《伟大的战争和现代记忆》（*The Great War and Modern Memory*）（1975 年）。
23. 摘自太沙基 1915 年 11 月 1 日的日记。

第5章

1. 摘自太沙基1959年9月8日写给拉尔夫·佩克的信。
2. 这份工作由几位杰出的教授指导,他们是阿斯彭设施公司的顾问;名单包括:来自汉诺威的帕洛尔、来自斯达森拜的冯·米塞斯、来自亚琛的冯·卡门、来自布拉格的格瑞姆沃德以及来自维也纳的卡恩。
3. 摘自露丝·卡尔的"回忆卡尔·太沙基",收录于《土力学和基础工程学国际研讨会太沙基纪念讲座会议论文集》,1973年,第156—171页。
4. 摘自太沙基1959年12月14日写给安德烈·科尼的信。这封信的情况在第17章有讨论。
5. 摘自太沙基1925年9月14日的日记。
6. 1956年3月太沙基写给儿子埃里克的信。
7. 摘自太沙基1912年1月的日记;遗嘱说他和艾拉可以在1912年继承150 000克朗遗产。
8. 出自太沙基的《近东回忆》,1925年。
9. 林恩·西庇阿,《我在土耳其的30年》(*My thirty years in Turkey*)(理查德·R.史密斯出版公司,新罕布什尔州林奇市,1955)。
10. 摘自太沙基未出版的文章,《近东回忆》,于1925年10月22日邮寄给波士顿的20世纪俱乐部。
11. 1956年3月太沙基写给儿子埃里克的信。
12. 摘自太沙基1916年9月9日的日记。
13. 摘自太沙基文章"L'Ecole Imperiale d'Ingenieurs"(皇家工程学院)。
14. 来自太沙基于1916年12月17日写给韦丁博尔教授的信。
15. 来自太沙基于1916年12月17日写给韦丁博尔教授的信。
16. 摘自太沙基1917年3月7日的日记。
17. 卡尔·v.太沙基(1917)"Zur Türkisch-asiatischen Bewasse rungsfrage"(关于土耳其-亚洲农业灌溉的问题),具体出版日期和出版商不详。在挪威岩土工程研究院太沙基图书馆所找到了复印本。
18. 《我的一生和我的目标》。
19. 出自太沙基在1936年6月在马萨诸塞州剑桥市召开的第一届国际土力学与基础工程大会上的主席致辞,是对他1918年所作的文献综述的回顾。这篇文章后又收录在《土力学:从理论到实践——太沙基作品精选》里,第62—67页。
20. "Die Unzulänglichkeit veröffentlichter Baubeschreibungen"(现场施工方向出版文献的不足)*Zeitschrift des Osterr*: *Ingenieur-und Architektenvereines*(1917)Heft 21.
21. 摘自太沙基的论文《旧的土压力理论及新的试验结果》("Old earth pressure theories and new test results"),《工程新闻纪录》,1920年,85卷14期,第108—113页。
22. K.斯基宾斯基在"Das Gleichgewicht des Roiligen Materials"(滚动材料的平衡)一文中对理想球体的群体行为进行了理论分析,*Osterreich. Wochenschr. f. öff. Baudienst*(1916和1917).J.布辛尼斯克从1917年开始也对此方向展开了研究。G.H.达尔文于1883年进行了与太沙基相似的"关于沙土堆的水平推力"的试验,《美国土木工程师协会岩土工程学报》，卷 LXXI。

23. “Die Erddruckerscheinungen in örtlich beanspruchten Schüttungen und die Entstehung von Tragkörpern”（碎石受压区的土压力现象和反应区的发展），Österreichische. Wochenschrift für öffent lichen Baudienst no. 17—19，pp. 194—199，206—210，218—223.
24. 《旧的土压力理论及新的试验结果》，《工程新闻纪录》，1920 年，85 卷 14 期，第 632—637 页（后又收录在《土力学：从理论到实践——太沙基作品精选》里）。
25. 《关于表面摩擦力的一些新发现》（“New facts about surface friction”），《物理评论》（*Physical Review*），1920 年，16 卷 1 期，第 54—61 页。后又收录在《土力学：从理论到实践——太沙基作品精选》里，第 165—172 页。
26. 很不幸，他的名字被翻译成查尔斯，这让后来的图书管理员很是困惑。
27. 《工程新闻纪录》，1920 年 9 月 30 日，85 卷 14 期，第 631 页。
28. 《我的一生和我的目标》，第 20—21，26—27 页。关于这个相同的研究主题，太沙基的土压力测试实验中采用 10 厘米高的墙，而雅格布·菲尔德实验中采用的是前面高 6 英尺，后面高 12 英尺的箱子，太沙基认为自己的实验更胜一筹。他对菲尔德说：“我对数量不感兴趣，我只关注原理，在这个实验中，箱子的大小对实验结果没有任何影响。”（于 1920 年 11 月 23 日写给菲尔德的信）。后来，他又对菲尔德写道：“你的实验是完全按照经验步骤来的，而我的实验旨在诠释实验现象的力学本质，所以我的观察结果与样品大小无关，根本不受影响。”（1923 年 8 月 5 日写给菲尔德的信）。
29. 位于科勒奥斯格。
30. 来自太沙基于 1918 年 1 月 23 日写给韦丁博尔的信。
31. 来自太沙基于 1918 年 7 月 9 日写给韦丁博尔教授的信。
32. 吉廷·索德米尔，《太沙基在土耳其的岁月》（“Terzaghi's period in Turkey”）在《土力学和基础工程学国际研讨会太沙基纪念讲座会议论文集》（1973）。
33. H.派尼西奥格鲁在论文里提到的太沙基写给他的信。论文题为《太沙基在伊斯坦布尔的生活以及对金角湾的黏土研究》（“Terzaghi in Istanbul and his Studies on Golden Horn Clays”），见《土力学和基础工程学国际研讨会太沙基纪念讲座会议论文集》，（1973）。
34. 来自太沙基于 1916 年 12 月 17 日写给韦丁博尔教授的信。
35. 摘自太沙基 1918 年 8 月 1 日的日记。
36. 摘自：林恩·西庇阿，《我在土耳其的 30 年》；《我的一生和我的目标》，第 21 页；以及 1918 年夏的日记。
37. 摘自太沙基 1918 年 5 月 20 日写给韦丁博尔的信“Völkische Kultur oder rassenfremde Zivilisation”。太沙基的朋友米兹·奥博梅耶曾在自己 1923 年 12 月 29 日的信中提及要保存太沙基的“种族和文化”的复印本。
38. 摘自 1918 年 7 月 9 日，太沙基给韦丁博尔教授的信。
39. 穆勒·海因茨博士，后来他成为德国的司法部部长。
40. 来自太沙基于 1918 年 8 月 23 日写给韦丁博尔的信。
41. 太沙基的手稿保存得非常完整，草稿、修订稿和出版物都完好地保存着，除此之外，还有许多工作备忘录、明细、便条、收据等。而这本手稿居然离奇失踪了,也没有在他的任何笔记里提到过,甚至是自传《我的一生和我的目标》都未曾提及,有可能手稿已经完全毁坏掉了。太沙基曾在1918年寄给韦丁博尔一份附有题词的手稿的复印本。

第6章

1. 摘自:林恩·西庇阿,《我在土耳其的30年》。
2. 摘自:林恩·西庇阿,《我在土耳其的30年》。
3. 摘自太沙基的日记。
4. 摘自太沙基于1919年2月2日的日记。
5. 摘自太沙基于1919年2月2日的日记。
6. W.P.布莱(1910)著《孔隙地基上的大坝、堤堰、堰坎》("Dams, barrages and weirs on porous foundations"),发表于《工程新闻》(*Engineering News*),第708页。
7. "水头"指大坝上游水库蓄水位和下游坝趾水面之间的高度差。
8. "渗透性"是土的一种物理性质,指的是单位面积土体在单位水力梯度驱动下在单位时间内的流量(现在一般称为导水性)。
9. 摘自太沙基于1919年3月17日的日记。
10. 这个案例在太沙基于1937年6月19的《关于斯瓦萨佛森发电厂在印格达尔斯河上修建大坝的建议报告》("Advisory Report on the construction of a dam for Svarthalsforsens Powerhouse on the Ingdals River")中有所提及,报告最后提交给了斯德哥尔摩电力工程公司。
11. 劳里茨·比耶鲁姆和尤里·奥伊塞斯撰写的太沙基文库回忆录第一卷(1971),"太沙基文库",第7页(这一卷是选定系列丛书中唯一出版了的)。比耶鲁姆还透露了许多轶事:"太沙基有好几次提到它们对太沙基文库的重要性。但是,太沙基从没有让别人看过,甚至对其夫人也只字未提。直到他过世后,这些草图才在一个塞满笔记本的鞋盒底部被发现。"
12. 来自太沙基于1920年2月15日写给韦丁博尔教授的信。
13. 这些结果都发表在《关于表面摩擦力的一些新发现》("New facts about surface-friction"),《物理评论》(*The Physical Review*),N.S.,1920年7月,XVL卷1期,第54—61页。后又收录在《土力学:从理论到实践——太沙基作品精选》里,第165—172页。
14. 摘自太沙基1919年5月18日的日记。
15. 摘自太沙基1920年3月21日的日记。根据"达西定律",土的渗透性是恒定的,与驱动水流的水力梯度无关。而太沙基观察到的是,随着水力梯度的改变,土体结构跟着改变,导致二者之间呈非线性变化。
16. 来自太沙基于1920年2月15日写给韦丁博尔教授的信。
17. 正如1920年2月15日写给韦丁博尔的信中提到的:他计划把这系列文章在1920年3月投给《工程新闻纪录》。论文包括:①"旧的土压力理论和实际情况的矛盾";②"砂土的弹性和黏滞性";③"计算砂土对挡土墙压力的新方法";④"静止状态下宏观颗粒间滑动摩擦的主要类型及其物理意义";⑤微观颗粒间的滑动摩擦,剪切模式的影响,以及内摩擦的类型；⑥“黏土的弹性和黏滞性”；⑦“黏土特性的物理原因”；以及⑧“砂土、黏土及混凝土的强度性能的相互关系”。

18. 摘自 F.E.施米特 1941 年 10 月 15 日写给 A.J.艾克曼的信。
19. 摘自《顾问、客户和承包商》(“Consultants, clients, and contractors”)，发表于《波士顿土木工程师协会期刊》(*Journal of the Boston Society of Civil Engineers*)，1958 年，45 卷 1 期，第 1—15 页。
20. 来自 1959 年 11 月 3 日太沙基在布鲁塞尔写给索夫纳公司负责人拉・佩吉的信。
21. 摘自太沙基 1920 年 10 月 4 日的日记。
22. 卡尔・太沙基(1921)“Die physikalischen Grundlagen des technisch-geologischen Gutachtens”(一些工程地质学观点的物理根据)，*Zeitschrift des Osterreichschen Ingenieur und Architekten Vereines*, vol.36/37, pp.237 - 241.
23. 太沙基于 1921 年 6 月 2 日写给《工程新闻纪录》编辑的信。
24. A.阿太堡(1913)“Die Plastizität und Bindigkeit liefernden Bestandteile der Tone”(黏土的塑性和粘聚物质组成)，*Internat. Mitteilungen für Bodenkunde*. 当黏土中的含水量达到某个特定值时，黏土从流体状态变成可塑状态，阿太堡称这个特定的含水量为液限(LL)，当黏土从可塑状态变为半固态时，他称之为塑限(PL)。太沙基在他的论文里提供了 LL 和 PL 的值。
25. 摘自太沙基 1922 年 3 月 15 日的日记。
26. A.W.斯肯普敦(1960 年)的论文《太沙基的发现：有效应力》，收录在《土力学：从理论到实践——太沙基作品精选》里，第 42—53 页。这些实验首先出现在太沙基的论文《土力学原理：VII - 砂土和黏土的摩擦力》中，发表于《工程新闻纪录》，1925 年 12 月 24 日，95 卷 26 期，第 1026—1029 页。
27. 印格索尔和左博尔(1913 年)，《热传导的数学理论》(*Mathematical theory of heat conduction*)(吉恩出版社，纽约)。

第 7 章

1. 摘自太沙基 1925 年 10 月 22 日给波士顿 20 世纪俱乐部的讲座“近东回忆”。
2. 摘自《观察家》(*The Observer*)，记录在太沙基 1919 年 3 月 24 日的日记里。
3. 大部分信息摘自于林恩・西庇阿的书《我在土耳其的 30 年》。
4. 摘自太沙基 1922 年 11 月 7 日的日记。
5. 摘自太沙基 1925 年 10 月 22 日给波士顿 20 世纪俱乐部的讲座“近东回忆”。
6. 摘自太沙基 1919 年 8 月 3 日的日记。
7. 摘自太沙基 1923 年 11 月 5 日的日记。
8. 摘自太沙基 1925 年 10 月 22 日给波士顿 20 世纪俱乐部讲座“近东回忆”。
9. 摘自太沙基于 1926 年 1 月 16 日给麻省理工学院的妇女协会的讲座，讲座主题为“近东”。
10. 摘自太沙基 1921 年 4 月 20 日的日记。
11. 摘自太沙基 1924 年 11 月 12 日的日记。
12. 摘自太沙基 1945 年 8 月 29 日写给 F.E.施米特的信，内容为对盖茨校长的自传《我不是唯一》的评价。

13. 摘自太沙基于1924年11月写给罗伯特学院威利教授的信。
14. 发表在《土工技术》(*Geotechnique*),1964年3月,14卷1期,第51—56页。
15. 太沙基也许曾经在奥地利遇到过魏格纳,因为这位地理学家是太沙基妹夫弗里茨·白洛夫的好友。
16. 赫伯特·H.爱因斯坦(1991)《观察、量化和判断:太沙基和工程地质学》,《岩土工程期刊》(*Journal of Geotechnical Engineering*),11月,117卷11期,第1772—1777页。
17. 最终发表在《土工技术》,1964年3月,14卷1期,第51—56页。这期是为了纪念太沙基而刊发的特刊,里面包括了太沙基的讣告和他最后的专业论文——《米森大坝》。当时这篇论文的收录还引发了一些争议。比耶鲁姆特别喜欢这篇文章,希望特刊能收录,但是斯肯普敦教授强烈反对,因为它不能代表"最好的太沙基"。
18. 他在会议论文集中发表的论文的题目是《Die Theorie der hydrodynamischen Spannungserscheinungen und ihr erdbautechnisches Anwendungsgebiet》(流体动应力现象的理论基础及其在土体工程学上的应用),第288—294页。
19. 摘自太沙基1924年4月26日的日记。
20. 艾伦·哈森(1869—1930)是公共卫生工程方面的专家,在公共供水过滤方面尤为精通(关于此主题他撰写了两本书)。
21. 《我的一生和我的目标》,第25页。
22. 参见太沙基给奥托·弗勒利希的信,在1920年4月29日的日记里有相关记录。
23. 引言,由亚瑟·卡萨格兰德翻译,出版在《土力学:从理论到实践——太沙基作品精选》,第29—61页。
24. 发表在 *Verhandlungen der Geologischen Bundesanstalt*,1925,no.2,pp.67,68.
25. 参见 *Zeitschrift des österreichisches Ingenieur-und Architekten Vereines*,vol.3/4.
26. 参见乔治·帕斯维尔于1925年3月19日发表在《工程新闻纪录》的评论(94卷12期)
27. 摘自1925年4月7日的日记。
28. 参见 *Schweizerische Wasserwirtschaft* (1925) vol.10,p.249.
29. 参见古斯塔夫·瑞巴的论文,*Der Kohleninteressent* (1925),no.20,p.160
30. 约翰·里普利·弗里曼(1855—1932),于1876年毕业于麻省理工,是一位杰出的工程师,成就颇丰,他先后帮助波士顿、纽约、旧金山、巴尔的摩、洛杉矶和其他一些城市建立了给水系统。1922年时,他担任美国土木工程师协会的主席。
31. 出自T.威廉·拉姆《麻省理工时的太沙基和土力学》,《土力学和基础工程学国际研讨会:太沙基纪念讲座会议论文集》,1973年,第24—48页。
32. 摘自太沙基1925年7月1日的日记。
33. 参见斯波福德于1925年6月30日写给太沙基的信。太沙基随后知道薪酬为2 000美元以及往返欧洲的500美元差旅补贴。太沙基最后没有回到土耳其,被要求退还250美元。

第8章

1. 摘自太沙基1925年8月4日的日记。

2. 乔治・帕斯维尔的杰出工作之一是于1920年出版了著作《挡土墙的设计和施工》(*Retaining walls, their design and construction*)。拉撒路・怀特是斯宾塞、怀特和普伦蒂公司的主席，于1917年出版了专著《现代基础加固技术：进展、方法和经典案例》(*Modern underpinning: development, method, and typical examples*)，广受好评(之前还就纽约市卡茨基尔供水系统的历史与建设出版了一本书，在这之后四年里出版了该书)。
3. 摘自太沙基1925年8月29日的日记。
4. 《我的一生和我的目标》，第28页。
5. 摘自太沙基1925年8月31日的日记。
6. 查尔斯・太沙基(1926)《土力学原理：黏土和砂土试验研究总结》(*Principles of Soil Mechanics, a summary of experimental studies of clay and sand*)(麦格劳・希尔，纽约)。章节包括黏聚力、抗压强度、黏土渗透率、黏土的固结和沉降、黏土和砂土的物理差异、弹性性态、摩擦力和未来发展。
7. 《工程新闻纪录》，1925年11月25日，95卷19期，第740页。
8. 《工程新闻纪录》，1925年12月31日，95卷25期，第1056页
9. 莫兰(1864—1936)是莫兰、普罗克特和弗里曼公司的资深雇员。他精通桥梁地基，像是特拉华、哈得逊还有其他河上的一些著名的桥梁都是他设计的，旧金山的海湾大桥也是他晚年的杰作。
10. 参见太沙基写给《工程新闻纪录》编辑的信，(95卷24期，第969页)。
11. 《工程新闻纪录》，1925年，95卷25期，第1006—1007页。
12. 参见太沙基写给《工程新闻纪录》编辑的信，1925年11月26日，95卷24期。
13. 参见1943年10月18日太沙基写给F.E.施米特的信。
14. 大约比太沙基年长12岁的前辈，斯波福德不仅仅是麻省理工学院土木工程系的系主任，也是波士顿法耶、斯波福德和桑戴克公司的主席。他的出版物中有两本非常重要的书：《结构理论》(*Theory of Structure*)(1911)和《连续桥梁和拱桥理论》(*Theory of Continuous Bridges and Arches*)(1937)。
15. 参见第7章中的讨论。
16. 摘自太沙基1927年8月1日的日记。
17. 摘自太沙基1926年3月10日的日记。
18. 塞缪尔・W.斯特拉顿于1861年出生，是位非常著名的机械工程师，曾任职于伊利诺伊大学。从1901—1923年间，他还同时担任美国国家标准局局长。在获得终身教授以前，于1923—1930年间任麻省理工学院校长。
19. 克莱门斯赫歇尔奖；论文为《基础工程的现代概念》(*Modern conceptions concerning foundation engineering*)，发表于《波士顿土木工程师协会期刊》(*Journal of the Boston Society of Civil Engineers*)，12卷10期，第397—439页。
20. 参见《全国胶体化学学术研讨会论文集》(*National Symposium on Colloid Chemistry*)上的论文《吸附机理和凝胶的溶胀》。
21. 《美国土木工程师协会论文集》(*ASCE Proceedings*)，1927年，53卷，第2263—2294页；《美国土木工程师协会会报》(*ASCE Transactions*)1929年，93卷，第270—405页。

22. 这位工程师丰富多彩的经历让太沙基分外着迷，这位工程师还曾为墨西哥的萨卡特卡斯城设计供水系统，也为新奥尔良的土地开垦建言献策。这位工程师在他履历爱好一栏写的是“修补”。
23. 参见太沙基 1928 年 1 月 21 日写给亚瑟·肖的信。
24. 摘自太沙基 1926 年 3 月 2 日的日记。
25. 摘自太沙基 1926 年 3 月 5 日的日记。
26. 咨询委员会成员也包括桥梁工程师拉尔夫·莫德斯克、公共卫生工程师艾伦·哈森、基础工程师查尔斯·高，以及建筑工程师莫里斯·诺里斯。莫德斯克(1861—1940)是奥地利人，在法国接受教育，精通桥梁设计和施工，成立了自己的公司，命名为莫德斯克和大师。莫里斯·诺里斯(1869—1932)是匹兹堡莫里斯·诺里斯公司的主席，在水利工程方面造诣颇高。
27. 《土力学》(*Erdbaumechanik*)从未被翻译成英文，但是很快翻译成了俄文。
28. 根据约翰·克里森教授所言，这是亚瑟·卡萨格兰德和斯蒂芬·普洛斯之间的对话。
29. 出自卡尔·太沙基于 1926 年 8 月 4 日和 12 日写给亚瑟·卡萨格兰德的信。
30. 出自太沙基 1995 年 9 月 25 日与亚瑟遗孀爱娜·卡萨格兰德之间的对话。
31. 摘自太沙基 1929 年 10 月 4 日的日记。
32. 《我的一生和我的目标》，第 31 页；以及 C.H.艾弗特的论文“水力填充大坝的应用”，这篇论文是对 G.吉尔伯发表在《美国土木工程师协会 1929 年年报》(*Transactions of ASCE*，结构分册，1929 年 12 月，第 2556—2560 页)上论文的讨论。
33. 参见对阿尔伯托·奥滕布拉德博士的采访，通过巴西土力学协会发表在太沙基百年诞辰纪念册巴西卷上，题为《卡尔·太沙基的生活和工作》(*Karl Terzaghi, Aspects of his life and work*，葡萄牙语，1983)。奥滕布拉德的博士论文主题是关于沉积土在沉积过程中的自动固结。
34. 查尔斯·太沙基《关于马萨诸塞州韦斯特菲尔德市的格兰维尔大坝土体的研究》(*Soil studies for the Granville Dam at Westfield, Mass*)，发表于《新英格兰水利工程协会杂志》(*Journal of the New England Water Works Association*)，1929，XLIII 卷 2 期，第 191—223 页。
35. 1922 年，朗基沃尔德大坝倒塌导致威廉曼斯特突发洪水，《工程新闻纪录》对此有所报道(89 卷，第 121 页)。
36. 参见 1926 年 8 月 12 日太沙基递交给梅塞尔的关于马萨诸塞州奇科皮市的奇科皮大坝拟选坝址的地基状况报告，梅塞尔是匹兹堡莫里斯·诺里斯工程顾问公司的成员。
37. 参见太沙基于 1928 年 11 月 28 日递交给波士顿法耶、斯波福德和桑戴克顾问工程师的“关于康涅狄格州哈特福德南部草地区地基状况的调查报告”。
38. 参见 1928 年 6 月 12 和 18 日关于马斯基根河上的奥克斯波大坝的报告，呈交给密歇根州杰克逊地区的卡斯特曼电力公司。
39. W.O.克罗斯比，1913 年 7 月“关于麻省理工学院新址报告”。
40. 参见太沙基 1926 年 10 月 13 日撰写的《关于麻省理工学院拟选建筑物场地地基状况调查报告》。
41. 太沙基的《关于密歇根底特律的 J.L.哈德逊新大厦因为基础施工引发的沉降的调查报

告》，于1928年8月4日呈递给了纽约的斯宾塞、怀特和普伦蒂公司。

42. 摘自太沙基1928年6月25日的日记。
43. 这个大坝最终在1933—1934年间完成施工，命名为“马登大坝”(J.大卫·罗杰所提)。
44. 遗憾的是，太沙基在1929年4月2日的报告似乎已丢失(参见他与1941年2月24日写给西蒙斯工程的信)。
45. 参见给太沙基的咨询报告的一则附录，题为“关于斯瓦萨佛森发电厂在印格达尔斯河上的大坝施工建议”(1937年6月19提交给了斯德哥尔摩电力工程公司。)。
46. 摘自太沙基1929年5月29日的日记。
47. 摘自太沙基1926年10月31日的日记。
48. 摘自太沙基1926年6月8日的日记。
49. 摘自太沙基1926年11月7日的日记。
50. “Technische Hochschule”现在一般被翻译为“科技大学”。
51. 摘自太沙基1928年3月5日的日记。
52. 哈罗德·M.威斯特加德来自丹麦，在伊利诺伊大学获得博士学位，从1916到1936年，一直在伊利诺伊大学应用力学和结构理论方向任教，后又成为为哈佛大学工学院院长。
53. 摘自太沙基1928年4月29日的日记。
54. 摘自太沙基1929年1月1日的日记。

第9章

1. 出自《地质细节对大坝安全的影响》一文，该文于1929年发表在美国矿业工程师学会技术刊物上(215页)，后来又被发表在《土力学：从理论到实践——太沙基作品精选》一书中；1930年被译为德语发表在《水资源管理年鉴》(*Die Wasserwirtschaft Jahrgang*)，第10卷上。
2. 参见太沙基未发表的文章《回到德国》，写于1929年。
4. 出自太沙基1929年12月10日写给拉撒路·怀特的信。
5. 参见汉斯·布兰戴尔(1993)的《维也纳科技大学基础工程与土力学研究机构的发展史》，发表在 *Mitteilungen für Grundbau, Bodenmechanik und Felsbau*，2期，第43—70页。
6. 出自太沙基1930年1月26日写给露丝的信。
7. 1930年4月1日。
8. 受奥地利政治因素的影响，太沙基一家所在的街道经常更名。汉斯·布兰戴尔建议按照现在地图上的标名，即罗斯福广场，1934—1938年间，该街道名为陶尔斐斯广场，1919—1934年间名为自由广场，1919年之前被称为马西米兰广场。
9. 参见太沙基1930年1月7日写给亚瑟·卡萨格兰德的信，后来收录在《土力学：从理论到实践——太沙基作品精选》一书中，见第15页“卡尔·太沙基的一生及其成就”。
10. 参见太沙基1930年12月29日写给拉撒路·怀特的信。
11. 参见亚瑟·卡萨格兰德1932年2月29日写给太沙基的信。
12. 参见太沙基1932年11月14日写给公路局研究部主任E.F.凯里的信。

13. 参见亚瑟·卡萨格兰德1930年2月26日写给太沙基的信;两人于1930年9月25日就同一个问题进行了第二次通信。
14. 参见太沙基1930年11月6日写给吉尔伯的信,后者于1930年12月1日回信。
15. 参见亚瑟·卡萨格兰德1933年5月22日写给太沙基的信。当时亚瑟很生气,他说他再也不能忍受"犹太人的狂妄"了,并声称他不会再让拉撒路·怀特来哈佛大学做演讲了。然而在1936年太沙基来哈佛演讲时,亚瑟还邀请了怀特。当时太沙基注意到,亚瑟的确忍受不了怀特。
16. 后来莱奥·卡萨格兰德又发明了一种促进细粒土排水的新方法,即利用电位梯度和"电渗现象"来排水。
17. 参见亚瑟·卡萨格兰德1931年10月4日写给太沙基的信。
18. 参见太沙基1932年11月5日写给亚瑟·卡萨格兰德的信。
19. 参见太沙基1933年3月25日写给亚瑟·卡萨格兰德的信。
20. 关于莱奥·卡萨格兰德的研究课题——电渗。
21. 参见太沙基1937年12月8日写给布宜森的信。
22. 德国土力学研究所,成员包括政府机构的部长、高速公路和铁路部门的官员、实业家以及来自德国著名大学的教授。
23. 1931年9月份,太沙基在回苏俄的路上研究了达吉斯坦共和国苏拉克大峡谷石灰岩上182米高的拱形坝坝址,并否决了这一施工方案;此外他还调查了位于亚美尼亚的一座小型混凝土重力坝的坝址,该坝建在破碎玄武岩上。
24. 太沙基通过实验证明,砂子的"有效粒径"必须得大于0.05毫米,这样该过程才能成功阻断渗流。
25. 参见太沙基1944年2月10日写给J.S.米勒的信。太沙基发现,尽管凝胶并没有起到润滑的作用,仍然有助于打开裂隙。凝胶能防止水流先于水泥进入细小的裂隙,从而使水泥更容易进入裂隙。
26. 参见太沙基1944年2月10日写给达沃公司J.S.米勒的信。
27. 在罗迪奥接管之前公司名称为"Sondages, Etanchements, Consolidations",当时在奥兰和巴黎有办公室。
28. 参见1934年6月15日伊奇写给罗迪奥的信。
29. 参见1931年8月2日关于维也纳约翰·施特劳斯巷38号房屋地基的咨询报告。
30. 维也纳科技大学的布兰戴尔教授把Reichsbrücke译为"帝国大桥"。太沙基参与了这座大桥的重建,建成后被称为第二帝国大桥。该桥在战争中遭到轰炸,于1976年8月1日崩塌。现在的桥是第三帝国大桥。

第10章

1. 参见1934年12月22日太沙基写给瑞都里克的信。
2. 参见1935年2月11日太沙基写给亚瑟·卡萨格兰德的信。
3. 参见《工程新闻纪录》上发表的《大型挡土墙测试——关于测试结果的5篇系列论文》("Large Retaining-Wall Tests—a series of five papers reporting fundamental results"),即《Ⅰ.干砂压力》("I. Pressure of dry sand")(1934年2月1日),136—140页;《Ⅱ.饱

和砂压力》（“II.Pressure of saturated sand”）（1934 年 2 月 22 日），259—262 页；《Ⅲ.细粒土上的水压力的作用》（“III. Action of water pressure on fine-grained soils”）（1934 年 3 月 8 日），316—318 页；《Ⅳ.非饱和填土中毛细力的作用》（“IV. Effect of capillary forces in partly saturated fill”）（1934 年 3 月 29 日），403—406 页；《Ⅴ.冰川土的压力》（“V.Pressure of glacial till”）（1934 年 4 月 19 日），503—509 页。作者于 1934 年 7 月 12 日对第 747 页做了更正，并在第 55 页添加了结语。太沙基还在《工程新闻纪录》上发表了 2 篇论文，可列入该系列，即《土压力测试机械记录》（“Record earth-pressure testing machine”）（1932 年 9 月 29 日），365—369 页，以及《十五英里瀑布坝的挡土墙设计》（“Retaining-wall design for Fifteen-Mile Falls Dam”）（1934 年 5 月 17 日），632—636 页。

4. 该书的德语书名为 *Erddruck auf halbstarre Stützmauern*。
5. 亚瑟·卡萨格兰德和菲利普·拉特利奇对太沙基的手稿《土压力和土抗力：土力学入门》（*Earth Pressure and Earth Resistance—An elementary introduction in soil mechanics*）进行了评阅，拉特利奇当时是哈佛大学的研究生兼研究助理。亚瑟和拉特利奇都认为这篇手稿很有价值，但对学生来说很难理解。因此太沙基希望亚瑟帮他完成手稿的最终编辑工作。后来该手稿的绝大部分内容都被编入了《理论土力学》（*Theoretical Soil Mechanics*）一书中（参见 1935 年 5 月 14 日太沙基写给汉密尔顿的信，这在后面的注释中有所提及）。
6. 《工程地质学》（*Ingenieurgeologie*），作者为 K.A.雷德利希、R.凯姆皮和卡尔·太沙基，由维也纳施普林格出版社出版，共 708 页。太沙基所写的章节涵盖了土体和土体调查、隧道、滑坡和沉降、承载力、大坝和水库、泥炭土地基，以及高速路路基（包括霜冻作用）等一系列议题。
7. 摘自一篇对《工程地质学》的书评，发表在《水资源管理》（*Wasserwirtschaft*），1929 年，23 期，第 419 页。
8. 参见 1934 年 3 月 24 日太沙基写给约翰·威利父子出版公司汉密尔顿的信。
9. 参见 1932 年 11 月 5 日太沙基写给亚瑟·卡萨格兰德的信。
10. 出自 1934 年 3 月 10 日太沙基写给亚瑟·卡萨格兰德的信。
11. 出自 1934 年 6 月 23 日亚瑟·卡萨格兰德写给太沙基的信。
12. 出自 1934 年 11 月 14 日太沙基写给汉密尔顿的信。
13. 参见 1931 年 1 月 24 日太沙基写给亚瑟·卡萨格兰德的信。
14. 参见 1934 年 10 月 29 日亚瑟·卡萨格兰德写给太沙基的信。卡尔诚恳地听从了亚瑟的建议，在 1935 年 5 月 14 日写信给约翰·威利父子出版公司的汉密尔顿，“在写基础工程学这方面的书时，我意识到土力学和土壤体物理学需要更多的发展空间，因此有必要把之前计划的一本书分成两本书来写。我现在正在写一本基础入门书，书名为《土压力和土抗力：土力学入门》，大约 700 页，有 250 幅插图……旨在向读者介绍土力学入门知识。此外，我还要写一本书，书名为《基础工程学》（*Foundation Engineering*）。”在 1935 年 10 月 27 日，太沙基给在列宁格勒的拉普曼写信说：“目前我在写一本关于土压力和土体稳定性的书，这本书是以土体性质研究为基础，试图回答你之前提出的所有相关问题……我已经在这本书上花了一年半的时间了，原计划这个月完成，但是我低估了这项任务的工作量和所需的时间。在写抗剪强度这一章时，我每天工作 10 个小时，连续工作了 4 个月才写了将近 200 页手稿。我正在写第四稿，之前的三稿都扔进废纸篓了……我对第四稿还算满意。”

15. 参见 1934 年 11 月 14 日太沙基写给汉密尔顿的信。
16. 摘自太沙基 1931 年 10 月 20 日的日记。
17. 摘自太沙基 1931 年 10 月 24 日的日记。
18. 参见 1931 年 10 月 19 日太沙基写给拉撒路・怀特的信。
19. 参见 1931 年 10 月 14 日太沙基写给乔凡尼・罗迪奥的信。
20. 约翰・弗里曼于 1932 年 4 月 9 日去世。
21. 参见 1932 年 1 月 4 日太沙基写给拉撒路・怀特的信。
22. 摘自太沙基 1931 年 3 月 29 日的日记。
23. 参见 1934 年 10 月 14 日亚瑟・卡萨格兰德写给露丝・太沙基的信。亚瑟在德国工作了一个夏天，他没有收取任何报酬，而是向德国当局提出申请，让其资助哈佛大学1 200 美元用于土力学研究，然而哈佛大学拒绝了希特勒政府的捐款，这让亚瑟十分生气。
24. 参见 1934 年 4 月 23 日露丝・太沙基写给亚瑟・卡萨格兰德的信。
25. 参见 1934 年 12 月 26 日亚瑟・卡萨格兰德写给卡尔・太沙基的信。
26. 摘自《我的一生和我的目标》第 56 页。
27. 参见 1935 年 2 月 11 日太沙基写给拉撒路・怀特的信。
28. 参见 1935 年 10 月 27 日太沙基写给 P.拉普曼的信。

第 11 章

1. 马兹费尔德(Märzfeld)这个名字是个文字游戏(在德语和英语里都体现不出来这个名字的用意)，三月(March)既代表战争之神，又喻指希特勒重立军事法案的月份。
2. 摘自太沙基 1935 年 10 月 31 日的日记。太沙基在日记中记载的工程项目的细节包括阿尔伯特・斯皮尔在《第三帝国之内》(*Inside the Third Reich*)(1970 年)一书中提供的数据，见于凤凰出版社的平装版第 113—115 页。
3. 资助机构为 Zweckverband Reichsparteitag-Nürnberg。
4. 出自太沙基在 1936 年 8 月 11 日对瓦藤公司关于外高加索地区明盖切维尔水力和灌溉方案初步报告的评论。太沙基于 1935 年 9 月去工地访问。
5. 雨水穿过大气层与含有植物有机体的表层土体时，通常都会溶有一定量的二氧化碳。当水遇到高浓度的二氧化碳时，会产生强酸，正如纽伦堡地区的考依波统砂岩孔隙中的情况。
6. 这段话大部分(包括所有的引言)出自太沙基 1935 年 11 月 3 日的日记，还有一部分出自《我的一生和我的目标》第 58—59 页。维也纳科技学院的布兰戴尔教授认为，从与往届学生的谈话中可以得知，太沙基不止一次见到了希特勒，甚至还曾与希特勒共进午餐，但并没有确凿的证据可以证明这一点。太沙基在日记中并没有提及自己中意的基础方案，但他在自传中提到了。
7. 出自艾伯特・斯皮尔的《第三帝国之内》第 175 页。
8. 出自艾伯特・斯皮尔的《第三帝国之内》第 270—280 页。斯皮尔怀疑是戈林谋划了这场事故，但在飞机坠毁之后，戈林赶到希特勒的办公室时，希特勒已经签署了指令，任命斯皮尔来接替托德的职位。

9. 摘自 1935 年 12 月 1 日太沙基的日记。
10. 此段引言摘自《我的一生和我的目标》第 61 页。
11. 出自戈登·A.克雷格的《德国人》(*The Germans*)(1982 年普特南姆出版社出版，后于 1991 年由子午线出版社再版)第 7—8 页。
12. 演讲者是朱莉斯·施特切尔——纳粹文化部部长。
13. 摘自太沙基 1935 年 12 月 4 日的日记。沃特尔·拉特瑙是个聪明的犹太人，曾任德国外交部部长，他曾说，"我们必须找到重新融入这个世界的方式。"拉特瑙于 1922 年 6 月 24 日被右翼反犹分子杀害。参见戈登·A.克雷格的《德国人》(1982 年普特南姆出版社出版，后于 1991 年由子午线出版社再版)第 141—143 页。
14. 摘自太沙基 1936 年 1 月 8 日的日记。
15. 1936 年 5 月 20 日，写完报告的附录之后，太沙基对波士顿土木工程师协会做了一场题为"土压力计算过程中的原则性错误"的演讲，后来他把演讲中关于对撑压力的内容加以整理，波士顿土木工程师协会把整理后的内容发表了。
16. 参见 1935 年 7 月 15 日太沙基写给亚瑟·卡萨格兰德的信(为避免累及无辜，信中提及的人名已被改动)。
17. 出自 1995 年 9 月 25 日与亚瑟的遗孀埃尔娜·卡萨格兰德的谈话。
18. 摘自太沙基 1936 年 10 月 21 日的日记。

第 12 章

1. 德语书名为：*Theorie der Setzung von Tonschichten*；*eine Einführung in die analytische Tonmechanik*，意为《黏土层沉降理论：黏土分析力学导论》(雷普茨格·杜蒂克，1936)。
2. 关于费朗格的公式推导的讨论，参见德伯尔、希夫曼和吉布森(1996)的文章《固结理论的起源：太沙基—费朗格之争》(*The origins of the theory of consolidation*：*the Terzaghi-Fillunger dispute*)，发表于《土工技术》，46 卷 2 期，第 175—186 页。
3. 摘自太沙基 1936 年 3 月 13 日的日记。
4. 该校的名字为 Technologische Gewerbemuseum。
5. 出自《新维也纳晚报》(*Neues Wiener Abendblatt*)，1937 年 3 月 8 日，67 期。
6. 干介质样本浸入水中，其单位重量将会降低，降低量等于水的单位重量乘以$(1-n)$，其中 n 为试样孔隙度。这种计算方法把浮力因素和土体孔隙内水的重量都考虑在内，因此与之前的算法不同。
7. 出自太沙基和瑞都里克发表的文章《混凝土有效表面孔隙度》(*die wirksame Flachenporosität des Betons*)，该文发表在《复活节杂志》(*Zeitschrift desOster*)上。在《工程师和建筑师协会》(*Ingenieur- und Architektenvereins*)1943 年 1 月 12 日，第 1、2 期上，费朗格给出的计算混凝土上浮力的公式为：$(n'-n)\times\gamma$，其中 n'代表石骨料的孔隙度，n 代表砂浆的孔隙度，γ 代表水的单位重量。德·伯尔和迪德瓦尼亚读过费朗格的 1913 年的文章《大坝中的上浮力》(*DerAuftrieb in Talsperren*)，《奥地利公共建设服务周报》(*Österreichische Wochenschrift fur den oeffentlichen Baudienst*)(19期,第532—570页)之后,两人对 n' 和 n 进行了重新定义:n' 代表体积孔隙度,n 代表混凝土表面孔隙度,参见德·伯尔和迪德瓦尼亚的文章《多孔流体饱和孔隙固体中上浮力的影响——卡尔·太沙基的贡献和新发现》(*The effect of uplift in liquid-saturated poroussolids—Karl Terzaghi's contributions and recent findings*),《土工技术》,1997年,47卷2期,第289—298页。

8. 摘自太沙基1932年12月10日的日记。后来他在日记中记载了他在12月14日与费朗格的会面,"Niederschriftüber die am 23 Dezember 1936 Durchgeführte Einvernahme des Zeugen o. ö.Professor Dr. Karl Terzaghi"这是他在教工听证会上的文字证词。
9. 报告中说混凝土样本"几乎"完全符合有效应力原则,后来发现实验中出现了人为错误,因此"几乎"一词可以去掉。另外一种证明混凝土是理想多孔介质的方法就是:证明混凝土孔隙中水压产生的上浮力等于水压和整个(不是部分)混凝土面积的乘积。用太沙基的话说,理想多孔介质的"有效表面孔隙度"是1。他与瑞都里克的实验结果也印证了这一点。但是在1935年10月18日,太沙基在给瑞典瓦藤公司工程师海尔斯特姆的信中说,他正"准备发表一篇文章,但是不需要给'有效表面孔隙度'下定义。"这就等同于分析已知外部围压和内部孔压的三轴压缩试样能够在多大程度上遵守有效应力原理。"实际结果与我调查的有效表面孔隙度的结果是一样的。"
10. 出自《我的一生和我的目标》的附录的第一页,题为"与费朗格教授的争辩及悲惨结局",1936年冬/1937年。该附录未发表(流传范围也很有限)。
11. 在前面引用的作品中,德·伯尔、希夫曼和吉布森提及了O.霍夫曼对费朗格的建议,但后者拒绝了,他建议费朗格在设计方案时要考虑到上浮压力最不利情况。参见霍夫曼的文章《关于大坝中上浮压力的问题》(*Zur Frage des Auftriebes in Talsperren*),《水资源管理》(*Die Wasserwirschaft*)1929年,1/2期,第5—10页。
12. 出自《我的一生和我的目标》的附录:与费朗格教授的争辩及悲惨结局。
13. 根据德伯尔、希夫曼和吉布森的描述(参见本章第二条注释),太沙基在教工听证会上的证词表明是费朗格提议要与太沙基会面,地点在一个咖啡馆,会面过程中费朗格曾"无理地命令太沙基不要递交他的文章"。
14. 摘自太沙基1934年2月16日的日记。
15. 摘自《我的一生和我的目标》,第54页。
16. 参见1944年7月28日太沙基写给施米特的信。
17. 参见1952年12月8日太沙基写给哈罗德·哈丁的信。
18. 摘自太沙基1937年1月11日的日记。
19. 参见1937年1月25日亚瑟·卡萨格兰德写给维也纳科技大学校长的信。
20. 该昵称源于露丝的婚前姓氏,多戈特。
21. 《土力学和工程实践的澄清声明》,共35页,作者为太沙基和弗勒利希(弗兰茨·多伊蒂克)(1937)。
22. 摘自1937年3月9日太沙基写给沙弗纳克教授的信和3月8日的报纸——《新维也纳晚报》(*Neues Wiener Abendblatt*)和《回声》(*Das Echo*)的报道,以及3月9日《维也纳新闻前沿》(*Wiener Neueste Nachrichten*)的报道。

23. 出自《我的一生和我的目标》的附录：与费朗格教授的争辩及悲惨结局，1936 年冬/1937 年。
24. 参见德·伯尔、R.L.希夫曼和 R.E.吉布森的文章(1996)《固结理论的起源：太沙基—费朗格之争》(*The origins of the theory of consolidation: the Terzaghi-Fillunger dispute*)，《土工技术》，46 卷 2 期，第 175—186 页。
25. 此前太沙基是通讯会员，费朗格声称这恰恰表明太沙基是二流的学者。

第 13 章

1. "VBB"指瑞典咨询公司瓦藤工程公司。
2. 摘自《马克·吐温的爆发》(*Mark Twain in Eruption*)，第 324 页，编者为伯纳特·德沃托，1940 年哈珀兄弟出版社出版。
3. "潜水面"是指假定在地下同一土层中，不同地点插入一根开口软管，地下水在软管中上升所形成的水面。在大坝的不同地段，潜水面可能不相同。
4. 出自太沙基《意大利梅佐拉戈南端阿迪杰河土石坝方案初步报告》，1939 年 8 月 8 日。由于战争的原因，太沙基未能参加完整个施工项目。
5. 摘自 1944 年 2 月 10 日太沙基写给达沃公司米勒的密信。
6. 指美国的伍德沃德大坝和弗格斯瀑布水坝，以及位于澳大利亚的多尔加罗格大坝。
7. 摘自 1947 年 12 月 26 日太沙基写给施米特的密信的结语部分，太沙基被美国土木工程师协会授予荣誉会员时，施米特用这段话作为开场白。
8. 然而，当亚瑟·卡萨格兰德征求太沙基的意见，问太沙基他能否在工程师协会项目中使用以太沙基名字命名的过滤法时(参见 1938 年 4 月 29 日的信件)，太沙基无条件地答应了(1938 年 5 月 14 日信件)。
9. 太沙基在 1938 年 4 月 22 日的日记中记载了这些事件；此外，亚瑟曾为《土力学：从理论到实践——太沙基作品精选》写了一篇文章《太沙基的一生及其成就》，太沙基在给亚瑟提供的手稿中也曾提到这些事件，但是两人对事件的描述在一些细节上有出入。
10. 摘自 1938 年 6 月 8 日太沙基写给亚瑟·卡萨格兰德的信。
11. 在 1942 年 2 月 4 日写给阿道夫·艾克曼的信中，太沙基曾提到清福德大坎："我可以向所有相关人员证明，当时整个大坝很快就会倒塌，而我设计了一套全新的方案，拯救了大坝。"
12. 参见 1938 年 6 月 8 日写给亚瑟·卡萨格兰德的信。
13. 参见 1940 年 12 月 7 日太沙基写给埃里森的信。
14. 参见 1941 年 2 月 15 日太沙基写给埃里森的信。
15. 1943 年 12 月 8 日太沙基给埃里森写信说："经历了这么多之后，我终于明白了，可以通过给格林砂排水来治理福克斯顿沃伦地区反复出现的滑坡问题，很显然，现在全力排水非常重要。"
16. 摘自《伯基文集》(*The Berkey Volume*)(美国地质协会出版，1950 年，第 83—127 页)中的一篇文章"滑坡原理"，后来该文收录在《土力学：从理论到实践——太沙基作品精选》一书中，第 202—245 页。
17. 出自威廉·夏勒的《第三帝国的跌宕起伏》(*The Rise and Fall of the Third Reich*)(西

蒙和舒斯特出版社，1960 年版），第 336 页。

18. 摘自太沙基 1938 年 3 月 3 日的日记。
19. 摘自太沙基 1938 年 3 月 15 日的日记。
20. 摘自 1938 年 3 月 15 日太沙基写给埃拉·白勒夫的信。
21. 该书的第二版已基本定稿，有些部分收藏在太沙基图书馆中。
22. 摘自太沙基 1938 年 8 月 1 日的日记。

第 14 章

1. 摘自 1945 年 5 月 25 日太沙基写给盖茨博士的信。
2. 太沙基曾受到两方面的共同的邀请：钱塘江桥梁工程办公室（1937 年 2 月 7 日茅以升曾写信邀请太沙基）和北京大学（结构工程师蔡方荫教授当时在夏洛腾堡宫的柏林大学访学，1937 年 1 月他曾亲自去维也纳邀请太沙基）。
3. 1937 年 6 月 7 日，太沙基写信给上海黄浦保护区的总工程师查特理，说他打算从 1938 年秋季起在中国待一年（此外他还接受了中华工程师学会 * 基础研究委员会授予的荣誉会员称号）。
4. 参见 1937 年 3 月 19 日太沙基写给亚瑟·卡萨格兰德的信。
5. 参见 1938 年 4 月 28 日太沙基写给吉尔克里斯特主任的信。从 1938 年 2 月 16 日一直到 1939 年，两人几乎每月都有书信往来。
6. 这次生病让太沙基向教育部申请 1938 年秋季学期无薪休假，并在学期结束的时候正式辞去学院的职位。这个职位把太沙基拴在学院，让他什么地方都去不了。
7. 摘自太沙基 1938 年 8 月 23 日写给沙弗纳克教授的信，沙弗纳克收到信之后十分生气并且很伤心，直到 1939 年 5 月 29 日才回信。
8. 参见 1938 年 12 月 5 日拉尔夫·伯克写给太沙基的信。
9. 参见 12 月 12 日太沙基给拉尔夫·伯克的回信。
10. 报道的日期为 1939 年 1 月 20 日。太沙基本来要求每天 150 美元，但市政局降低了报酬，佩克每月的报酬仅为 300 美元，而普通工人每小时只有 30 美分。
11. 出自太沙基 1939 年 4 月 9 日《关于路易斯安那州新奥尔良市慈善医院建筑沉降问题的初步报告》。
12. 发表在（伦敦）《土木工程师协会期刊》（*Journal of the Institution of Civil Engineers*）1939 年，12 卷 7 期，第 106—142 页[后于 1969 年由该期刊再版，收录在《土力学的一个世纪》（*A century of soil mechanics*）这一卷上，见 151—187 页]。
13. 参见 1939 年 5 月 18 日太沙基写给亚瑟·卡萨格兰德的信，以及他的相关报告“旧时代的人”。
14. 出自 1939 年 7 月 22 日拉尔夫·佩克写给太沙基的信。
15. 源自太沙基与拉尔夫·佩克之间的私人谈话。
16. 更确切地说，地表沉降幅值在沉降区域面积内的积分约等于隧道内部由于挤压作用而

---

* 中华工程师学会，成立于 1912 年，是现中国土木工程学会的前身。

减少的空间体积。

17. 参见第 8 章第 108 页。
18. 随着附近穿越的多条隧道处于不同的开挖状态，地层中某点的位移就会出现不同的变化曲线，正如地球物理学家用类似的标图来解释相仿的现象，即由于一些量测工具具有飞行、滚动或漂浮的特性，从而导致某些测量值出现变化。
19. 出自 1941 年 3 月 26 日太沙基写给伯克的备忘录，备忘录是关于芝加哥地铁明挖工程的土压力测试，太沙基当时在得克萨斯州奥斯汀市花了 6 个星期才把它写完，但他仅得到了 1 个星期的报酬。从测试结果可以看出他与拉尔夫·佩克的合作之密切。
20. 出自 1941 年 4 月 7 日太沙基写给亚瑟·卡萨格兰德的信。
21. 参见太沙基 1941 年 3 月 26 日的信件。
22. 出自 1941 年 4 月 4 日太沙基写给芝加哥地铁项目的前总工程师拉尔夫·伯克的信。
23. 摘自对太沙基的一篇报告的介绍，那篇报告为“对纽波特纽斯船务公司的最终报告：关于弗吉尼亚州纽波特纽斯地区 10 号和 11 号船台的建设问题”，（大致）日期为 1942 年 8 月 24 日。
24. 出自 1942 年 2 月 5 日太沙基写给哈佛大学韦斯特加德主任的信。
25. 出自 1947 年 4 月 9 日阿道夫·艾克曼给太沙基的信，信的内容出自艾克曼的日记。
26. 出自 1942 年 2 月 4 日太沙基写给阿道夫·艾克曼的信。
27. 出自太沙基分别于 1941 年 12 月 10 日和 1942 年 1 月 18 日写给阿道夫·艾克曼的信。
28. 出自 1942 年 2 月 3 日太沙基写给米勒的信。
29. 关于对“潜水面”一词的解释，参见第 13 章的第 3 条注释。
30. 太沙基指示，要使砂井穿透泥灰土层及其下卧的粉砂层，一直打到高程为 0。但他描述有误，结果砂井只打到了砂层以下五六米处，即高程为 28。后来得知是自己的口误造成这种后果时，太沙基压力很大，几近崩溃。艾克曼安慰他说，即便如此，他们仍然可以采取补救措施，达到预期目标。
31. 该术语出自太沙基《对纽波特纽斯船务公司的最终报告：关于弗吉尼亚州纽波特纽斯地区 10 号和 11 号船台的建设问题》，1942 年 8 月 24 日。
32. 出自露丝·太沙基的两篇论文：《船台混凝土劣化》（*Concrete deterioration in a shipway*），《美国混凝土协会论文集》（*Proceedings of the American Concrete Institute*）1948 年，44 卷 40 期，第 977—1005 页；《碳酸导致混凝土劣化》（*Concrete deterioration due to carbonic acid*），《波士顿土木工程师协会期刊》（*Journal of the Boston Society of Civil Engineers*）1949 年，第 136 页（1950 年曾获克莱门特·赫歇尔奖）。
33. 太沙基在 1946 年 5 月 29 日的《关于弗吉尼亚州纽波特纽斯地区 11 号船台北门码头的最终报告》中正式提议该方案。
34. 出自 1944 年 2 月 11 日费茨休写给太沙基的信。
35. 出自 1944 年 2 月 21 日太沙基给费茨休的回信。
36. 出自 1942 年 4 月 15 日太沙基的“关于纽约州纽约市拉斐特号轮船所在的 88 号码头土体性状的报告”。
37. 在孔压测量仪的研制过程中，太沙基得到了麻省理工学院的老师——约翰·洛伊的帮助。美国海军报告说，在救助过程中并没有出现黏土吸力。

38. 出自 1942 年 4 月 29 日太沙基写给拉尔夫·佩克的信。
39. 参见 H.P.库辛、F.雷沃瑞特和 F.R.冯·合恩的文章《克里夫兰地区的地质及矿产资源》(*Geology and Mineral Resources of the Cleveland District*),《美国地质调查期刊》(*U.S. Geol. Survey Bull*),1931 年,第 118 页。
40. 出自 1942 年 7 月 6 日太沙基写给拉尔夫·佩克的信。
41. 出自 1943 年 12 月 14 日伦纳德·拉森写给太沙基的信。
42. 出自 1944 年 5 月 6 日太沙基写给国家钢铁公司总现场工程师坦尼的信。
43. 1944 年 5 月 11 日。

第 15 章

1. 来自拉尔夫·福蒂姆 1996 年 4 月 5 日的采访,当时充当卡尔司机的福蒂姆教授见证了这一事件。
2. 摘自 1944 年 4 月 12 日卡尔的日记。
3. 卡尔·太沙基的经年挚友,或许就是被卡尔称呼为“兔子”的那位(Hase 为德文中的兔子之意)。
4. 1945 年 6 月 17 日,卡尔·太沙基写给波士顿第一指挥所总部安全暨情报局的信。
5. 亚瑟·卡萨格兰德说最初的通风系统让新房子浓烟弥漫,全家遭殃,但卡尔还抱怨自己办公室的烟味不够浓,最终通过把书房的通风回路独立出来,解决了这一分歧(见《他的宇宙飞船是地球》(*His space vehicle is the planet earth*),《星期六评论》(*Saturday Review*),1961 年 9 月 2 日,第 42、43 页)。
6. 摘自 1941 年 10 月 8 日太沙基写给布鲁诺·桑德的信。
7. 摘自 1943 年 10 月 4 日太沙基写给 F.E.施米特的信。
8. 纽波特纽斯造船厂的梅奥·菲兹休格于 1943 年 5 月 12 日对太沙基所说。
9. 摘自 1942 年 2 月 18 日太沙基写给佩克的信。
10. 摘自 1942 年 4 月 4 日太沙基写给佩克的信。
11. 来自 1943 年二月中旬太沙基的信,摘自拉尔夫·佩克的文章《土力学工程实践:一本手稿的故事》(*Soil Mechanics in Engineering Practice: The story of a manuscript*),见《土力学和基础工程学国际研讨会太沙基纪念讲座会议论文集》(1973 年,第 51—79 页)。
12. 太沙基 1942 年 2 月 25 日写给佩克的答信,重新刊印在 1973 年的《土力学和基础工程学国际研讨会太沙基纪念讲座会议论文集》(1973 年,第 51—79 页)中出版的拉尔夫·佩克《土力学工程实践:一本手稿的故事》一文中。
13. 出版社是约翰·威利父子出版社。
14. 14 年后,太沙基发现大量的读者都是实践工程师。1962 年 12 月 17 日,他写给朋友格罗索普:“大学老师似乎羞于提及此,理由很明显,他们不喜欢透露自己其实知之甚少。”第三版增加了合著者迈斯里教授,于 1997 年发表。
15. 1944 年,7 月 31 日,拉尔夫·佩克写给 E.P.汉密尔顿的信,汉密尔顿是约翰·威利父子出版社的主席。
16. 摘自 1944 年 8 月 10 日的日记。尽管被太沙基和佩克批评,泰勒的《土力学基础》

(*Fundamentals of Soil Mechanics*)还是在1948年被约翰·威利父子出版社出版，后也证明这本书是该领域的重要著述之一，也是出版界和工程界的成功。

17. 1943年10月18日，写给F.E.施米特的信。
18. 摘自1945年6月26日写给中国桥梁有限公司茅以升先生的信。
19. 摘自1944年4月23、24日的日记。
20. 商用剪切冲压公司的罗伯特·V.普洛科特和托马斯·L.怀特所著的《岩石隧道钢支撑结构》(*Rock Tunneling With Steel Supports*)(1946年)，有太沙基提笔的"隧道地质导言"；《土中隧道钢支撑结构》(*Earth Tunneling With Steel Supports*)为相同作者所著(此书注明内容涉及地质调查和地层载荷的部分由太沙基准备)。
21. 这些重要书籍的合著者中没有太沙基的名字，使人愤慨。
22. 战时，亚瑟·卡萨格兰德说服斯坦利·威尔森替他教授机场相关的课程。战后，威尔森先生留在哈佛成为一名青年教师。据拉尔夫·佩克称，亚瑟和卡尔都非常倚重威尔森，特别是在野外测量作业仪器领域。在卡尔的启发下，斯坦利成功研制开发出测斜仪，也就是后来为人熟知的坡度指示器。这是对斯彻伯塔瑞夫测量板桩倾斜度仪器的一大改进。
23. 1939年3月9日，亚瑟·卡萨格兰德写给太沙基的信。
24. 1946年6月24日的日记。
25. 来自亚瑟·卡萨格兰德于1941年4月7日写给太沙基的信。
26. 战时美国约修建了100个机场营，每个机场营还配备一个岩土职员。为了培训这些岩土职员，亚瑟·卡萨格兰德在哈佛开设了为期7周的培训项目，这次培训意义重大，对战争贡献极大。(1996年4月5日，拉尔夫·福蒂姆接受采访时透露)一些人觉得事情有些讽刺：亚瑟·卡萨格兰德参与了机场修建，这些机场起飞的飞机可能向德国在挪威的潜艇基地投弹，而这些潜艇基地正是里奥·卡萨格兰德负责设防的。
27. 来自亚瑟·卡萨格兰德于1942年7月22日写给太沙基的信。
28. 来自太沙基7月14日的日记。他在丹佛与拉尔夫的父母相处一个晚上后写下此评语。
29. 1946年8月13日，太沙基写给F.E.施米特的信。
30. 1941年11月17日，太沙基关于《哈特福德市水灾救济委员会的报告》，报告涉及美国康涅狄格州的哈特福德市摩根街区和95 + 73车站之间防洪设施工程的重建和完成情况。
31. 来自1944年5月12日，卡尔·太沙基和W.F.乌尔撰写的报告。报告是关于康涅狄格州哈特福德市科尔特专利救火设备制造公司厂房混凝土地面下沉问题。
32. 板桩无法再往下打的深度。
33. 来自1946年10月22日，太沙基关于《纽约布朗克斯威廉霍华德塔夫特高中体育馆侧厅下沉原因的备忘录》。
34. 来自理查德·福斯特·弗林特于1946年1月31日写给太沙基的信。
35. 1942年10月2日，太沙基写给雷蒙德·道森教授的信。当时他为一个不合格的助理烦恼时正是在忙于德拉沃的纽波特纽斯造船厂的工作。
36. 来自太沙基1943年10月18日写给F.E.施米特的信。
37. 1943年11月16日，太沙基推荐的墨西哥阿茨卡波察尔科筹建的炼油厂的基础研究的建议。

38. 关于此结构，太沙基写了两本报告：①《1947 年 4 月 17 日，关于墨西哥国家美术宫沉降数据的备忘录》；②《1950 年 9 月 12 日，关于墨西哥国家美术馆加固工程的备忘录》。
39. 来自 1950 年 9 月 13 日太沙基就埃斯库埃拉师范大学现状写下的备忘录。
40. 来自亚瑟·卡萨格兰德于 1941 年 2 月 19 日写给太沙基的信。就太沙基在《土力学》中的观点，卡萨格兰德在 1932 年的论文《黏土结构及其在基础工程中的重要性》中，讨论了海底粉土和黏土沉积层的松散“蜂窝状结构”的形成。发表在《波士顿土木工程师协会杂志》(*Journal of the Boston Society of Civil Engineers*)上。
41. 直到大约 1953 年，挪威土工所的伊凡·罗森奎斯特才证明是黏土层的结构塌陷导致了此现象的发生。黏土层的结构塌陷致使原来“边-面”接触的颗粒分布结构迅速变成紧密的“面-面”接触平行结构(就像纸牌屋倒塌一样)。卡萨格兰德推测，原来不稳定的黏土颗粒结构是海水沉积形成的，如果黏土孔隙中的海水变成了淡水，颗粒结构将会变得亚稳定。I.罗森奎斯特，《关于挪威流黏土敏感性的思考》，《土工技术》，1953 年，卷 3，第 195—200 页。
42. 来自 1947 年 3 月 23 日，太沙基撰写的《关于密歇根怀恩多特化工公司北段工程沉降问题的报告》。
43. 来自 1950 年 3 月北部和南部工程下沉状况的报告，由卡尔·太沙基、R.B.佩克、和卡尔·A.贝叶斯撰写于 1950 年 6 月 10 日。
44. 来自《关于盐水田沉降状况的非公开报告》(*Confidential Memorandum concerning the subsidence of Brine Fields*)，由卡尔·太沙基、温彻斯特、马斯撰写于 1950 年 10 月 30 日。
45. 信息来自公司 1952 年 4 月 15 日发布的出售 800 000 股的计划书。
46. 关于加州长滩西部维明顿油田下沉问题的非正式报告，由卡尔、温彻斯特、马斯起草于 1949 年 4 月 23 日。
47. 关于南加利福尼亚爱迪生公司在长滩终端岛的蒸汽发电厂沉降影响问题的报告，由卡尔·太沙基于 1950 年 8 月 30 日拟写。加密文件。
48. 太沙基于 1952 年 4 月 11 日写给华莱士·查德威克的信。这封信和一个报告一起邮递给华莱士，其中有附录，题为“对报告‘长滩-圣安佩德罗地区沉降数学分析’的评述”，由 D.C.麦凯恩和 C.H.威尔特于 1951 年 11 月撰写。
49. 1952 年 3 月 19 日南加利福尼亚发出的计划书。
50. 1954 年 1 月 12 日太沙基、温彻斯特和马斯递交给 W.L.查德威克的关于终端岛 1～3 号发电站沉降问题的备忘录。
51. 1958 年 12 月 12 日，拉尔夫·佩克写给长滩港口总工程师休梅克的信中曾提及。

第 16 章

1. 参见太沙基于 1953 年 3 月 13 日写给 W.S.哈纳教授的信。
2. 参见太沙基于 1953 年 3 月 13 日在开罗写给哈纳教授的信。
3. 战时，太沙基仍不得不在家中和校园来回奔波，和亚瑟·卡萨格兰德的助手拉尔夫·费丁在一起，他从 1937 年到 1943 年在哈佛任教。费丁教授回想起当时发生在卡尔身上的趣事时说，卡尔经常开车时陷入沉思，都忘了自己开着车，真是个危险的司机，在闹市区时，你不得不帮忙把着操纵杆，免得出现危险(1996 年 4 月 5 日，对费丁教授的采访)。

4. 参见 1993 年 12 月 15 对艾里克・斯肯普顿教授采访的稿子。
5. 亚瑟・卡萨格兰德于 1953 年 11 月 6 日在哈佛写给海尔勒汀主任的信。
6. 1948 年 1 月 21 日，在纽约美国土木工程师协会年会上，授给卡尔荣誉会员时的介绍。
7. 参见太沙基 1949 年 1 月 3 日写给克利弗德・凯耶的信。
8. 参见太沙基 1955 年 4 月 26 日写给约翰・威利父子出版社高管安德鲁・内里的信。
9. 1950 年 2 月 28 日写给美国大坝委员会主席盖尔・哈撒威的信。
10. 1953 年 5 月 21 日写给 F.P.谢泼德的信。谢泼德认为这种方法表明地质学家期望知道古沉积环境。
11. 在《我的一生和我的目标》的附录第 9 页。
12. 1951 年 3 月 21 日写给卡尔・兰格的信。
13. D.P.克里南，《土力学》(*Soil Mechanics*)，麦格希出版社，纽约(1941)。
14. 弗兰西・巴伦的文章名为《土体研究：美国的传统》(*The Study of Earth*: *An American Tradition*)，《土木工程》(*Civil Engineering*)，1941 年，11 卷 8 期，第 473—476 页。太沙基回应在第 10 月期上，11 卷 10 期，第 614 页。
15. 参见乔治・斯彻博塔涅夫，《半个世纪的土力学——基于过去展望未来》(*Half a century of soil mechanics—some thoughts for the future in the light of the past*)，《工程学专刊——美国土木工程师学会职业活动期刊》(*Engineering Issues—Journal of Professional Activities ASCE*)，1976 年 7 月，102 卷 EI3 期，第 321—337 页。
16. 参见 1951 年 8 月 25 日，太沙基写给乔治・斯彻波塔瑞夫的信。
17. 来自太沙基 1955 年 12 月 13 日写给汉弗莱工程公司休格・迪森的信。
18. 来自太沙基 50 年一遇的洪水，估计流量达每秒 200 万立方英尺。
19. 来自太沙基 1946 年 12 月 16 日写给 F.E.施米特的信。
20. 出自太沙基 1946 年 11 月 9 日的日记
21. 出自太沙基 1946 年 11 月 19 日的日记。
22. 在进行动力贯入试验时，将圆锥头或一根钢管击入地层，记录每次推进单位距离所需的锤击数。经过测试，砂土最重要的物理性质——相对密实度能被直接测定出来，且只需几个稀疏的钻孔用于校验。土体的相对密实度由其孔隙率在可能的最大孔隙率(最松散)和最小孔隙率(最密集)之间的相对位置决定。在太沙基的最初报告中，在附录里介绍了各种贯入测试的方法。尽管大多数工程师对贯入仪还很陌生，但其实像瑞典、荷兰等国的贯入仪已有 25 年的使用历史。1929 年，为了研究纽约地铁的土体，太沙基自己发明了喷水式贯入仪(水压力探头)。
23. 他的山体滑坡研究报告节选于纪念卷重新刊印于《土力学：从理论到实践——太沙基作品选录》(第 409—415 页)。为了出版需要，对滑坡发生的地点和名称进行了重新编辑。
24. 这是斯坦利・威尔森钻孔测斜仪的基本理念，在长滩项目中曾有所提及。
25. “左”和“右”是指顺水流方向的左和右。

26. “测压管水头”是指浸润线超过基准面的高度。
27. 1947 年 4 月 30 日，卡尔太沙基撰写的关于巴西淡水河谷公司在伊塔比拉矿区的矿石储存区和运输隧道的建议方案的评阅报告。
28. 1947 年 12 月 11 日太沙基的短报告，题为“答 1947 年 12 月 9 日阿弗德罗·费格里欧密的信中关于圣保罗地铁的问题”。

第 17 章

1. 初步设计由霍克梯夫和多特蒙德联合公司完成，最终设计最初由英国的苏·亚历山大·盖勃和合作者公司负责。
2. 其他成员有 I·C.斯蒂尔、马克斯·普鲁斯、劳伦兹·斯特劳，和安德烈·科尼。后来，J.巴里·库克加入委员会，担任秘书一职。
3. 1959 年 6 月的备忘录，题为“采访手稿，主题：阿斯旺大坝委员顾问会议，开罗，1959 年 6 月”。
4. 来自太沙基于 1960 年 1 月 22 日写给劳里茨·比耶鲁姆的信。
5. 前文引用了 1959 年 6 月的备忘录。太沙基不同意冲砂方法完全可以理解，1957 年，在布里奇河分坝项目上，大坝地基下填满了堆石，堆石之间空隙较大，为了填满这些空隙，他曾建议尝试使用冲砂方法；他想，如果没有填满所有的空隙，原本要合并旧坝的米森大坝可能会出现落水洞（在他 1957 年 3 月写给 W.G.休伯的信中，以及 1957 年 2 月 25 日撰写的米森大坝项目报告中提及此事）。他们进行了冲砂试验，试验显示这种方法显然不适用于此处。过滤层中的巨大岩石之间存在很多空隙，排列错乱，导致细砂无法进入一些空隙处（在第 18 章关于米森大坝的讨论中提及）。
6. 来自太沙基 1959 年 11 月 21 日写给哈桑·扎奇的信。
7. 来自太沙基 1959 年 12 月 14 日写给安德烈·科尼的信。
8. 来自太沙基沃尔德·鲍曼于 1960 年 1 月 6 日写给太沙基的信。
9. 顾问梅兰里弗于 1945 年 5 月 22 日，就大诺森剧院和波奇酒店案例写给太沙基的信。
10. 作为证据，太沙基准备了一份综合报告，题为“关于瓦特萨大坝滑坡问题原因的报告”，1953 年 11 月 16 日。
11. 工程师 J.巴里·库克告诉太沙基，他还曾在这种纵向裂缝里发现被压扁的鱼和木屑。
12. 和艾克尔的关系让太沙基很受困扰。他曾经担任艾克尔公司的工程咨询师，和该公司的一些工程师相处非常友好。但是，他说：“我是被迫下这样的定论，基于事实，我别无他法。”（于 1953 年 11 月 12 日写给顾问查尔斯·泰索的信）但是，他对艾克尔的主席安德烈道歉，解释道（1953 年 12 月 12 日的信），那些言辞过激的句子都是因为他得知工程师居然没进行实地考察而写下的，他也曾打算把它们删掉。
13. 参见汤姆·拉普斯于 1954 年 3 月 3 日写给太沙基的信。
14. 查尔斯·里普利于 1960 年 11 月 24 日写给太沙基一封信，说：“尽管你太沙基在列举造成困境的原因时似乎已经很顾念到 H.G.艾克尔了，但遗憾的是，他们仍然非常反感你的报告，因为他们自身涉嫌在内的缘故，已无法公正客观地看待你的报告。”
15. 详见 1944 年 12 月 28 日，《关于硫酸盐纸浆造纸厂地基情况问题的报告》，加拿大马拉松造纸有限公司。

16. 详见《关于萨苏姆阿大坝设计的报告》(*Report on the design of Sasumua Dam*)，1953 年 11 月 24 日。
17. 根据亚瑟·卡萨格兰德的土壤分类体系，着手标绘塑性指数对液限的标图，萨苏姆阿大坝的黏土远远低于标准线(卡萨格兰德的 A 线)。
18. 由 R.H.S.罗伯森主持。
19. 列奥纳多·则瓦特教授解释道(1998 年 2 月 19 日的采访)：墨西哥黏土颗粒间的化学粘合物能够有效地增强黏土的强度，所以尽管密度低也无妨。
20. 1956 年 3 月 9 日的《关于内罗比市政府和萨苏姆阿大坝承包商之间的争论的报告》(*Report on the Controversies between the City of Nairobi and the Sasumua Dam Contractors*)。1958 年，太沙基又发表了《萨苏姆阿大坝的设计方案和运行状况性分析》(*Design and performance of the Sasumua dam*)，《土木工程师协会论文集》(*Proceedings of the Institution of Civil Engineers*)，卷 9，第369—394 页和卷 11，第 360—363 页。
21. 但是太沙基也曾着重强调：承包商在得知需要排干土体中的水，使其含水量达到最佳值时，发现预估花费报价太低，而且他们在材料脱水方面也没什么经验。他们曾写信给工程师要求告知详细脱水流程，这说明他们无法胜任这项工程。
22. 摘自太沙基报告中某章节替换的几页，《关于指派给卡尔·太沙基的任务的评价，见“关于证据的初步建议”》，1956 年 4 月 13 日。
23. 摘自太沙基于 1955 年 12 月 12 日写给汉弗莱的休格·迪克森的信。写道：如果安全系数为 1 说明大坝濒临倒塌；任何大于 1 的数值，证明大坝安全系数有富余量。
24. 摘自“卡尔·太沙基在仲裁听证会上提供的证词手稿”，1956 年 11 月 26 日，原告：赤道和土木工程有限公司西里尔·西蒙，原告律师 E.J.里默和 F.E.阿勒姆斯；被告：内罗毕政府，由莱奥纳多·卡普伦、J.S.丹尼尔和 C.F.希尔布鲁克为代表。
25. 摘自太沙基《关于威尔森隧洞塌方部位再建设的报告》，1955 年 1 月 15 日。
26. 拉尔夫·佩克的私人通信。显然，佩克收到司法命令后被迫下了飞机。

第 18 章

1. 从 1949 年 11 月 12 日到 1956 年 1 月 8 日，太沙基总共撰写了 10 份报告和备忘录。他把这些工作总结到一篇获奖论文《加利福尼亚瓦米林大坝的设计和运行情况》(*Design and performance of Vermilion dam, California*)里，论文与 T.M.拉普斯合著，出版在《美国土木工程师协会会议论文集》1958 年，84 卷 SM3 期上。关于南加利福尼亚爱迪森大坝项目，太沙基还写了另一份有趣报告，题为《片状花冈岩地基大坝》(*Dam foundation on sheeted granite*)，出版于《土工技术》，1962 年，12 卷 3 期，第 199—208 页。
2. 摘自太沙基于 1956 年 1 月 8 日提交给南加尼福利亚爱迪生工程部经理 R.W.斯宾塞的文件，题为“瓦米林水库渗漏滞后问题的备忘录”。太沙基认为这是一种自然变化过程，就像曾经大坝冲砂过程一样，太沙基否认苏俄在阿斯旺大坝上成功采用了这一技术。
3. 摘自太沙基于 1952 年 2 月 15 日写给 F.A.拉曾比的信。

4. 摘自太沙基于 1951 年 8 月 18 日写给加拿大不列颠哥伦比亚省电气铁路公司总工程师 T.印格利道德的信。
5. 契克姆斯大坝的工程实例在太沙基发表的《建在滑坡废墟上的蓄水坝》(*Storage dam founded on landslide debris*)有所提及,《波士顿土木工程师协会期刊》(*Journal of the Boston Society of Civil Engineers*),1960 年,卷 47,第 64—94 页。太沙基关于此项目的第一份咨询报告《关于在拟建加拿大不列颠哥伦比亚省契克姆斯河的劳尔静湖南部蓄水坝的报告》[(*Report on the proposed storage dam south of Lower Stillwater Lake on the Cheakamus River*),1954 年 4 月 12 日]后又被选录到《土力学:从理论到实践——太沙基作品精选》里,第 395—408 页。
6. 柱状玄武岩是由于岩浆岩在冷却过程中产生的拉力导致岩石开裂形成的,这也是加利福尼亚著名景点魔鬼柱景观形成的原因。
7. 加拿大不列颠哥伦比亚省的契克姆斯项目设计工程师来自由 B.C.国际工程有限公司和 B.C.电气铁路有限公司合并成立的新公司,B.C.国际工程总负责人为 W.G.休伯。两家公司合并为一家新公司后,和国际工程及其母公司纳德森公司再无关系。B.C.电气铁路公司更名为 B.C.电气公司。
8. 摘自太沙基于 1955 年 7 月 22 日写给 F.A.拉曾比的信。
9. 摘自太沙基于 1956 年 1 月 6 日写给马克·奥尔森的信。
10. 摘自太沙基发表的《建在滑坡废墟上的蓄水坝》,《波士顿土木工程师协会期刊》,1960 年,47 卷,第 64—94 页。
11. 这项此工作仍有疑问。首先,如果太沙基没有在数年里时时刻刻地注意工程细节,这个项目极有可能出现安全事故。其次,有些人疑惑,为什么太沙基不担心会出现山体滑坡,这以前就发生了泥石流,这类灾难极有可能再次发生。在加里波第湖底部的障碍带以前曾诱发巨大的泥石流,现在仍是主要地质威胁,如果契克姆大坝项目中把水库建在泥石流滑落路径上,情况就更糟糕。
12. 来自 1993 年 8 月 9 日对查尔斯·里普利的采访。
13. 来自《关于克里夫兰大坝东拱坝肩稳定条件的报告》(*Report on stability conditions at East Abutment of Cleveland Dam, Greater Vancouver Water District, British Columbia*),加拿大不列颠哥伦比亚省大温水务局,1959 年 5 月 30 日,有 3 则附录。
14. 太沙基在工程地质学家的帮助下绘制出了地质剖面图,那位地质学家维克多·道明博士吉现成为了他的挚友。
15. 来自《关于克里夫兰大坝东拱坝肩稳定条件的报告》(*Report on stability conditions at East Abutment of Cleveland Dam*),加拿大不列颠哥伦比亚省大温水务局,1961 年 6 月 30 日,附上 3 则附录。这则报告是 1959 年报告的更新版,除了增加的章节外,其他都未更改。
16. 摘自 1963 年 1 月 25 日给查尔斯·里普利的备忘录。
17. 摘自太沙基于 1958 年 6 月 4 日给 H.W.史密斯的信。
18. 摘自 1961 年 9 月 29 日给查尔斯·P.邓恩的信。
19. 参见太沙基的《关于加拿大不列颠哥伦比亚省布里奇河大坝设计施工方案的报告》(*Report on design and construction operations, proposed Bridge River Dam, B.C.*),

1956 年 5 月 14 日。

20. 纹泥是很细腻的成层黏土，沉积时或多或少地夹杂粉土细层；每年结冰的湖底沉积物形成纹泥。
21. 现场压缩指数大约为 1。
22. 在太沙基 1957 年 2 月 25 日的报告中，他写道：“作者从未遇到过原状黏土能像布里奇河黏土一样，压缩指数几乎为 1。”
23. 另一个导致落水洞出现的原因是原分流坝施工技术太差，未能把大坝核心区域的钻孔空隙填满。
24. 摘自太沙基于 1958 年 2 月 10 日写给汤姆·来普斯的信。正是因为冲砂技术很难保证填满堆石之间的空隙，所以太沙基强烈反对俄国在阿斯旺项目上的提议。
25. 1957 年 2 月 25 日的报告。
26. 摘自太沙基《关于布里奇河大坝地基处理的初步报告》(*Preliminary report on treatment of foundation for proposed Bridge River Dam*)，1957 年 2 月 25 日。
27. 这与纽约布朗克斯的塔福特高中案例完全相似(在第 15 章中曾提到)。1945 年时，太沙基曾发现了出现这种破坏性不均匀沉降，这种不均匀沉降由黏土的固结作用产生，发生在黏土和粗粒沉积土的过渡地带。
28. 后来，在同一区域又找到了几个出现类似现象的地方。
29. 摘自太沙基于 1957 年 5 月 27 日写给 W.G.休伯的信。
30. 摘自太沙基于 1957 年 6 月 6 日写给 F.A.拉曾比的信。
31. 摘自 1961 年 9 月 29 日写给查尔斯·P.邓恩的信。
32. 摘自太沙基于 1958 年 2 月 18 日写给耶夫斯·拉克鲁瓦的信。
33. 来自 F.A.拉增比于 1960 年 11 月 7 日写给太沙基的信。
34. 至少直到 1952 年，亚瑟在信件中一直都称呼“亲爱的太沙基教授”，太沙基一般都称呼“亲爱的亚瑟”。
35. 《关于布里奇河分流坝施工和运行状况的报告》，1958 年 2 月 14 日。
36. 在 1958 年 3 月 12 日写给卡尔的信中，亚瑟提出了如下假设性的问题：“让我们假设，在米森大坝项目整个设计施工过程中，在不考虑分流坝经验的情况下，按照由一个经验老到的土力学工程师提出的设计方案来施工，会出现什么情况呢?”但是，遗憾的是未找到答复信(如果有的话)。
37. PVC-KF367，根据查尔斯·里普利.
38. 在这种方法中，将水和膨润土混合制成泥浆，然后将泥浆注入到土槽里；泥浆的密实度能够支撑槽壁，由此可同时在沟槽底部施工。
39. 摘自太沙基于 1962 年 2 月 7 日写给耶夫斯·拉克鲁瓦的信。
40. 摘自太沙基于 1962 年 2 月 7 日写给 F.A.拉曾比的信。

第 19 章

1. 太沙基 1953 年的工作日记中的年终总结。
2. 指《地质因素对沉积土物工程性状的影响》(*The influence of geological factors on the engineering properties of sediments*)，《经济地质学，15 周年纪念卷》(*Economic*

Geology, Fiftieth Anniversary Volume),1955 年,第 557—618 页。

3. 实际上,土体工程学虽然是在追本溯源,但是已经发展到了一个新的高度。T.L.布莱克教授说,一个学生听完一个很复杂的物理讲座后对教授感谢道:在听您的讲座之前,关于这个主题我就一直很困惑,但是听完您的讲座后,我还是很困惑,不同的是,困惑的层次提高了。
4. 艾里克·斯肯普顿教授认为太沙基的卓越贡献在于将 19 世纪"书写科学"的潮流取代为科学与实践的完美结合。这是太沙基的最大成就(1993 年 12 月 15 日的采访)。
5. 囊括在《土力学在行动》,《土木工程》,1959 年 2 月。
6. 摘自 1961 年 9 月 8 日写给 C.P.邓恩的信。
7. 发表在《波士顿土木工程师协会期刊》,1958 年,45 卷 1 期,第 1—15 页和 3 期,第 275—277 页。这篇论文后又收录在《土力学:从理论到实践——太沙基作品精选》中。
8. 伦敦工程咨询师 H.J.B.哈丁撰写的讨论,发表在《波士顿土木工程师协会期刊》,1958 年 7 月,第 263—266 页. 太平洋天然气与电力公司的工程师 J.巴里·库克深受太沙基关于工程顾问职业道德看法的影响,决定从公司辞职,找回真正的自己(来自库克 1961 年 10 月 2 日的信)。
9. 比耶鲁姆的文章是《挪威海成黏土的岩土属性》(*Geotechnical properties of Norwegian marine clays*),见《土工技术》,1954 年,4 卷,第 49—69 页。
10. 来自太沙基 1958 年的工作日记。
11. 摘自斯肯普顿于 1959 年 3 月 4 日写给太沙基的信。费朗格的试验是在"不套封"的试样上开展的,这说明试样内外部的水压力都是一样的。
12. 摘自 1959 年 5 月 22 日艾里克·斯肯普顿写给太沙基的信;斯肯普顿曾写的是"没有完全理解",但是卡萨格兰德建议他去掉"完全"字样。
13. 摘自 1958 年 9 月 30 日太沙基写给比耶鲁姆的信。在众多的关于纪念册事宜的通信中,这封信是极少数只发给本人,没有抄送给小组成员的信之一。
14. "T's"意思是"Terzaghi's" 。卡尔通常在信里只写出别人姓氏的首字母,这为研究者设置了谜题。
15. 这次谈话以题为《应用土力学的过去和未来》发表在 1961 年 4 月的《波士顿土木工程师协会期刊》上,第 110—139 页。讨论者有拉尔夫·佩克、杰姆斯·斯特拉顿和 W.J. 特恩布尔,太沙基为此次讨论作了总结性陈述。
16. 指杰姆斯·艾尔弗雷德·伊温奖章。
17. 《土木工程和公共工程评述》(*Civil Engineering and Public Works Review*)上的关于《土力学:从理论到实践》一书的反馈,1961 年,56 卷 659 期(作者首字母为:D.L.B.)。
18. 凯文·纳什著,《卡尔·太沙基:土力学学科创始人——关于〈土力学:从理论到实践〉的反馈》(*K. Terzaghi: Founder of the Science of Soil Mechanics.'A review of' From Theory to Practice in Soil Mechanics*),发表于《自然》(*Naturl*),1961 年 7 月 15 日,161 卷,210 页。
19. R.格拉索普,《评〈土力学:从理论到实践〉》,《土工技术》,1963 年,13 卷,第 91—92 页。
20. 1960 年 11 月 1 日。
21. 摘自太沙基于 1943 年 10 月 14 日写给 F.E.施米特的信。

22. 写在太沙基工作日记的 1955 年年末工作总结上。
23. 《土力学与基础工程第六次会议论文集》(*Proceedings of the Sixth Conference on Soil Mechanics and Foundation Engineering*)(蒙特利尔),3 卷,第 78—79 页。比耶鲁姆在开幕式上代表太沙基作了致辞。
24. 这个计划由于劳里茨·比耶鲁姆在 1973 年早逝而被搁置。
25. 来自太沙基 1960 年 2 月 2 日写给 F.E.理查德的信。
26. 来自太沙基 1960 年 3 月 4 日写给拉尔夫·佩克的信。
27. 《一个外行人就医生对生命态度的一些观点》,未曾发表。
28. 摘自 1961 年 3 月 8 日威尔黑姆·亨利奇律师的信。
29. 来自太沙基 1962 年 1 月 31 日写给劳里茨·比耶鲁姆的信。
30. 来自太沙基 1961 年 9 月 29 日写给查尔斯·邓恩的信。
31. 来自太沙基 1961 年 1 月 11 日写给斯肯普顿的信,以及 1961 年 7 月 31 日写给 R.W.斯宾塞的信。
32. 来自太沙基 1962 年 1 月 12 日和 1 月 31 日写给劳里茨·比耶鲁姆的信。书由 J.A. 塔罗勃撰写,书名为 *La mécanique des roches*。
33. 摘自太沙基于 1961 年 9 月 13 日写给比耶鲁姆的信,他说尼尔斯·哈脱斯的研究好比在沙漠中的绿洲,但是到了 1961 年 9 月 20 日,他研究完尼尔斯·哈斯脱的工作后对比耶鲁姆道,只有一个案例对土木工程师有参考价值。
34. 摘自太沙基 1961 年年末工作总结。
35. 来自太沙基 1961 年 12 月 16 日写给哈罗德·哈丁的信。
36. 来自太沙基 1962 年 2 月 2 日写给 T.M.拉普斯的信。
37. 见《岩石应力量测》(*Measurement of stresses in rock*),《土工技术》,1962 年,12 卷 2 期,第 105—124 页。
38. 见《未风化硬岩陡坡的稳定性分析》(*Stability of steep slopes on hard unweathered rock*),《土工技术》,1962 年,12 卷 4 期,第 251—270 页。
39. 见《片状花冈岩上的大坝地基》(*Dam foundation on sheeted granite*),《土工技术》,1962 年,12 卷 3 期。太沙基曾给南加利福利亚爱迪生公司的负责人对此提过建议。
40. *Osterr. Ingen. Zeitschrift*,1962 年 1 月。
41. 他们是勒森克、洛黑米尔、皮特曼和塞得克教授。
42. 亚瑟·卡萨格兰德伤心是可以理解的。他在土力学领域取得的成就非常突出,不仅仅是早年有所成就,他的职业生涯,直到 1981 年去世为止,各个阶段都成就颇丰。在 20 年代末担任太沙基助手时,他极大地促进了实验室测试的开展,协助完成粒度级配、渗透率、界限含水量(阿太堡极限)等土体物理性指标体系的确立。在黏土结构和试样应少受干扰的问题上,他有许多开创性研究。他极大地完善了固结试验体系,并找到方法测量黏土的超固结压力。在砂土的临界孔隙比概念上,他也有许多先创性发现。他还运用福希海默流网图进行渗透量的估算。此外,他促进了土体剪切强度测试实验的完善。他能取得如此大的成就与他兢兢业业地教学付出和广泛参与工程项目咨询工作密不可分。
43. 来自亚瑟·卡萨格兰德于 1962 年 3 月 9 日写给 H.Q.歌尔德的信。

44. 来自休格·歌尔德于1962年3月20日写给亚瑟·卡萨格兰德的信。Fröhlich可以译作“快乐”。亚瑟为了避免承担责任，没有在此信上签署自己的名字，将其搁置一边了。
45. 摘自卡尔·太沙基于1963年2月26日撰写的《米森大坝运行情况展望》。
46. 来自1962年7月6日写给耶夫斯·拉克鲁瓦的信。
47. 摘自卡尔·太沙基1962年10月2日的工作日记。
48. 他的名单包括：亚瑟·肖的遗孀、维也纳的机械师森塔尔（德奥合并时期）、布鲁诺·桑德、哈罗德·雷特勒（一位艺术家，19世纪30年代，他曾画了幅卡尔工作像），G.伊奇、怀恩-爱德华兹、维克多·道明奇、R.W.斯宾塞以及艺术家黑尔德·阿瑞（他曾为太沙基试验室雕刻了一座半身像）。
49. 来自劳里茨·比耶鲁姆的1963年10月2日的电报。
50. 来自1963年10月6日写给E.P.汉密尔顿的信。
51. 第一段引文是于1963年10月25日写给拉尔夫·佩克的，第二段是1963年11月25日写给劳里茨·比耶鲁姆的。根据莱奥·卡萨格兰德遗孀——卡尔拉·马瑞亚·卡萨格兰德所言，亚瑟的父亲——奥古斯特·卡萨格兰德在第一次世界大战时从西伯利亚集中营逃脱出来，但因为被拘禁期间精神压力过大，自由后非常抑郁，最后自杀结束自己生命。他是从西伯利亚逃出后，走回到了奥地利。
52. 来自1958年10月2日，卡尔在75岁生日派对上给客人的致辞。
53. 来自哥德的《浮世德》(*Faust*)。太沙基在两年前写给儿子埃里克的指导信中就曾引用这些句子（1956年3月5日）。

致　谢

尽管笔者从未与卡尔·太沙基见过面，但好在他留下了许多书面资料，且都保存完好，从字里行间，我们也能对他的生活和思考有一个详尽的了解。太沙基保留下来的文件有很多，不仅有日记、信件、手稿、出版的论文书籍，还有一些便条、草图、工作手册、备忘录、剪报，甚至一些酒瓶标签等，不一而足。大部分的材料都保存在挪威奥斯陆岩土工程研究所(NGI)的太沙基图书馆里。劳里茨·比耶鲁姆很有远见，最先提议筹建太沙基图书馆，并成为了图书馆建成后的第一任馆长。卡雷·赫格是劳里茨的继任者，现任馆长是苏珊娜·拉卡斯。很多图书管理员为丰富该图书馆的馆藏资料做出了巨大努力，其中包括尤里·奥伊赛斯、马格瑞斯·格瑞尼、古瑞·罗勒姆以及温奇·艾尼森和现任的图书馆管理员就是温奇·艾尼森。笔者有幸 4 次来到太沙基图书馆，第一次拜访时，劳里茨·比耶鲁姆让笔者阅读了太沙基的部分日记摘录，其余 3 次是在 1993—1996 年间，笔者为撰写本书而来收集资料。作为太沙基的研究学者，笔者不仅得到了经费支持，还有这么便利的研究条件，心中充满了感激，于是抓紧每次机会详尽地研究馆藏资料，还频繁叨扰图书管理员和工程师们，几乎要在奥斯陆扎根了。

除了太沙基图书馆的一些资料，笔者还非常幸运地联系到了卡尔的女儿——玛格瑞特(佩吉)·太沙基-豪博士，从她那儿获得了许多私人日记(约 82 卷手稿)和一些历史信件,这些资料都完好地保存在缅因州"大熊湾"的阁楼上。玛格瑞特博士还为笔者提供了卡尔·太沙基一些其他的珍贵资料,比如卡尔的照片、幻灯片、影像记录以及与露丝·太沙基的往来信件等。还要非常感谢莱奥·卡萨格兰德的儿子迪尔克,他非常热心,帮笔者在马萨诸塞州阿灵顿的卡萨格兰德咨询工作室里找到了许多与太沙基相关的信件资料。普渡大学的杰拉尔德(杰瑞)·伦纳德负责保管乔治·斯彻博塔涅夫教授的资料,他也向笔者提供了许多相关信件、报告和手稿资料。J.巴里·库克向笔者提供了与太沙基往来的私人信件以及保存的太沙基的文章。太沙基曾在哈佛大学教授工程地质学,瓦尔特·费里斯细心地整理了他的讲义,并汇编了一本注释集(太沙基退休后,瓦尔特接任了这门课的教学工作),笔者很幸运地得到了这些资料。另外,哈拉尔德·劳费尔、查尔斯·里普利、劳里·理查德教授以及罗伯特·希夫曼教授也为笔者提供了许多重要文件。

此次研究采访资金来自笔者此前在加利福尼亚大学伯克利分校担任爱德华·G.卡希尔和约翰·R.卡希尔讲座教授所得的酬劳。此外,笔者还得到了伯克利大学研究委员会的资金支持。

太沙基的同事、朋友和家人也为本书提供了很多有用的建议和信息。在卡尔生命的最后 24 年里,拉尔夫·佩克教授一直与其紧密合作,是卡尔的至交好友。拉尔夫教授向作者提供了大量的资料,这些资料记录了他们之间的合作和友谊。除此之外,他还向作者推荐了采访人选。笔者和查尔斯·里普利及其同事西里尔·里奥诺夫、马克·奥尔森一起参观了太沙基在加拿大不列颠哥伦比亚省的工作地点,短短两天的旅途,让他们回忆起了那些和太沙基一起解决工程难题的日子。

许多太沙基私人生活方面的资料和一些历史背景知识都得益于J.巴里·库克、艾里克·斯肯普敦教授、杰拉尔德·伦纳德、罗伯特·谢夫曼以及莱奥纳多·则瓦特等人的帮助。此外，还要感谢卡尔的儿子埃里克·太沙基、他的孙子谢尔盖·太沙基（岩土工程执业工程师）、亨利·格瑞斯、埃尔默·迪·比亚吉奥、杰克·福里斯特、德克·卡萨格兰德、埃尔娜·卡萨格兰德、卡尔拉·马瑞亚·卡萨格兰德等人的帮助，以及海因茨·布兰德尔、尼尔马·简布、莱因·德·伯尔、拉尔夫·费蒂姆、理查德·耶利内克、戈登·普雷斯科特、约翰·克里斯汀、克马尔·奥兹多格鲁和威廉·贾德等教授的支持。与他们的访谈，让笔者收获良多。

太沙基还曾在奥地利的几个城市工作生活过，这些精彩故事都未曾被发掘。笔者前往了奥地利，在太沙基的亲戚克里特·白洛夫、伊丽莎白·帕齐温和维尔纳·白洛夫等人的带领下，参观了太沙基在格拉茨的旧居。在格拉茨，万达利亚公司职员向作者展示了他们的房子，准许笔者拍摄展出的太沙基照片（他们还向笔者普及了决斗艺术知识）。笔者特别荣幸地得到了冈特里·埃穆勒和沃尔夫·舒伯特教授的邀请，成为了其所在大学（也是太沙基所在大学）的客座教授，由此作者能更加贴近格拉茨学术圈。在格拉茨技术学院图书馆和档案馆，图书馆负责人卡尔· 斯多克博士帮助作者找到了许多太沙基的工作报告，还有韦丁博尔教授出版的戏剧作品以及图书馆复印的照片等资料。伊凡·维克建先生带领笔者领略了一番克罗地亚喀斯特地貌。太沙基在维也纳科技大学曾有所任职，他所任职位的现任接替者是布兰德尔教授，这位教授向笔者展示了卡尔曾经工作过的办公室、教室、实验室，卡尔曾经用来做土体实验的装置还都保留着，相关的报告和出版论文也都仔细留存着。

最后，要感谢在研究和写作过程中对笔者给予帮助的人。在乌瑞克·马克瑞特和赫尔穆特·刘易斯的帮助下，笔者对德国有了更多了解；一些老旧信件是用德文哥特体写出的，因为有了赛林德·韦格纳·盖斯霍尔特的帮助，笔者才得以解读这些信件。瑞纳尔·珀伊赛教授和多布斯拉·辛达克教授为笔者提供了详尽的奥地利和南斯拉夫的历史背景知识。安妮·佩德尔帮助笔者在克里特·白洛夫那儿收集了许多照片资料。笔者还要感谢兄长及文学经理人阿诺德·P.古德曼，他非常慷慨地给笔者提供了许多专业建议。最后，笔者还要感谢妻子苏，在加利福尼亚门多西诺的寓所里，她和笔者一起修改书稿，并给予了笔者很多批评和建议。

后 记

露丝和亚瑟反复修改了太沙基和耶夫斯·拉克鲁瓦联合拟定的米森大坝文稿，该文稿最后于 1964 年 3 月发表在《岩土工程》上。这是一期纪念太沙基的专刊，其中包括由亚瑟·卡萨格兰德所写的太沙基的生平和一篇由 R.格拉索普撰写的回忆录，也有卡尔著名的演讲稿《生命与生存》，以及他的文献目录。

在阅读关于米森大坝的文章时，诺瓦技术学院院长杰弗里·梅耶尔夫深受感动，他向加拿大不列颠哥伦比亚省水利电力局提出将米森大坝更名为太沙基大坝。这项提议很快被批准，在蒙特利尔（1965 年 9 月）召开的第六届土力学和基础工程国际大会上，会方还专门开辟一个会场纪念太沙基，会上宣布了该项决议。太沙基大坝矗立在庄严宁静的湖泊上，在太沙基喜欢的地方，竖立了一块标上了卡尔·太沙基名字的石碑。这比什么都能让他高兴。